빵빵 터지는
20세기
세계사+한국사

빵빵 터지는 20세기 세계사 + 한국사

2014년 11월 7일 1판 1쇄
2015년 6월 15일 1판 2쇄

지은이 홍명진
그린이 이병희

편집 정은숙, 서상일   **디자인** 권지연   **마케팅** 이병규, 최영미, 김선영   **제작** 박흥기
출력 한국커뮤니케이션   **인쇄** 천일문화사   **제본** 경원문화사

펴낸이 강맑실   **펴낸곳** (주)사계절출판사   **등록** 제406-2003-034호
주소 (우)413-120 경기도 파주시 회동길 252
전화 031)955-8558, 8588   **전송** 마케팅부 031)955-8595 편집부 031)955-8596
홈페이지 www.sakyejul.co.kr   **전자우편** skj@sakyejul.co.kr
독자카페 사계절 책 향기가 나는 집 cafe.naver.com/sakyejul
트위터 twitter.com/sakyejul   **페이스북** facebook.com/sakyejul

© 홍명진 2014

ISBN 978-89-5828-799-5 43900

이 도서의 국립중앙도서관 출판시도서목록(CIP)은 e-CIP 홈페이지(http://www.nl.go.kr/ecip)와
국가자료공동목록시스템(http://www.nl.go.kr/kolisnet)에서 이용하실 수 있습니다.
(CIP2014030668)

빵 빵 터지는

20세기

터지는

홍명진 지음

1901~2000

이병희 그림

세계사 + 한국사

사□□계절

할머니는 늘 고기가 싫다고 하셨습니다. 하지만 삼남매를 혼자 다 키워 출가시킨 할머니는 알고 보니 '고기 킬러'였습니다. 집에서 구박받으며 게임만 하던 오빠는 프로 게이머가 되어 부모님 생활비를 드렸고요. 삼촌은 냉면집에서 일하다가 냉면집 딸과 결혼했죠. 이런 가족의 역사를 들어본 적이 있겠죠. 가족사에 옹긋봉긋 굴곡진 이야기가 담겨 있듯, 민족과 세계도 그렇습니다. 역사는 빼곡한 사실의 나열과 딱딱한 이론이기 이전에 우리 앞 세대가 걸어온 삶의 이야기 모음이기도 합니다.

이 책은 아빠가 딸들에게 머리맡에서 들려주는 20세기 한국과 세계의 역사 이야기입니다. 집안 내력을 들을 때처럼 편안하게 읽으세요. 가슴 뛰는 이야기도 있고, 화를 돋우는 이야기도 있습니다. 전체 흐름을 파악하기 위해 연도순으로 읽어 나가도 좋고, 관심에 따라 이리저리 건너뛰어도 좋습니다.

주로 동아시아에 한정되어 있던 우리 역사는 20세기 들어 세계사의 한복판에 놓였습니다. 세계사를 떼어 놓고 한국사를 말할 수 없게 된 것이지요. 그 둘을 한데 엮어서 보면, 역사에 대해 입체적인 시각을 얻을 수 있습니다.

시간 단위를 임의로 100년씩 구분해서 21세기가 전혀 다른 시대 같지만, 우리는 여전히 20세기의 연장선상에 살고 있지요. 그래서 20세기 역사는 자동차 길 도우미(내비게이션)처럼 우리가 가야 할 앞길을 안내해 줍니다. 앞이 샛길인지 낭떠러지인지 잘 보고 귀를 기울여야 하죠.

한때 우리는 정부가 역사를 해석하고 하나의 정답을 골라 주는 시대를 살기도 했습니다. 그러나 오늘날에는 입맛대로 역사를 지글지글 요리하는 사람들이 나라 안팎에 있습니다. 이 책은 하나의 시각과 의견을 보여줄 뿐입니다. 비판적인 눈으로 역사를 읽고, 반대의견을 내며, 자신의 역사 인식을 키워 나가는 여러분이 되시기 바랍니다.

2014년 10월

홍명진

차례

머리말 _**4**

20세기 초, 세계는? 1901~1913 _**8**

1차 세계 대전 1914~1919 _**38**

1차 세계 대전 이후 1920~1928 _**58**

경제 대공황과 파시즘 1929~1938 _**86**

2차 세계 대전 1939~1945 _**114**

냉전 시대의 시작 1946~1953 _**140**

무기 개발 경쟁 1954~1963 _**166**

베트남 전쟁과 반전 운동 1964~1969 _**196**

화해의 시대 1970~1978 _**216**

막바지 냉전 시대 1979~1988 _**240**

냉전의 해체, 새로운 시대 1989~2000 _**268**

에필로그 20세기 역사를 마치며 _**302**

20세기 초, 세계는?

◇◇◇◇◇◇

1901~1913

한국은
?

세계는
?

한국은		세계는
제주도의 이유 있는 반란	**1901**	**미국** 한반도 놓고 수판알 퉁기는 루스벨트
"저 길동인데요, 꺽정이 바꿔 주세요."	**1902**	**쿠바** 우리가 축구공? 에스파냐에서 미국으로
공중전화 개통		
조선판 아메리칸드림 시작되다	**1903**	**미국** 인종의 샐러드, 땅의 쇠사슬을 끊은 라이트 형제
독도가 누구네 땅? 생떼 부리기의 기원	**1904**	**러시아 · 일본** 조선 땅 놓고 한판 승부
을사늑약 체결로 도둑맞은 주권	**1905**	**러시아** 혁명이 불어온다
		미국 · 일본 "사이좋게 주고받자." 식민 제국의 짬짜미
일제에 맞서 무기를 들어라! 의병 전쟁	**1906**	**미국** 일하지 않는 애들은 먹지도 말라?
"을사늑약은 무효다!" 헤이그 특사 파견	**1907**	**국제 사회** 열강들의 전쟁 규칙 만들기
'나라를 찾는 데 보탬이 되길' 국채 보상 운동		
구타 유발자 스티븐스를 혼내다	**1908**	**미국** 석유와 자동차의 시대 열다
안중근, 이토 히로부미 처단	**1909**	**열강들** 탐욕으로 조선을 거덜 내다
한일 병합, 깜깜한 역사 속으로 사라진 조선	**1910**	
분열하여 통치하라! 식민지 사용법?	**1911**	**프랑스** 노벨상 2관왕 마리 퀴리
일제의 역사 조작, 그에 맞서는 신채호	**1912**	**중국** 최초의 공화정 탄생
내 땅도 내 것, 네 땅도 내 것? 토지 조사 사업	**1913**	**영국** "여성에게도 투표권을 달라. 아니면 죽음을!"

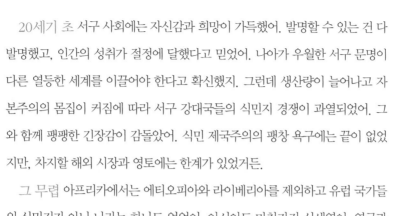

20세기 초 서구 사회에는 자신감과 희망이 가득했어. 발명할 수 있는 건 다 발명했고, 인간의 성취가 절정에 달했다고 믿었어. 나아가 우월한 서구 문명이 다른 열등한 세계를 이끌어야 한다고 확신했지. 그런데 생산량이 늘어나고 자본주의의 몸집이 커짐에 따라 서구 강대국들의 식민지 경쟁이 과열되었어. 그와 함께 팽팽한 긴장감이 감돌았어. 식민 제국주의의 팽창 욕구에는 끝이 없었지만, 차지할 해외 시장과 영토에는 한계가 있었거든.

그 무렵 아프리카에서는 에티오피아와 라이베리아를 제외하고 유럽 국가들의 식민지가 아닌 나라는 하나도 없었어. 아시아도 마찬가지 신세였어. 영국과 프랑스의 식민지들 사이에 끼어서 '충돌 방지 스프링' 구실을 하던 태국만 간신히 독립을 유지했을 뿐이야. '종이호랑이' 중국은 서구 열강과 불평등 조약을 맺고 영토와 이권을 넘겨주었어. 1900년에는 수도 베이징을 8개 강대국에게 점령당하는 수모를 겪으며 식민지나 다름없는 상태로 전락했지.

일찍이 유럽을 본떠 국가를 탈바꿈시킨 일본은 러시아를 전쟁에서 꺾었어. 그리고 을사늑약으로 대한 제국의 국권을 빼앗으며, 아시아에서는 유일하게 식민 제국의 길로 나섰어.

1901년

세계는? 미국 : 한반도 놓고 수판알 퉁기는 루스벨트

한국은? 제주도의 이유 있는 반란

1901년, 미국의 매킨리 대통령이 암살당하자 부통령이던 시어도어 루스벨트가 대통령이 되었어. 곰 인형 '테디 베어'는 루스벨트의 별명 '테디'에서 딴 거야. 하지만 테디 베어와 달리 테디 루스벨트의 행동은 별로 귀엽지 않았어. 미국은 러시아가 자꾸 남쪽으로 슬금슬금 내려와 태평양으로 진출하려는 게 거슬렸어. 루스벨트는 일본과 러시아가 세력 균형을 이루어야 미국이 아시아로 쉽게 뻗어 나갈 수 있다고 생각했어. 영국도 미국과 똑같은 꿍꿍이속이었지. 이러한 식민 제국들의 셈법에서 작고 비실비실한 조선은 주고받는 거래의 대상이었어.

1901년 제주도에서는 이재수가 이끄는 민란이 일어났어. 한때 천주교를 박해하던 조선 정부는 프랑스와 조약(한불 수호 조약, 1886년)을 맺으면서 천주교 포교의 자유를 허락했어. 그러자 천주교는 점점 세력을 불려 나갔는데, 특히 제주도의 천주교도들은 프랑스라는 외세에 기대어 특권 세력으로 성장했어. 이들은 탐관오리와 결탁해 백성들을 괴롭히고 횡포를 일삼았어. 흉년으로 고생하는 백성들에게서 세금을 과도하게 짜내다 보니, 개·돼지·닭·계란에까지 세금이 붙을 지경이었지. 더구나 그들은 아무리 나쁜 짓을 해도 법의 처벌을 피해 갔어.

참다 못한 백성들이 들고일어나 무력 투쟁을 벌였어. 프랑스 함대까지 출동했지만 민란군은 제주성을 함락하고 천주교도 수백 명을 처형

했어. 하지만 결국 정부군에 의해 민란군은 해산당하고 지도자들은 체포되었어. 제주 민란은 부패한 관리들, 그와 결탁한 종교 세력, 프랑스라는 외세에 대한 민중의 저항이었어.

1902년

세계는? 쿠바 : 우리가 축구공? 에스파냐에서 미국으로

한국은? "저 길동인데요, 꺽정이 바꿔 주세요." 공중전화 개통

중남미의 쿠바도 강대국 틈에 끼여 옴짝달싹 못하는 신세였어. 쿠바는 오랫동안 에스파냐의 식민 통치를 받다가 19세기 중반부터 독립 투쟁에 나섰어. 에스파냐가 쿠바의 독립 움직임을 탄압하자 쿠바의 이웃 나라인 미국이 끼어들었어. 그러던 1898년, 쿠바의 아바나 항구에 정박해 있던 미국 전함 메인호가 폭발해 260명이 넘는 미군이 사망하는 사고가 일어났어. 미국은 에스파냐가 메인호를 폭파했다며 에스파냐에 즉각 선전 포고를 했어.

에스파냐와의 전쟁에서 승리한 미국은 에스파냐의 식민지인 필리핀을 차지했고(1898년), 이어 에스파냐의 영향력 아래 있던 쿠바까지 미국의 보호국으로 만들었어(1902년).

그런데 에스파냐가 미국 전함을 날려 버린

게 과연 사실이었을까? 쿠바를 차지하고 싶었던 미국이 얌전히 있는 에스파냐에 시비를 걸려고 끼워 맞춘 사건이라는 말도 있어. 그 뒤 쿠바에는 미국의 조종을 받는 정권이 세워졌고, 쿠바는 미국의 허락 없이 다른 나라와 외교를 할 수 없는 처지가 되었어.

18세기 후반 영국 식민지에서 갓 독립했을 때 미국은 지금처럼 큰 나라가 아니었어. 신생국 미국은 여러 방법으로 영토를 조금씩 늘렸어. 프랑스한테서는 루이지애나 주를, 러시아한테서는 알래스카 주를 사들였어. 하와이 주는 원주민 왕조를 무너뜨리고 미국에 흡수했어. 텍사스 주·뉴멕시코 주·애리조나 주는 원래 멕시코 영토였는데, 그곳에 사는 미국인들의 수가 늘어나자 멕시코에서 독립하도록 유도한 다음 미국 정부에 합병했고. 이렇게 해서 미국은 오늘날과 같은 거대한 덩치가 된 거야. 그리고 다른 유럽 강국들과 마찬가지로 해외 식민지 개척에 나섰어.

1902년 우리나라에서는 최초의 공중전화(서울-인천)가 개통되었어. 덕수궁에서 고종 황제와 고위 관리들이나 쓰던 전화기를 일반 사람들도 쓸 수 있게 되었어. 이제 긴급한 소식을 전하려고 말을 타고 달리거나 비둘기를 날릴 필요가 없어졌지. 하지만 전화 보급은 더뎠어. 1905년까지 전국에서 전화기를 보유한 집은 100군데도 되지 않았어. 전화기의 편리함이 알려진 뒤로도 비싼 가격 때문에 전화기는 쉽게 보급되지 않았어. 세월이 한참 지난 1970년대 초만 해도 전화기는 부잣집에서나 들여놓을 수 있는 귀한 물건이었지.

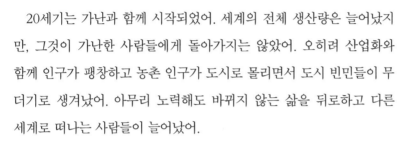

　20세기는 가난과 함께 시작되었어. 세계의 전체 생산량은 늘어났지만, 그것이 가난한 사람들에게 돌아가지는 않았어. 오히려 산업화와 함께 인구가 팽창하고 농촌 인구가 도시로 몰리면서 도시 빈민들이 무더기로 생겨났어. 아무리 노력해도 바뀌지 않는 삶을 뒤로하고 다른 세계로 떠나는 사람들이 늘어났어.

　수많은 이민자들이 향한 곳은 미국이었어. 배고픈 이민자들에게 미국은 꿈과 가능성의 나라였어. 비록 변변치 않은 벌이여도 일자리가 널려 있었거든. 성실하게 노력하고 운까지 따른다면 부자가 될 수 있는 기회도 있었어. 미국은 종교적인 핍박을 피해 살기에도 딱 맞았어. 저마다 인종과 문화 배경이 다른 사람들이 어우러져 사는 다민족 국가였기 때문이지. 배를 타고 바다 건너 미국 땅을 밟는 과정은 험난했지만 많은 사람들이 꿈을 찾아 떠나왔어.

　미국은 앵글로 · 색슨계가 세운 나라인 만큼 처음에는 영국인 신교도가 주류를 이루었어. 그렇지만 미국 경제가 성장할수록 가지각색의 이민자가 늘어났지. 미국의 별명은 '인종의 용광로'였어. 영국인, 아일랜드인, 러시아인, 독일인, 이탈리아인, 유대인 무엇이든 집어넣고 휘저어 주면 살살 녹아 미국인이 되었단다.

　그러나 너도나도 부푼 꿈을 안고 왔지만 현실은 만만치 않았어. 육체 노동자 계층의 이민자들은 노예에 가까운 일을 하면서 임금은 굶어 죽지 않을 정도만 받았어. 그중에서도 특히 값싼 노동력 취급을 당한 아일랜드인은 '흰 검둥이'라고 불리며 괄시받았어. 하지만 아일랜드계는 훗날 케네디, 레이건, 클린턴 등 미국 대통령을 줄줄이 배출할 만큼 영향력 있는 집단이 되었지.

미국 이민 열풍은 아시아에서도 예외가 아니었어. 중국인과 일본인들이 금광이나 농장 일자리를 찾아 미국으로 몰려갔어. 특히 중국인은 많은 인구로 미국을 휩쓸었어. 그러자 미국은 중국인 추방법을 제정하고 중국인 불법 체류자를 단속했어. 이러한 정책에 따라 사탕수수 농장의 중국인 노동자들이 추방당하자, 그 빈자리를 조선인 이민자들이 메웠어.

1903년 1월 13일, 90여 명의 조선인들이 하와이 호놀룰루에 도착했어. 일자리를 찾아 미국으로 이민 간 이들은 사탕수수 농장, 파인애플 농장에서 하루 10시간이 넘도록 일했어. 이름 대신 번호로 불리며 채찍을 맞기도 했어. 적은 월급으로 밑바닥 생활을 했지만 돈을 아껴 독립운동 성금을 내기도 했어. 하지만 7천 명을 넘기던 조선인 이민자의 수는 곧 주춤해졌어. 1905년 대한 제국의 외교권을 빼앗아 간 일본이 이민을 금지하도록 고종에게 압력을 넣었기 때문이야.

그때 미국에는 항일 운동 지도자들도 있었어. 대표적인 인물이 도산 안창호였어. 1902년 미국 샌프란시스코로 유학을 간 안창호는 교포들을 교육하고 의식을 개혁하는 데 힘썼어. 그 뒤 일제의 침략이 본격화하자 안창호는 귀국해 민족 계몽 운동과 구국 운동에 뛰어 들었어. 그는 각 사람이 올바른 마음씨와 건전한 인격을 갖추어야 나라의 힘을 길러 독립을 이룰 수 있다고 주장했어. 그는 대한민국 임시 정부에서 활동하다가 일제의 탄압으로 여러 차례 옥살이를 했어.

역사가들의 표현에 따르면, 1903년 12월 17일은 인간이 땅의 쇠사슬을 끊은 날이야. 미국의 오빌과 윌버 라이트 형제가 엔진으로 나는 비행기 플라이어호를 타고 최초의 동력 비행에 성공한 날이거든. 하늘을 난다는 것은 고대부터 인류가 늘 상상해 오던 일이야. 이미 15세기에 레오나르도 다빈치는 새의 날개와 공기 운동을 연구해 비행기 설계도를 그렸어. 천재 중의 천재가 스케치만 해 놓고 못다 이룬 꿈을 미국의 자전거포 아저씨들이 짬짬이 독학을 해서 이루어 낸 거야! 인류가 공간의 제약을 뛰어넘어 새로운 영역에 들어선 순간이었어.

이 최초의 비행은 당시에 별로 화젯거리도 아니었어. 비행기라는 기계는 그저 독특하고 신기한 발명품에 불과했지. 하지만 얼마 뒤 1907년 플라이어 3호가 39킬로미터를 나는 데 성공하자 얘기가 달라졌어.

최초의 동력 비행기 라이트 형제가 개발한 플라이어 1호가 막 공중에 떠오른 모습. 프로펠러 두 개가 빠른 속도로 돌고 있다.

미 육군은 라이트 형제에게 군사용 비행기 제작을 의뢰했어. 비행기가 발명되자마자 전쟁 무기로 활용된 것은 인류에게 나쁜 소식이었어. 이제 시장, 학교, 들판, 뒷마당 어디든 전쟁터가 될 수 있기 때문이었지.

1904년

세계는? 러시아·일본 : 조선 땅 놓고 한판 승부

한국은? 독도가 누구네 땅? 생떼 부리기의 기원

일본과 러시아는 만주와 한반도의 지배권을 놓고 다투는 경쟁 상대였어. 오래전부터 러시아는 얼지 않는 항구를 얻는 게 꿈이었어. 한반도의 동쪽 항구를 얻으면 러시아는 태평양으로 쉽게 진출할 수 있었어. 게다가 러시아는 전쟁을 일으켜 국민들의 불만을 밖으로 돌리고 정부에 대한 지지를 높인다는 속셈도 있었지. 일본으로서는 청일 전쟁에서 청나라를 이미 제압한 터라 이제 러시아만 쫓아내면 한반도와 만주를 마음 놓고 차지할 수 있었어.

1904년 일본은 인천과 중국에 있는 러시아 함대를 기습 공격했어 (러일 전쟁). '한때 유럽을 주름잡던 강대국 러시아한테 아시아의 작은 나라가 감히 덤비다니!' 많은 사람들은 일본이 잽도 안 되는 강한 적에게 무모한 싸움을 걸었다고 생각했어. 실제로 러시아는 일본에 견주어 수적으로 열 배 가까이 우세했고 강한 함대를 보유하고 있었어. 반면 일본은 미국과 영국에서 전쟁 비용까지 꿔야 하는 형편이었단다.

일본군은 러시아와 전쟁을 벌인 지 보름 만에 서울로 진군했어. 러시아군 역시 압록강을 넘어왔어. 일본군은 대한 제국 정부를 위협해 '한일 의정서'를 강제로 체결했어. 이에 따라 일본은 조선 땅에서 군사 전략상 필요한 곳을 마음대로 사용할 수 있게 되었어. 그렇게 빼앗아 간 곳 가운데 하나가 독도였어. 러시아 함대를 감시하고 통신선을 설치하기 위해서였지.

오늘날 독도를 일본 땅이라 주장하는 것은 강도가 도둑질한 집을 돌려주면서 뒤뜰의 작은 방 하나는 제 것이라고 우기는 것과 같아! 일제가 한때 한반도를 무력으로 강점했다고 해서, 오늘날 한반도의 소유권을 주장할 수 없어. 당연히 독도에 대해서도 아무런 권리가 없어.

일제의 독도 강점 100여 년 뒤 노무현 대통령이 발표한 '한일 관계 특별 담화문'(2006년)은 이러한 역사의식을 정확히 담고 있어. "일본이 독도에 대한 권리를 주장하는 것은 침략 전쟁에 대한 점령지, 나아가서는 과거 식민지의 영토권을 주장하는 것이다. 이것은 한국의 완전한 해방과 독립을 부정하는 행위이며, 역사를 모독하고 전쟁 범죄를 정당화하는 행위이다. 우리에게 독도는 단순히 조그만 섬에 대한 영유권의 문제가 아니라 잘못된 역사의 청산, 완전한 주권 회복의 상징이다."

일본은 러시아와의 전쟁을 짧은 시간 안에 제한된 지역에서 끝내려고 했어. 전쟁이 길어져서 러시아 군대가 대규모로 몰려오면 일본이 불리해질 수밖에 없었거든. 인천 제물포에서 러시아 함대에 큰 피해를 입힌 일본은 압록강까지 밀고 올라가 마침내 러시아군을 패배시켰어. 강하기로 소문난 러시아 극동 함대도 황해와 울산에서 일본 함대에 패하고 후퇴했어.

1905 년

세계는? • 러시아 : 혁명이 불어온다
• 미국·일본 : "사이좋게 주고받자." 식민 제국의 짬짜미

한국은? 을사늑약 체결로 도둑맞은 주권

러시아는 남의 나라에 가서 전쟁이나 벌일 때가 아니었어. 당장 국내 문제가 시급했어. 1905년 1월, 러시아 수도 상트페테르부르크에서는 피비린내 나는 사건이 벌어졌어. 노동자 14만 명이 사람답게 일할 수 있게 해 달라며 차르(황제) 니콜라이 2세가 사는 동궁을 향해 행진했어. 그들은 하루 8시간 노동제와 최저 임금제를 요구했어.

당시 러시아의 산업 시설은 서유럽 국가들에 견주어 뒤떨어졌어. 노동자들은 낡은 기계로 고된 노동을 했지만 임금은 형편없었어. 불만이 쌓인 노동자들이 최후의 수단으로 황제를 찾아갔어. 자비로운 황제가 자신들의 목소리를 들어 줄 것이라 믿었어. 노동자들은 황제 찬가를 부르며 황제 초상화를 들고 행진했어.

그러나 황제의 군대는 평화 시위대에게 귀 기울이기는커녕 오히려 총을 쏘았어. 총알이 소나기처럼 빗발치고 시위대가 픽픽 쓰러졌어. 500명이 넘게 희생된 이 '피의 일요일' 사건은 그나마 남아 있던 황제에 대한 신뢰와 애정을 산산조각 냈어. 러시아 곳곳에서 파업과 농민운동이 들불처럼 일어났어. 시위대와 군대가 충돌하기도 했어. 황제가 그렇게도 두려워했던 혁명이 점점 현실이 되어 가는 듯 보였어.

러일 전쟁의 승리가 일본 쪽으로 기울자 강대국들은 놀라워했어.

8시간 노동제
하루에 8시간 일하는 제도. 자본주의가 성장하던 때에 하루 12시간이 넘게 노동하는 일이 흔했고, 지나친 노동으로 사람이 죽기까지 했다. 노동자들은 이를 막고 삶의 여유를 찾기 위해 8시간 노동제를 요구했다.

최저 임금제
법으로 임금의 최저액을 정해 노동자의 생활을 보장하는 제도.

피의 일요일 러시아 노동자들이 황제가 머무는 겨울 궁전 앞에서 하루 8시간만 일하게 해 달라고 요구하자, 군대는 이들을 향해 총을 쏘았다. 이반 블라디미로프, 〈피의 일요일〉, 1905.

'설마 했는데 러시아를 꺾다니, 다시 봐야겠네!' 일본은 이제 제국주의 강대국 클럽의 한자리를 차지했어. 미국과 일본은 비밀 협정(가쓰라-태프트 협정)을 맺었어. 미국이 필리핀을 지배하는 것과 일본이 조선을 지배하는 것을 서로 묵인한다는 내용이었지.

이어서 루스벨트 미국 대통령은 러일 전쟁을 마무리 짓기 위한 중재에 나섰어. 고종은 이승만을 미국에 보내 우리나라의 입장을 전달하려 했어. 그렇지만 미국에게 조선의 사정 따위는 안중에도 없었어. 패전한 러시아는 사할린 일부와 중국의 산둥 반도를 일본에 넘겨주고 일본의 조선 지배권도 인정했어(포츠머스 조약). 이렇게 중재한 공로를 인정받아 루스벨트는 1906년 노벨 평화상을 받았어. 우리 한국인들은 이게 왜 노벨 평화상감인지 갸우뚱할 수밖에 없지.

러시아까지 꺾은 일본은 이제 자신들이 마땅히 조선을 지배할 자격이 있다고 생각했어. 이미 1905년 8월부터 일본은 조선에서 고문 정치를 시작했어. 일본이 추천한 고문을 두어 조선의 내정과 외교를 간섭한 거야. 그리고 석 달 뒤인 11월 17일, 일본의 이토 히로부미는 본격적으로 조선을 보호국으로 만들기 위한 조약 문서를 들고 왔어. 일본군은 조선의 왕궁을 포위했고 무장한 일본 헌병과 경찰이 궁궐 안까지 깔려 있었어.

고종 황제와 세 명의 대신은 끝까지 반대했어. 그렇지만 이완용, 권중현, 박제순, 이지용, 이근택 다섯 대신의 찬성으로 을사늑약이 체결되었어. 일제는 이렇게 형식상 맺은 조약을 근거로 조선의 동의에 따라 합법적인 통치를 한다고 주장했어. 실제로는 두 나라가 대등하게 합의한 것이 아니라, 일방적이고 강압적으로 체결된 조약이었는데 말

야. 국가 최고 권력자인 고종 황제가 서명을 거부하자 옥새를 빼앗아 위조하기까지 했지. 고종은 "총칼의 위협과 강요 아래 체결된 이른바 보호 조약이 무효임을 선언한다."고 분명히 말했어. 늑약, 즉 강제로 맺은 조약은 국제법상으로도 아무런 효력이 없어.

　을사늑약 체결 소식을 들은 조선인들의 분노는 대단했어. 장지연은 '시일야방성대곡'이라는 논설을 통해 을사늑약은 고종 황제가 승인을 거절했기 때문에 성립하지 않는 조약임을 폭로하고 매국노들을 격렬하게 비난했어. "저 개돼지만도 못한 소위 우리 정부의 대신이라는 자는 각자의 영리만을 생각하고, 위협에 벌벌 떨면서 나라를 팔아먹는 도적이 되기를 감수했다."

　을사늑약의 주된 내용은 조선의 외교권을 박탈하는 것이었어. "한국 정부는 일본 없이 어떤 나라와도 조약이나 약속을 맺을 수 없다. 일본인 통감이 외교를 관리한다."는 내용이었지. 외교권을 박탈하는 것은 한 나라의 주권을 빼앗는 것과 마찬가지야. 이제 곧 본격적인 내정 간섭과 식민 통치가 시작될 차례였어.

1906년

세계는? 미국 : 일하지 않는 애들은 먹지도 말라?

한국은? 일제에 맞서 무기를 들어라! 의병 전쟁

조선의 정부 관료들과 지배 계층이 모두 나라를 팔아먹는 데 협조한 건 아니었어. 나라 잃은 슬픔과 분통함에 극약을 마시고 죽음으로써 저항한 유생들이 있었어. 또 전국 각지에서 의병장으로 활약한 양반과 고위 관료들도 있었어. 1906년 전라북도에서 의병을 일으켰다가 순국한 최익현은 호조 참판이었고, 같은 해 충남에서 의병 전쟁을 이끈 민종식은 이조 참판 출신이었어. '나라가 망했는데 웬 벼슬?'한탄하며 무기를 든 거야. 나라의 위기 앞에 평민도 나섰어. 뛰어난 유격 전술로 곳곳에서 일본군을 격파한 신돌석은 평민 출신 의병장이었어. 구식 화승총을 들고 기관총을 가진 일본군에 대담하게 맞섰지.

이 무렵 세계의 자본주의는 효율적인 방법으로 생산성을 높여 많은 상품을 만들고 큰 이익을 냈어. 하지만 인간의 이기심은 끝이 없었어. 부를 공정하게 나누기보다 힘센 소수가 챙겼어. 또한 사람의 가치보다 생산성과 이익이 더 강조되면서 노동자들은 가혹하게 착취당했어.

노동자들의 처지는 자본주의의 그늘을 드러냈어. 특히 1900년대 초

미국에서는 어린이 노동이 흔했어. 거리에는 신문이나 전보 배달, 구두닦이, 잔심부름을 하는 아이들이 얼마든지 널려 있었어. 모직 공장 방적기 앞에서는 6~7세 여자아이들이 일했어. 열 살이 채 안 된 소년들이 광산에서 일하기도 했어. 기업가들이 볼 때 아이들은 부려먹기 좋은 값싼 노동력이었어. 당시 미국의 공장에서 일하는 16세 이하 어린이들은 180만 명쯤 됐어. 노동의 대가로 아이들이 얻는 것은 얼마 안 되는 푼돈에 불과했어. 대신 건강과 교육받을 권리, 아이답게 뛰어놀 권리를 빼앗겼어.

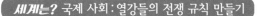

세계는? 국제 사회 : 열강들의 전쟁 규칙 만들기

한국은? "을사늑약은 무효다!" 헤이그 특사 파견
'나라를 찾는 데 보탬이 되길' 국채 보상 운동

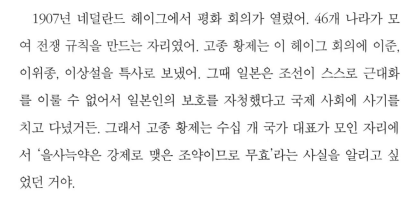

1907년 네덜란드 헤이그에서 평화 회의가 열렸어. 46개 나라가 모여 전쟁 규칙을 만드는 자리였어. 고종 황제는 이 헤이그 회의에 이준, 이위종, 이상설을 특사로 보냈어. 그때 일본은 조선이 스스로 근대화를 이룰 수 없어서 일본인의 보호를 자청했다고 국제 사회에 사기를 치고 다녔거든. 그래서 고종 황제는 수십 개 국가 대표가 모인 자리에서 '을사늑약은 강제로 맺은 조약이므로 무효'라는 사실을 알리고 싶었던 거야.

그런데 고종은 당시 국제 관계의 냉정한 논리를 알지 못했어. 이 회의는 강대국끼리 규칙을 정하는 자리였어. 그들의 관심사는 그저 어떻게 하면 식민지를 충돌 없이 사이좋게 관리할까였지. 식민지 약소국의 호소를 들어 줄 마음은 조금도 없었어. 일제는 특사를 보낸 사실을 빌미로 고종을 강제로 끌어내리기로 했어. 주인의 말을 잘 듣는 개처럼 이완용이 일제의 대리인으로 나서서 고종을 윽박지르고 폐위하는 과정을 처리했어. 그 뒤를 이어 고종의 아들 순종이 즉위했어.

1907년 3월 25일 광화문 거리에서 총성이 들렸어. 을사 5적 가운데 한 사람인 권중현을 향해 총알이 날아갔어. 총알이 비껴 나가 암살은 미수에 그쳤어. 방아쇠를 당긴 사람은 민족 반역자들을 처단하기 위해 모인 비밀 결사단이었어. 매국노 처단을 하늘의 뜻으로 받든 이들은 모금을 하고 치밀한 준비를 했어. 그러나 매국노들은 총알을 잘도 피해 다녔고, 나라를 팔아먹은 대가로 받은 일제의 작위와 은사금으로 떵떵거리며 살았어.

하지만 수많은 민중은 독립을 위해 나섰어. 1907년 일제에 진 빚을 갚아 국권을 되찾아 오자는 '국채 보상 운동'이 온 나라로 퍼졌어. 빚 때문에 나라가 넘어간 것은 아니었지만, 그렇게라도 해야 나라를 되찾는 데 보탬이 될 것 같았어. 사람들은 담배를 끊고 비녀와 가락지까지 갖다 바쳤어. 그러나 이미 재정권을 장악하고 있던 일제는 더 많은 일본 차관을 끌어들여 나라 빚을 불려 놓았어.

1908년

서남아시아는 바빌론, 페니키아, 이집트, 유대 같은 고대 문명의 중심지이고 로마, 그리스, 페르시아 같은 대제국들이 거쳐 간 땅이야. 하지만 찬란한 문명은 유적으로만 남았고, 한동안 유목민들과 낙타와 양떼만이 머무르는 땅이었어. 이 땅이 다시 주목받게 된 것은 석유 때문이었지.

1908년 미국은 서남아시아에서 석유를 개발하기 시작했어. 여기저기에서 기름 줄기가 펑펑 터져 나왔어. 모래바람만 풀풀 날리던 황무지가 이제 금싸라기 땅이 된 거야. 20세기 산업화 과정에서 석유의 역할은 절대적이야. 화학 약품, 합성 섬유, 도로, 플라스틱, 전력 생산, 교통에 석유가 빠질 수 없지. 그래서 석유는 '산업화의 혈액'이라고도 일컬어졌어. 특히 20세기 초반 자동차가 등장하자 석유의 값어치는 더욱 높아졌어.

20세기 초 자동차는 부유한 사람들의 전유물이었어. 아주 비싼 기계인 데다 운전을 하려면 복잡한 기계 조작 방법을 알아야 했어. 그때 헨리 포드라는 사람이 나타나 남다른 생각을 했어. 자동차를 부자들의 사치품에서 평범한

천하의 나쁜 놈!!

석유도 먼저 가져가는 사람 거.

25

미국인 근로자가 살 수 있는 저렴하고 간단한 물건으로 만들기로 한 거야. 그렇게 해서 1908년 출시된 자동차가 '모델 T'란다.

　포드는 조립 생산 라인을 통해 자동차 가격을 떨어뜨렸어. 예전에는 자동차 한 대에 여러 명의 기술자들이 더덕더덕 달라붙어 차를 조립한 탓에 완성될 때까지 시간이 많이 걸리고 생산비가 비쌌지. 그러나 포드는 생산 라인을 따라 부품들이 움직이면 기술자들이 각자 분담한 작업만 하는 방식을 도입했어. 이를테면 존슨은 온종일 나사만 조이고, 스미스는 망치만 두드리고, 마이클은 타이어만 끼우는 식이지. 이런 방식으로 자동차가 짧은 시간 내에 대량으로 조립되었어. 덕분에 자동차 가격은 줄기차게 떨어졌지.

　포드의 이러한 방식은 세계적으로 표준적인 생산 방식이 되었어. 부품이 몇만 개나 되는 자동차뿐 아니라 과일 통조림이라든가 돈가스를 만드는 데도 똑같은 방법이 쓰였지. 조립 라인으로 대량 생산과 대량 소비가 가능해지자 자본주의는 더욱 발전했어. 조립 라인은 세계를 바꾸어 놓은 발명품이라는 찬사를 듣기도 해. 그렇지만 동시에 인간을 기계처럼 만들고 노동을 무미건조하게 만들었다는 비판도 받았어. 창조적인 노동에 적합한 인간을 단순 동작만 반복하는 로봇으로 전락시켰다는 거지.

　을사늑약 소식은 미국 교민들에게도 절망과 분

조립 라인의 노동자들 위에서 아래로 조립 라인이 있고, 그 앞에 노동자들이 일렬로 서서 작업하고 있다. 조립 라인에서는 사람이 기계에 맞춰 같은 동작을 반복하며 일해야 한다. 야노시 마티스토이치, 〈조립 라인〉, 1930.

노를 안겨 주었어. 많은 이들이 항일 단체에 가입해 조국을 위한 행동에 나섰어. 스티븐스 저격은 그 대표적인 사건이야.

미국 외교관 스티븐스는 일제에 의해 대한 제국의 외교 고문이 되었어. 미국판 친일 앞잡이인 그는 철저히 일제의 입장을 대변했어. 1908년 샌프란시스코에 도착한 그는 기자 회견에서 다음과 같은 망언을 했어. "을사조약은 조선인을 위한 당연한 조치이다. 일본의 한국 지배는 한국에 유익하다. 한국인은 독립할 자격이 없는 무지한 민족이다." 이 망언이 언론에 보도된 후 조선인 4명이 스티븐스를 찾아가 망언을 취소하라고 요구했다가 거절당하자 그를 폭행했어.

스티븐스에 대한 분노는 쉽게 수그러들지 않았어. 이튿날 아침 전명운은 스티븐스를 향해 총구를 겨누었어. 총이 불발되자 전명운은 권총 자루로 스티븐스를 때렸어. '권총 자루로 때린다고 사람이 죽나?' 의문이 드는 순간, 장인환이 발사한 총알이 스티븐스를 명중시켰어. 하와이의 농장에서 일하다 항일 운동에 뛰어든 두 사람은 서로 모르는 사이였는데 우연히 같은 자리에 있었어! 이 의거를 통해 일제의 식민 지배가 한국에 유익하다는 스티븐스의 말이 얼마나 허황된 것인지 드러났어.

1909년

1909년 10월 26일 중국 하얼빈역, 이토 히로부미가 기차에서 내리자 군악대의 연주가 울렸어. 이토 히로부미가 러시아군의 사열을 받으려는 순간, 한 젊은이가 침착하게 총을 겨누었어. 그의 손에서 네 발의 총성이 울렸어. 이토 히로부미는 그 자리에서 쓰러졌고, 총을 쏜 조선 청년 안중근은 태극기를 흔들며 현장에 있던 러시아인들 들으라고 "코레아 우라!"(러시아어로 '대한민국 만세')라고 외쳤어.

이토 히로부미는 일본 지폐에 초상화가 실릴 정도로 일본 역사에서 비중이 큰 인물이야. 그는 일찍이 유럽과 미국에 유학하면서 서구식 근대화를 통해 일본을 강한 나라로 만들겠다는 신념을 키웠어. 그는 근대적인 헌법을 만들고 의회와 정부 체제를 설립해 일본 총리가 됐어. 그러나 일본에서는 그가 근대화의 기틀을 닦은 위인일지 몰라도, 우리에게는 조선의 강탈을 주도한 원흉이었어. 이토 히로부미는 고종을 협박해 을사늑약을 체결하게 하고 고종 황제 퇴위 등을 조종했어.

이토 히로부미 사살은 우리 독립운동사에 획기적인 사건이었어. "조선 지배는 아시아의 평화를 위한 것이다. 한민족은 일본의 통치에 만족하고 있다."는 일제의 거짓말을 반박하고, "조선은 자주 국가이며 일본의 일부가 아니다."는 뜻을 세상에 분명하게 알린 사건이었어. 법정에선 안중근은 그를 죽인 15가지 이유를 조목조목 열거했어. 그리고 꿋

헌법
사회 구성원들이 국가를 민주적으로 운영하는 근본 원칙을 합의하여 만든 법규. 국가 최고의 법규로, 민주주의 국가는 헌법에 따라 움직인다.

꿋하고 의연한 모습으로 사형장으로 향했어. 안중근의 의거는 조선의 독립 의지를 높였고, 일제의 침략을 받던 다른 아시아 나라들에게도 용기를 주었어. 2014년 중국 정부는 하얼빈에 안중근 의사 기념관을 세웠어. 안중근은 한국뿐 아니라 중국에서도 항일 투사로 존경받고 있지.

일제의 이권 침탈은 날이 갈수록 더해 갔어. 다른 강대국들도 조선의 이권을 쓸어 가는 일에 달려들었어. 러시아는 산림 이권을 가져갔고, 미국은 광산 채굴권을 챙겼어. 미국은 광산 중에서도 특히 금광을 관리했어. 영국, 독일, 프랑스도 광산, 목재 채벌권, 철도 부설권 등을 차지했어. 주권을 잃고 일본의 보호국이 된 조선은 아무나 와서 털어 가기 좋은 나라로 몰락하고 말았어.

1910년

앞서 1907년 일제는 대한 제국 군대를 해산했어. 한 나라를 망하게 하기 위해 반드시 해야 할 일이었어. 일제에 의해 해산된 대한 제국 군인들은 집으로 가는 대신 무기를 들었어. "일제의 무장 해제를 따르느니 차라리 일제에 맞서 싸우자!" 군대 해산을 계기로 의병 운동은 전국 방방곡곡에서 더욱 거세게 일어났어. 유생, 노동자, 양반, 머슴 등 신분과 처지를 떠나 무기를 들었어. 변변한 무기가 없으면 곡괭이라도 들었어. 이 나라 백성이라면 나라를 빼앗긴 설움은 다 똑같았어. 그러자 일제는 전국을 샅샅이 뒤져 의병 항쟁을 진압하고 그 근거지를 초토화했어. 이후 의병들은 만주나 연해주로 옮겨 가 일제에 맞서 싸웠어.

우리 민족의 저항을 겪은 일제는 마침내 1910년 8월 29일 한일 병합을 선언했어. 대한 제국을 대표해 이 병합 조약에 서명한 것은 이완용이 이끄는 매국 내각이었어. 한일 병합의 내용은 대한 제국 정부의 모든 통치권을 완전히, 그리고 영구히 일제에 넘긴다는 것이었어. 경복궁에 일장기가 내걸리고 대한 제국은 일본의 식민지로 전락했어. 5천 년 역사에서 수없이 외세의 침략을 받고 점령당하기도 했지만 나라의 주권이 이렇게 통째로 넘어간 적은 없었어. 오랜 역사와 독자적인 전통, 찬란한 문화를 간직한 조선은 건국 519년 만에 역사 속으로 사라졌어.

오늘날까지 일본은 당시의 합병이 조선의 동의에 따른 것이라 주장하고 있어. 그렇지만 실제로는 무력을 동원해 국권을 빼앗아 간 것이었어. 조약 체결 문서에는 대한 제국 황제(순종)의 서명도 없었어. 한 무리의 매국노를 빼고는 아무도 일제에 국권을 넘겨주는 데 찬성하지 않았어. 이 합병에 끝까지 반대했던 순종 황제는 1926년 세상을 떠나면서 이런 유언을 남겼어. "지난날의 병합 인준은 일본이 역신과 더불어 제멋대로 해서 선포한 것이오. 나의 한 바가 아니라."

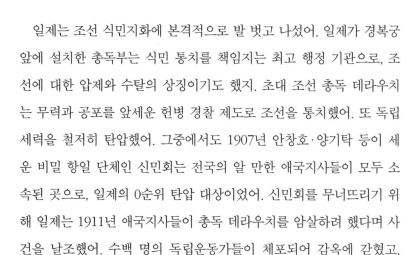

1911년

세계는? 프랑스 : 노벨상 2관왕 마리 퀴리

한국은? 분열하여 통치하라! 식민지 사용법?

일제는 조선 식민지화에 본격적으로 발 벗고 나섰어. 일제가 경복궁 앞에 설치한 총독부는 식민 통치를 책임지는 최고 행정 기관으로, 조선에 대한 압제와 수탈의 상징이기도 했지. 초대 조선 총독 데라우치는 무력과 공포를 앞세운 헌병 경찰 제도로 조선을 통치했어. 또 독립 세력을 철저히 탄압했어. 그중에서도 1907년 안창호·양기탁 등이 세운 비밀 항일 단체인 신민회는 전국의 알 만한 애국지사들이 모두 소속된 곳으로, 일제의 0순위 탄압 대상이었어. 신민회를 무너뜨리기 위해 일제는 1911년 애국지사들이 총독 데라우치를 암살하려 했다며 사건을 날조했어. 수백 명의 독립운동가들이 체포되어 감옥에 갇혔고, 잔인한 고문 과정에서 죽거나 불구가 되었어.

일제는 이렇게 독립운동 세력과 일반 백성들을 탄압하는 한편 지배층은 회유하고 매수했어. 한일 병합에 기여한 친일파들은 일제에게서 작위, 훈장, 은사금을 받았어. 나라 망하게 하는 절차를 알아서 척척 진행해 주었으니 일제로서는 참 고맙고 소중한 존재들이었겠지. 그 외 지배층에게도 일제는 돈과 지위를 약속하며 접근했어. 이처럼 피지배 민족을 분열시키는 것은 식민 통치의 기본 수법이었어.

1911년 노벨 화학상의 주인공은 프랑스의 물리학자 마리 퀴리였어. 흔히 '퀴리 부인'으로 통하지만, 그가 위대한 과학자라는 사실이 중요하지 '부인'인지 '남편'인지는 중요하지 않아. 1903년 마리 퀴리는 물리학자인 남편과 함께 방사능을 연구하다가 라듐을 발견해 노벨 물리학상을 받았어. 남편이 세상을 떠난 뒤에도 꾸준히 연구해서 두 번째로 노벨상을 탄 거야. 훗날 마리 퀴리의 딸 부부도 노벨 화학상을 받았지. 마치 노벨상 수집을 전문으로 하는 집안 같았어.

연구실의 마리 퀴리 마리 퀴리가 연구실에서 플라스크에 액체를 담아 화학 실험을 하는 모습이다. 그는 노벨상을 여러 차례 받을 만큼 뛰어난 과학자였다.

이민자이자 여성으로서 마리 퀴리는 남성들이 지배하는 프랑스 과학계의 편견과 냉대에다 자금 지원도 없는 형편에서 꿋꿋이 연구에 매달렸어. 어렵사리 쌓은 업적을 당시에는 온전히 평가받지도 못했지. 평생을 방사능 연구에 몰두한 마리 퀴리는 방사능 노출 후유증으로 백혈병에 걸려 쓸쓸히 세상을 떠났어. 하지만 그의 방사능 연구는 엑스레이 장비나 방사능을 사용한 암 치료 등에 중요하게 쓰였어. 또한 20세기 원자력 시대를 본격적으로 열게 하는 데 기여했지.

1912년

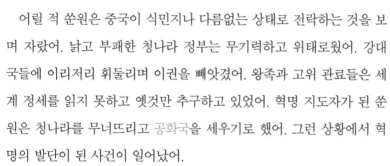

세계는? 중국 : 최초의 공화정 탄생

한국은? 일제의 역사 조작, 그에 맞서는 신채호

어릴 적 쑨원은 중국이 식민지나 다름없는 상태로 전락하는 것을 보며 자랐어. 낡고 부패한 청나라 정부는 무기력하고 위태로웠어. 강대국들에 이리저리 휘둘리며 이권을 빼앗겼어. 왕족과 고위 관료들은 세계 정세를 읽지 못하고 옛것만 추구하고 있었어. 혁명 지도자가 된 쑨원은 청나라를 무너뜨리고 공화국을 세우기로 했어. 그런 상황에서 혁명의 발단이 된 사건이 일어났어.

가난한 청나라 정부는 외국에 나라의 이권을 넘겨 빚을 얻었어. 이번에는 중국 철도를 국유화해서 이것을 담보로 외국 차관을 들여오려고 했어. 이 일을 계기로 청나라 정부를 반대하는 운동과 폭동이 일어났어. 혁명파는 군사 봉기를 일으켜 청나라 정부의 군대를 몰아냈어. 그러자 중국의 여러 성들이 청나라에 등을 돌리고 혁명파에 합세했어. 1911년 혁명파는 드디어 17개 성을 잇따라 함락하고 지방 정권을 세우는 데 성공했어(신해혁명).

신해혁명에 성공한 쑨원과 혁명 세력은 1912년 중화민국을 세웠어.

공화국
주권이 국민에게 있는 나라. 오늘날 공화국은 국민이 뽑은 대표자나 대표 기관의 의사에 따라 나라를 운영한다. 주권이 왕에게 있는 왕국과 대비된다.

중화민국의 탄생을 알리는 포스터 왼쪽에 중화민국기가 있고, 오른쪽에 혁명 시기에 사용하던 오색기가 있다. 가운데에는 '중화민국 만세'가 한문과 영어로 쓰여 있다.

쑨원은 중화민국의 최고 지도자인 대총통이 되었어. 쑨원은 청나라 군사 지도자 위안스카이를 만나 황제를 폐위하고 공화국 체제를 유지한다면 대총통 자리를 넘겨주겠다고 약속했어. 위안스카이는 6살의 마지막 황제 푸이를 폐위하고 청나라를 무너뜨렸어. 이로써 2천 년을 이어 온 중국의 전제 왕국이 역사 속으로 사라졌어.

이듬해인 1913년 위안스카이가 약속대로 대총통 자리에 올랐어. 그런데 그는 왕이 되겠다는 엉뚱한 야심에 사로잡혔어. 왕을 없애고 공화국을 세우기 위해 지금껏 그 난리를 쳤는데 지나온 길을 거스를 셈이었어. 중국은 다시 분열 상태에 빠졌어. 각 지방을 차지하고 있는 군사 실력자들은 너도나도 대총통이라고 우기며 내전에 뛰어들었어. 이러한 난장판 속에서 중화민국은 껍데기만 남아 중국의 앞날은 불투명해졌어.

일제는 조선인들의 신체 자유를 억압할 뿐 아니라 정신까지 다스리려고 했어. 한일 병합 이후 민족 언론들을 모조리 폐간시켰어. 어린이들에게는 일본어와 일본 역사를 가르쳤어. 또 조선의 역사를 제멋대로 왜곡 조작했어. 대표적인 것이 '임나 일본부설'이야. 고대 일본이 가야·백제·신라를 다스렸고, 고구려와 백제가 일본에 조공을 바쳤다는 내용이지. 역사가라는 사람들이 역사는 안 쓰고 판타지 소설을 쓰고 있었던 거야. 또 조선의 역사를 깎아내리기 위해 조선 왕조를 '이조'('이씨'들의 왕조)라고 폄하하고, 조선의 정치를 늘 싸우기만 하는 무능한 관리들의 당쟁으로 깎아내렸어.

이러한 식민 사관의 결론은 하나였어. "조선은 항상 지배만 당하고 독자적인 역사가 없으며 스스로 발전할 수 없는 나라이므로 일본의 지배를 받는 게 당연하다." 역사학자이자 독립운동가인 신채호는 이러한 역사 왜곡의 최종 목표가 조선에 대한 기억을 없애는 것임을 알았어. 잃어버린 영토는 되찾으면 되지만, 역사를 잃어버리면 그 민족은 사라지게 되어 있어. 그는 조선사 연구로 일제의 식민주의 역사관을 극복하고 을지문덕, 이순신 등 민족 영웅의 전기를 통해 민족의식을 높이려고 애썼어. 또 고조선과 고구려가 강대한 중국에 맞섰던 진취적인 역사를 소개했어. "역사를 잊은 민족에게 미래는 없다." 신채호가 후대에 남긴 말이란다.

1913년

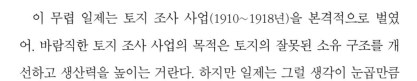

세계는? 영국 : "여성에게도 투표권을 달라. 아니면 죽음을!"

한국은? 내 땅도 내 것, 네 땅도 내 것? 토지 조사 사업

이 무렵 일제는 토지 조사 사업(1910~1918년)을 본격적으로 벌였어. 바람직한 토지 조사 사업의 목적은 토지의 잘못된 소유 구조를 개선하고 생산력을 높이는 거란다. 하지만 일제는 그럴 생각이 눈곱만큼

도 없었어. 겉으로는 토지 소유권을 보호하고 생산력을 높인다는 이유를 내세웠지. 그러나 진짜 목적은 땅과 거기에서 나는 생산물을 빼앗는 것이었어. 1913년에는 토지 조사 사업 계획을 3차로 수정했는데, 사업 예산과 기간을 늘리는 것이 목표였어.

일제는 전국의 땅 주인들에게 그 땅이 자신의 땅이라는 증거를 제출해 신고하라고 했어. "이 땅이 원래 내 땅이니까 내 땅이지." 이런 말은 통하지 않았어. 신고 절차도 일부러 까다롭게 만들어 놓았어. 평생 농사만 지어 글을 모르는 농민들은 제대로 신고할 수 없었어. 이런저런 이유로 신고가 안 된 땅은 조선 총독부가 모조리 몰수했어. 선산과 마을 공유지도 빼앗았어. 이런 식으로 일제가 날름날름 삼킨 땅이 조선 전체 토지 면적의 40퍼센트나 되었어.

동양 척식 주식회사는 빼앗은 토지를 일본인 지주와 이민자에게 나눠 주는 역할을 했어. 회사라기보다 '토지 강탈 기관'이라는 이름이 더 어울리는 곳이었지. 빼앗은 땅에서 수확한 농작물은 일본으로 실어 갔어. 인구가 많은 일본으로서는 식량을 안정적으로 확보하는 일이 시급했어. 게다가 일본의 제국주의 야심은 벌써 한반도를 넘어 만주와 중국과 동아시아 전체로 뻗어 나가고 있던 터라, 조선을 일제의 침략 전쟁을 위한 식량 공급 기지로 만들고자 했던 거야.

토지 조사 사업은 조선의 농업 생산을 비정상적으로 왜곡시키고 농민들의 생존 기반까지 거덜 냈어. 자기 땅에서 직접 농사짓던 자작농은 남의 땅을 빌려 농사짓는 소작농 처지로 떨어졌어. 땅을 잃은 농민들은 날품팔이나 화전민이 되어 떠돌았지. 가난을 견디다 못해 연해주나 만주로 떠나기도 했어. 땅을 빼앗은 일제는 1920년께부터 쌀 생산량을 늘리는 정책(산미 증식 계획)을 실시했어. 일본으로 더 많은 쌀을 수탈해 가기 위한 정책이었지. 조선의 농민들은 더 배를 주려야 했어.

1913년, 영국의 한 경마장에서 어떤 여인이 달리는 경주마 앞으로 갑자기 뛰어들었어. 여성 참정권 운동가 에밀리 데이비슨이었어. 말굽에 치이기 전 외친 말은 "여성에게 투표권을 달라!"였어. 그의 죽음 앞에 여성들은 분노했고, 여성 참정권 운동이 활발하게 벌어졌어. 오래전부터 에밀리 데이비슨과 여성 운동가들은 여성들도 정치적인 의사를 표현할 수 있어야 한다고 주장했어. 여성 참정권은 남녀평등을 위한 가장 기본적인 조건이었지만, 남자들은 이것이 가당치도 않은 요구라고 생각했어. 이 견고한 벽을 깨기 위해 데이비슨은 자기 목숨을 바친 거야.

1893년 뉴질랜드가 세계 최초로 여성에게 투표권을 주었어. 하지만 유럽 국가들은 모두 꾸물대고 있었어. '뼈대 있는 민주주의 전통의 나라' 영국은 1918년, '인권을 소중히 생각하는 나라' 미국은 1920년, '자유와 평등의 나라' 프랑스는 1946년에야 여성의 참정권을 인정했어. 민주주의의 역사에 견주면 남녀 모두가 한 표를 행사하는 보통 선거가 너무나 늦게 시작된 셈이지.

1차 세계 대전

◇◇◇◇◇◇

1914~1919

한국은
?

세계는
?

그 많던 도자기와 호랑이, 삽살개는 어디로?	**1914**	**국제 사회** 전에 없던 떼거리 전쟁, 1차 세계 대전
촉촉하게 볼기를 맞아라. 야만적인 일제 통치	**1915**	**오스만** 아르메니아인 학살을 영원히 덮을 수 있을까?
강도가 우리 집 살림살이를 돌봤다고?	**1916**	**국제 사회** 서부 전선 이상 많다.
식민지 근대화론		사람만 계속 죽는 소모전
	1917	**러시아** 레닌의 귀환과 볼셰비키 혁명
		미국 기다려, 내가 갈게! 1차 세계 대전 참여
사회주의 깃발 들고 독립운동 나서다	**1918**	**국제 사회** 민족 자결은 빛 좋은 개살구
등 굽은 할머니도 가녀린 소녀도	**1919**	**중국** 친일 매국노 꺼져라! 5·4 운동
"조선 독립 만세!"		**독일** 알거지의 지갑을 터는 베르사유 조약 체결

일찍이 이렇게 많은 나라와 인구가 참여한 전쟁은 없었어. 전쟁터는 바다, 육지, 하늘을 넘나들었어. 참전국들은 국가의 자원을 몽땅 끌어들여 전쟁에 쏟아부었고, 전체 인구가 전방과 후방에서 이렇게 또 저렇게 전쟁에 참여했어.

전쟁의 배경은 유럽의 자본주의와 산업화였어. 기계가 밤낮으로 돌아가면서 엄청난 양의 상품을 쏟아냈어. 그러자 석탄과 철을 비롯한 자원과 상품 원료를 더 가져와야 했고, 상품을 내다 팔 시장이 더 필요해졌어. 이 문제를 해결하기 위해 강대국들은 식민지 점령에 나섰지. 영국과 프랑스 등이 두루두루 갈라먹고 남은 식민지가 거의 없을 무렵, 뒤늦게 통일을 이룬 독일이 식민지 빼앗기 싸움에 뛰어들었어. 독일은 오스트리아 – 헝가리(그때는 한 나라)와 이탈리아를 끌어들여 삼국 동맹(1882년)을 맺었어. 프랑스도 영국 · 러시아와 함께 삼각 동맹(1911년)을 만들었어. 끼리끼리 동맹을 맺으며 더 많은 식민지를 차지하려고 다투다 마침내 전쟁이 벌어졌어.

세계 대전으로 힘이 빠진 러시아에서는 왕정이 무너지고 사회주의 혁명이 일어났어. 그 결과 인류 역사상 최초의 사회주의 국가가 탄생했어. 일제는 유럽 열강들이 전쟁에 빠진 틈을 이용해 조선 침탈의 속도를 높였어. 일제의 야만적인 통치를 참다못한 우리 민족은 3 · 1 운동을 통해 전 민족적인 저항에 나섰어. 조선은 자주 국가이며 일제의 통치는 개 밥그릇에나 주라는 단호한 선언이자 몸짓이었어.

1914년

세계는? 국제 사회 : 전에 없던 떼거리 전쟁, 1차 세계 대전

한국은? 그 많던 도자기와 호랑이, 삽살개는 어디로?

1차 세계 대전의 도화선이 된 것은 1914년에 일어난 한 사건이었어. 오스트리아–헝가리 제국의 왕세자 페르디난트 대공이 보스니아의 사라예보에서 세르비아 청년에게 암살당했어. 세르비아 정부가 꾸민 일은 아니었지만, 오래전부터 발칸 반도(보스니아가 속한 유럽 남쪽 끄트머리)를 장악하고 싶었던 오스트리아는 이 일을 빌미로 세르비아에 선전 포고를 했어. 그러자 역시 발칸 반도에 관심이 많은 러시아가 세르비아를 돕겠다며 오스트리아의 동맹국인 독일에 선전 포고를 했어. 다시 독일은 러시아와 프랑스에, 영국은 독일에 선전 포고했고. 오스만 제국과 불가리아는 독일에 합세했어.

1차 세계 대전을 가리켜 "한 발의 총알로 세계가 전쟁에 뛰어들었다."고 말하기도 해. 그렇지만 실제로는 많은 나라들이 전쟁을 벼르고 있었어. 전쟁이 한바탕 소나기처럼 지나가고 곧 평화와 번영이 찾아올 줄 알았어. 그래서 1차 세계 대전을 일컬어 "모든 전쟁을 끝내기 위한 전쟁"이라고도 했어. 그러나 전쟁은 길고 파괴적이었어. "모든 사람을 무덤으로 보내기 위한 전쟁"이 더욱 그럴듯한 표현이었지.

어느 역사학자는 1차 세계 대전이 일어난 1914년이야말로 20세기가 시작된 해라고 말해. 왜냐하면 1차 세계 대전을 계기로 낡은 제국들이 사라지고 새로운 나라들이 등장하면서 이전 질서가 완전히 무너졌기 때문이야.

일제에게 1차 세계 대전은 절호의 기회였어. 모두 유럽에 정신이 팔린 틈을 이용해 동아시아 침략에 박차를 가할 수 있었거든. 연합국에 발을 걸친 일제는 독일에 선전 포고를 하고 독일이 중국에서 보유하던 이권을 야금야금 채 갔어. 또한 조선을 더욱 과감하게 침탈했어.

경주 불국사에 가 보면 다보탑 돌계단에 사자상이 하나 있어. 원래 각 방향에 하나씩 모두 네 마리가 있어야 하는데, 나머지 셋은 어디로 갔을까? 일제가 훔쳐 갔어.

페르디난트 대공 저격 페르디난트 대공이 저격 당한 이후, 유럽 정세는 큰 혼란의 소용돌이 속으로 빠져들었다.

일제의 식민 통치로 우리 민족의 문화와 생태계가 파괴되었어. 조선 총독부는 전국에 걸쳐 체계적으로 왕릉과 고분을 파괴하고 국보급 유물들을 도굴해 일본으로 빼돌렸어. 고려청자 같은 도자기며 석조물, 서적, 불상, 각종 미술품 등 귀중한 문화재들이 약탈당했어. 귀중한 보물을 털어 가려는 욕심도 있거니와, 우리 민족의 역사를 거짓으로 날조하기 위해 그 증거를 없애려 했던 거야. 또 우리 민족의 상징인 호랑이를 비롯해 표범, 늑대 등 맹수를 사냥해 멸종시켰어. 동네마다 흔하던 우리나라 토종개인 삽살개는 멸종 직전 상태까지 갔어. 나라가 망하는 바람에 삽살개마저 수난을 겪었지.

1915년

2012년 1월 프랑스 의회에서 통과된 법안 하나에 터키인들은 화를 냈어. 1915년께 오스만 제국이 저지른 아르메니아인 대학살을 부인하는 행위를 금지하는 법이었어. 터키는 오스만 제국을 이어받은 나라야. 오늘날 유럽에서 나치스를 찬양하거나 유대인 학살을 부정하는 것은 범죄 행위로 처벌받아. 마찬가지로 아르메니아인 학살을 부정하는 것도 범죄가 된 거야. 그런데 터키 정부는 이 사건에 '인종 학살'이라는 단어가 붙는 것에 신경질적인 반응을 보이고 있어. 전쟁 와중에 아르메니아인들이 '쪼끔' 희생된 사건이라고 주장하지.

아르메니아는 3천 년의 역사와 문화유산을 자랑하는 나라야. 그런데 나라가 지리적으로 유럽과 아시아의 중간에 끼어 있다 보니 무수한 침략을 받았어. 페르시아, 그리스, 로마, 비잔틴 제국, 몽골 등 강대국들은 틈만 나면 아르메니아를 건드렸어. 11세기에 아르메니아는 셀주크 제국의 통치를 받기 시작했고, 16세기에는 오스만 제국에 흡수되었어. 오스만 제국은 20세기에 들어 아르메니아를 혹독하게 통치했어. 1909년에는 마을 200개가 약탈당하고 3만 명이 학살당하는 일이 벌어졌어.

아르메니아인 학살은 1차 세계 대전이 일어나면서 절정에 이르렀어. 독일 편에 서서 싸우던 오스만 제국은 전쟁이 벌어진 틈을 타서 아르메니아인들이 오스만 제국에 대항할지 모른다고 걱정했어. 그래서 먼저 아르메니아 남자들을 모조리 체포해 총살했어. 여자와 아이, 노인들은 물과 음식도 제대로 주지 않은 채 마을에서 추방해 산과 황야를 걷게 했는데, 이 추방 행렬에서 70퍼센트 이상이 희생당했어.

1915년에 시작된 학살은 1918년까지 이어졌어. 이렇게 100만 명의 아르메니아인들이 학살당하는 동안 국제 사회는 내내 침묵하고만 있었어. 그때부터 20여 년 뒤, 히틀러는 유럽 동부의 영토를 빼앗기 위해 폴란드 민족 전체를 없애 버리려는 생각을 했어. 하지만 주변 국가들이 지켜보고 있으니 쉽게 실행할 수는 없는 일이었어. 그때 히틀러는 이렇게 말했어. "아르메니아를 얘기하는 사람이 요즘 누가 있는가?"

일제는 조선인을 짧은 시간 동안 대량으로 학살하지는 않았지만 폭력과 탄압으로 서서히 숨통을 죄었어. 일제는 누가 사무라이의 나라 아니랄까 봐 칼에 집착했어. 어디를 가든 허리에 긴 칼을 찬 헌병과 경찰이 깔려 있었어. 심지어 교사, 하급 관리, 의사, 철도원까지도 칼을 차게 했어. 조선인들은 일제의 철저한 감시와 통제 속에서 살아가야 했어.

1915년 조선 고등 법원 판결문을 보면 길거리에서 다른 사람을 때려 상처를 입힌 사람에게는 태형 60대를 선고한다는 내용이 있어. 태형은 나무 몽둥이로 볼기짝을 치는 형벌이야. 1894년 갑오개혁 때 폐지했는데, 1912년 일제가 부활시켰지. 일제 경찰과 헌병들은 "조선 사람은 맞아야 말을 듣는다."면서 재판 없이 즉결 처분으로 조선인을 형판에 묶어 놓고 볼기를 쳤어. 죽거나 불구가 될 수 있는 가혹한 형벌이었지만, 소소한 경범죄는 물론이고 일제 헌병의 눈에 거슬리는 행동, 말 한마디에도 적용되었어. 조선인들은 일제 순사에 대한 공포에 시달렸어. 독립운동가나 반일 사상을 지닌 사람들은 태형뿐 아니라 전기고문, 물고문, 손톱 밑으로 바늘 찌르기 등 온갖 고문을 당했어. 이처럼 일제는 수준 높은 문화를 간직해 온 문화 민족을 총칼과 형틀, 고문으로 통치했어.

1916년

세계는? 국제 사회 : 서부 전선 이상 많다. 사람만 계속 죽는 소모전

한국은? 강도가 우리 집 살림살이를 돌봤다고? 식민지 근대화론

　1차 세계 대전 때는 전쟁 무기 박람회라도 열린 듯 새로 개발된 살상 무기들이 많이 등장했어. 그중 하나가 순식간에 수십 발의 총알이 발사되는 기관총이었어. 이런 기관총을 피해 군인들은 땅속에 참호를 파고 꼭꼭 숨었어. 참호를 사이에 두고 대치하는 동안 전선은 바뀌지 않은 채 시체만 늘어 갔어. 참호에는 죽은 병사들이 썩어 가고, 시체를 뜯어 먹은 통통한 쥐들이 들끓었어. 이런 참호 안에서 병사들을 총탄

뿐 아니라 전염병으로도 쓰러졌어.

영국이 만든 세계 최초의 탱크가 언덕을 누볐고, 독일이 생산한 잠수함들은 대서양을 샅샅이 훑으며 선박들을 침몰시켰어. 따끈따끈한 '신상품'인 비행기는 1차 세계 대전과 함께 본격적인 전쟁 기계가 되었어. 조종사가 폭탄을 싣고 가다가 목표물을 발견하면 폭탄을 냅다 밖으로 내던졌어. 참호에 꼭꼭 숨은 적군을 겨냥해 염소 가스나 겨자 가스 같은 독가스를 뿌리기도 했어. 무차별적인 살상력에 극심한 고통을 안겨 주는 독가스는 무엇보다 혐오스러운 무기였지.

이 전쟁의 특징을 한 단어로 요약하면 소모전이었어. 소모전이란 엄청난 탄약과 무기를 사용하고 까마득하게 많은 사상자가 발생하지만 승패는 갈리지 않는 지지부진한 전쟁을 뜻해. 사람 목숨만 성냥개비처럼 버려지지. 1차 세계 대전에서 가장 치열한 전투로 꼽히는 1916년 베르됭 전투가 대표적인 예야. 이 전투에서 프랑스와 독일은 어마어마한 양의 포탄을 주고받으며 1년 넘게 공방전을 벌였어. 양쪽 사상자가 70만 명 가까이나 생겨났어.

독일 작가 레마르크는 1차 세계 대전에 참전한 경험을 바탕으로 『서부 전선 이상 없다』(1929년)라는 소설을 썼어. 자원입대한 독일의 앳된 학생들이 서부 전선에 배치되었어. 친구들이 하나씩 죽어 가자 공포와 회의, 무력감이 커졌어. '독일군도 프랑스군도 모두 조국을 지키러 왔다고 한다. 하지만 조국을 사랑하는 것과 상대국 병사를 죽이는 것은 아무 상관이 없다. 결국 무엇을 지키기 위해서 온 걸까?' 어린 병사들은 계속 죽어 가는데, 사령부 보고는 "서부 전선 이상 없다."라는 한마디뿐이었어. 부조리한 전쟁 때문에 인간은 파괴되고, 땅은 황폐해지고,

참새와 종달새 소리도 사라졌어. 이러다가 한 세대 전체를 무덤 속에 집어넣게 될 것 같았어.

우리 집에 무장 강도가 들었다고 가정해 보자. 이 강도가 가족들을 위협하고 우리 집에 눌러앉았어. 귀금속, 현금, 쌀가마를 훔치고 아이들을 납치해 갔어. 그리고 훔친 물건을 운반하기 편리하도록 고장 난 문짝과 계단을 수리했어. 강도가 사라지자 이웃 사람이 흐뭇한 표정으로 이렇게 말했어. "강도가 들었다니 유감이에요. 하지만 허름한 집을 수리해 주었으니 고마운 일이군요. 살림에 보탬이 되겠네." 강도 피해자는 이런 말에 수긍할 수 있을까?

일제 식민 통치가 한국인에게 유익했다는 주장이 있어. 일제가 철도, 도로, 항만을 건설하고 근대적인 문명을 이식하고 자본주의를 앞당겨 우리나라를 근대화시켰다는 주장이지(식민지 근대화론). 과연 그럴까?

조선 총독부는 행정, 사법, 군대까지 모든 권력을 손에 넣었어. 중요한 자리에 일본인과 매국노들을 앉히고 수탈에 필요한 법을 하나씩 만들었어. 그중 하나가 회사령(1910년)이야. 이 법에 따라 회사를 설립하려면 조선 총독의 허가를 받아야 했어. 총독은 회사의 해산을 명령할 수 있었고, 허가 없이 회사를 설립하면 무거운 처벌을 받았어. 조선인의 사업은 싹을 틔우기도 전에 일제의 탄압을 받았어. 민족 자본은 계속 줄어들었고 조선의 수공업자들은 폴딱 망할 지경이었어.

일제가 세운 생산 시설이나 사회 간접 자본은 어떤 것이었을까? 철도와 각종 시설은 조선의 자원과 식량을 쓸어 가기 위한 것이었어! 공장과 생산 수단은 일본 자본이 모조리 장악했어. 일제의 공업화 정책은 수탈에 꼭 필요한 만큼만 시행됐을 뿐, 우리의 민족 자본과 자체적인 기술을 축적하는 수준까지는 허용되지 않았어. 이렇게 해서 조선의 경제는 일본에 예속된 식민 착취 경제에 머물렀어.

또 어장, 광산, 벌목의 권리도 일본인에게 몰아 주었어(산림령·조선어업령, 1911년). 조선인들에게 넘치도록 안겨 준 것은 세금 고지서였어. 극심한 수탈에 시달리기는 농민들도 마찬가지였어. 낟알이 영글고 풍년이 들면 뭐 해. 일본이 쌀을 몽땅 털어 가니 농민들은 꼼짝없이 굶어야 했어. 일본인과 소수의 지주들만 배를 불리고 농민들은 높은 소작료와 세금에 시달렸어. 이처럼 생존권을 빼앗긴 사람들은 풀뿌리로 연명하거나 배고픔에 못 이겨 화적이 되기도 했어.

일제가 만들고 싶어 했던 것은 식민지 수탈의 수단이었지 그 자체로 잘 굴러가는 조선 경제가 아니었어. 일제는 자본과 경제뿐 아니라 기술, 교육, 의식 수준 등 모든 면에서 조선인들을 차별하고 억압해서 노예 상태로 묶어 두고자 했어. 조선은 그저 일본인들이 생산한 공산품을 소비하고 식량이나 원료를 헐값에 공급하는 곳에 불과했지.

이완용과 함께 나라를 팔아먹은 민족 반역자 송병준은 1916년 일제한테서 땅을 받았어. 그처럼 매국의 대가로 사회적 지위나 재산을 얻은 사람들에게 식민지 시절은 '유익한 시대'이자 '기회'였어. 그러나 우리 민족에게 일제의 식민지 통치는 탄압과 수탈의 역사였을 뿐이야.

일제가 심어 준 패배 의식에 길든 나머지 우리 민족 스스로는 근대화를 이루지 못한다고 정말로 믿게 된 사람도 있었어. 하지만 자주적으로 근대 국가와 사회 혁신을 이루려는 우리 내부의 의지와 역량이 분명 싹트고 있었어. 그런데 일제가 그 기회를 빼앗고 뒤틀린 식민지 근대화를 이식했던 거야.

1917년

세계는? • 러시아 : 레닌의 귀환과 볼셰비키 혁명
• 미국 : 기다려, 내가 갈게! 1차 세계 대전 참여

러시아 정부는 허약한 경제력으로 무리하게 전쟁을 이어 갔어. 그 부담은 가난한 농민과 노동자들에게 고스란히 돌아갔어. 사람이고 가축이고 전쟁에 다 동원되니 농업 생산량은 줄어들었어. 공장에서는 군수품을 찍어 내느라 러시아 민중에게 돌아갈 식량과 연료가 턱없이 모자랐어. 노동자들의 파업과 시위가 끊이지 않았지. 그런데도 차르 니

콜라이 2세는 나라를 개혁하지 않고 있었어. 빵과 버터 값이 치솟으면서 식량 문제가 심각해지자 배급제가 실시되었어.

1917년 3월 어느 날, 러시아 수도 페트로그라드(옛 상트페테르부르크)에서 사람들이 추위에 발을 동동 구르며 식량 배급을 기다렸어. 한참을 기다렸지만 배급할 식량은 다 떨어지고 없었어. 사람들은 빵을 달라며 폭동을 일으켰어. 니콜라이 2세는 강경하게 진압하라고 명령했어. 그러나 이번에는 군대가 차르의 명령을 따르지 않았어. 굶주림에 지쳐 빵을 달라는 국민들에게 총을 겨누라니, 아주 부당한 명령이었지. 군대는 농민, 노동자들과 뜻을 같이했어. 궁지에 몰린 니콜라이 2세는 결국 황제 자리에서 물러났어. 그리고 이듬해에 황후, 황태자, 그리고 네 명의 공주들과 함께 한자리에서 총살당했어.

황제가 물러나자 러시아에는 두 개의 권력이 등장했어. 한편에는 임시 정부가, 다른 한편에는 러시아 사회주의자들이 이끄는 소비에트가 권력을 장악해 갔어. 소비에트는 공산주의 이상을 따르는 노동자, 병사, 농부 대표들로 조직되었어. 그러던 1917년 4월, 망명을 떠났던 사회주의 운동의 지도자 레닌이 돌아왔어. 그는 임시 정부에 반대하며 전쟁 중단을 주장했어. 레닌이 이끄는 볼셰비키는 병사와 노동자들의 무장 시위를 이끌었어. 그리고 임시 정부를 몰아내고 수도를 점령했어 (볼셰비키 혁명).

마르크스는 인간의 역사를 계급 투쟁으로 정의했어. 고대부터 주인과 노예, 지주와 농노 사이에 벌어지던 계급 투쟁이 오늘날에는 자본가와 노동자의 대결로 이어진다고 보았어. 자본가는 자본, 토지, 기계 같은 생산 수단을 소유한 사람이야. 노동자는 자본가에게 고용되어 노

소비에트
지배자나 엘리트가 아닌 평범한 노동자·농민·병사 등이 구성한 평의회. 인민이 자발적으로 조직하여 운영하는 권력 기관이다.

사회주의 혁명의 성공 러시아에서 인류 역사상 최초로 사회주의 혁명이 성공했다. 차르의 지배 아래 고통받던 농민과 노동자는 볼셰비키가 이끄는 사회주의 혁명을 반겼다. 보리스 쿠스토디예프, 〈볼셰비키〉, 1920.

동력을 팔아서 먹고사는 사람을 말해. 마르크스는 노동자가 혁명을 일으켜 평등한 세상을 만들 수 있다고 보았지. 이러한 이상에 따라 러시아에 인류 역사상 최초의 사회주의 정권이 세워진 거야.

전쟁을 반대하는 사회주의자들이 권력을 장악하자 러시아는 1차 세계 대전에서 퇴장했어. 대신 미국이 새롭게 무대에 올랐어. 전쟁이 시작되었을 때 미국은 중립을 선언했어. 다민족 국가 미국에는 유럽의 여러 민족 출신들이 섞여 살았어. 따라서 유럽의 전쟁은 그들만의 전쟁이라고 딱 잘라 말하는 게 속 편했어. 그러나 미국의 속내는 영국, 프랑스 등 연합국 쪽에 더 가까웠어. 하지만 중립을 지켜 오던 미국이 갑자기 전쟁에 나설 수는 없었어. 다음 질문지에 답을 써야 했어.

질문 : 이제껏 구경만 하다가 왜 전쟁에 끼어들려고 하는지 쓰시오.

영국이 해상을 봉쇄하자 독일은 유보트(U-boat) 잠수함을 보내 영국 해안의 배들을 침몰시켰어. 유보트는 전함이든 상선이든 가리지 않고 침몰시켰는데, 그 와중에 미국 상선들까지 피해를 봤어. 1915년에는 영국 여객선 루시타니아호가 유보트의 어뢰 공격을 받고 침몰해서 천 명이 넘는 사망자가 생겼어. 사태를 더 나쁘게 만든 것은 독일과 미국의 외교 분쟁이었어. 독일이 멕시코에 제안하기를, 독일과 군사 동맹을 맺고 미국을 공격하면 옛날에 미국한테 빼앗긴 땅을 되찾게 해주겠다고 했어. 미국은 발칵 뒤집혔고, 위 질문지에 다음과 같은 답을 쓸 수 있었어.

답 : 독일이 덤비니까요.

미국은 독일에 전쟁을 선포했어.

1918년

세계는? 국제 사회 : 민족 자결은 빛 좋은 개살구

한국은? 사회주의 깃발 들고 독립운동 나서다

여러 해 동안 소모전을 벌이면서 독일은 지쳤고 병력과 전쟁 물자도 모자랐어. 그런데 상대편 링에는 멍들고 지친 러시아를 대신해 펀치도 세고 쌩쌩한 미국이 등장했어. 이미 8회전까지 두드려 맞은 독일과 이제 막 링에 올라온 헤비급 선수 미국의 대결, 보나 마나 한 경기였어.

전쟁이 끝으로 치닫고 연합국의 승리가 확실해지자 1918년 1월, 영국·프랑스·미국 대표가 전쟁 뒤의 처리 방법을 논의하기 위해 파리에 모였어. 여기서 윌슨 미국 대통령은 14개 조항을 발표하고 이것을 평화 협정으로 채택해 전쟁을 끝내자고 제안했어. 이 14개 조항 중에는 모든 식민지 약소국들을 기대에 들뜨게 한 '민족 자결주의' 원칙이 들어 있었어.

민족 자결주의는 각 민족이 다른 국가의 간섭을 받지 않고 자신의 미래를 자유롭게 결정한다는 뜻이야. '식당 주방장이 소스를 결정한다.'처럼 너무 당연해서 하나 마나 한 말 아니냐고? 그렇지만 당시는 강대국이 자기 입맛대로 약소국을 요리하던 때였어. 강대국의 시각에서는 민족 자결주의가 낯설고 상식을 깨는 것이었지. 반면, 식민 통치에 시달리던 전 세계 약소국들에는 눈을 반짝이게 하고 희망을 불어 넣어 주는 소식이었어. 일제의 통치를 받던 우리 민족은 민족 자결주의를 근거로 독립을 주장하자며 기대감에 부풀었어. 베트남의 호치민,

인도의 간디도 민족 자결주의를 외치며 독립운동을 활발하게 벌였어.

그러나 민족 자결주의는 '썩은 동아줄'이었어. 그 의도는 패전한 적대국들의 식민지를 반납하게 하고 다시는 그곳에 얼쩡거리지 못하게 하는 것이었을 뿐, 승전국들의 식민지는 쏙 빼고 말한 거였지. 패전국 독일은 식민지를 반납했어. 다른 패전국인 오스트리아-헝가리 제국은 오스트리아, 헝가리, 유고슬라비아, 체코슬로바키아로 쪼개졌어. 독일 편에 섰던 오스만 제국도 많은 영토와 식민지를 반납하면서 제국의 간판을 내렸어. 하지만 승전국인 영국, 프랑스, 벨기에 등의 식민지는 그대로 남았어. 독일은 1918년 11월 11일 휴전 협정에 서명했어. 이로써 무려 천만 명이 죽은 참혹한 전쟁이 끝났어.

20세기 초 서구 사회는 빠르게 진보하는 문명에 환호했어. 전화, 라디오, 진공청소기, 보청기 등 실생활에 도움을 주는 기계들이 발명되었어. 전자와 원자핵으로 구성되는 원자의 구조도 알아냈고, 심지어 인간 마음의 구조까지 밝혔어. 심리학자 프로이트는 인간의 의식 세계 아래에는 자신도 알지 못하는 무의식이 있어서 우리의 생활에 영향을 끼친다는 것을 밝혔지. 이렇게 눈부신 과학 기술 발전과 인간의 지성으로 가난과 굶주림, 질병도 뚝딱 해결할 수 있다고 자신했어. 하지만 반짝이는 이성으로 갈고닦은 과학 기술은 더 파괴적인 전쟁 무기를 만드는 데 쓰였고, 산업화로 이룬 풍요는 순식간에 잿더미로 변했어.

러시아 혁명은 식민지 해방 운동에 큰 영향을 끼쳤어. 전제 정치에 반대하고 공화국을 추구한다는 공통점이 있었기 때문이야. 특히 레닌은 제국주의 타도를 외치며 아시아의 독립운동을 지원했어. 그러자 만주와 연해주의 독립운동가들은 사회주의를 통해 조선 독립의 길을 찾기 위해 사회주의 사상을 받아들였어. 1918년 소련에서 우리나라 최초의 사회주의 정당인 한인 사회당이 결성되었어. 이곳에서 중심 역할을 한 이동휘 등 독립운동가들은 레닌을 만나 독립운동 자금을 지원받기도 했지.

1919년

세계는? • 중국 : 친일 매국노 꺼져라! 5·4 운동
• 독일 : 알거지의 지갑을 터는 베르사유 조약 체결

한국은? 등 굽은 할머니도 가녀린 소녀도 "조선 독립 만세!"

1919년 1월, 고종 황제가 세상을 떠났어. 살아생전 고종은 일제와 타협하지 않았고 어떻게든 독립의 수단을 찾으려고 애썼어. 을사늑약의 부당함을 외국에 호소하기도 했고, 파리 평화 회의에 '조선인은 일본의 지배에 만족한다.'는 내용의 친서를 보내라는 일제의 강요도 뿌리쳤어. 그 무렵 독립운동 세력은 고종의 망명을 추진하고 있었는데, 고종은 이에 뜻을 같이해 독립 자금까지 마련해 놓았어. 고종이 해외로 건너가 망명 정부를 세우면 일제 통치에 큰 타격을 입힐 게 분명했어. 조선의 주권을 상징하는 왕은 그 존재만으로도 일제에 눈엣가시였지.

우리 속담에 "울고 싶은데 뺨 때린다."는 말이 있어. 나라를 빼앗긴 마당에 왕까지 잃은 조선인들의 울분이 터져 나왔어. 고종의 장례를 이틀 앞둔 1919년 3월 1일, 종교 지도자와 지식인 등 민족 대표 33명이 태화관이라는 음식점에 모여 자기들끼리 독립 선언서를 낭독하고 만세를 외쳤어. 파고다 공원에 모여 있던 민중은 민족 대표가 오지 않자 따로 독립 선언서를 낭독했어. "우리는 조선이 독립 국가임과 조선인이 자주적인 민족임을 선언하노라." 수천 명의 학생과 시민들은 일제히 "조선 독립 만세!"를 외쳤어. 이들이 시가행진을 시작하자 거리에 있던 사람들과 유생들이 합류했어.

만세 운동은 곧 전국으로 퍼지고 만주, 연해주, 미국까지 확산되었어. 1,000번이 넘는 시위가 벌어졌고 참가자는 200만 명이 넘었어. 가녀린 댕기 머리 여학생들과 어린이들까지 태극기를 들고 만세를 불렀어. 천안 아우내장터에서 만세 운동을 이끈 유관순(18세, 이화학당 학생)은 3·1 운동의 상징이었어. 체포된 유관순은 자신이 시위 주동자라면서 "죄 없는 다른 사람을 석방하라."고 헌병들에게 호통치는가 하면, 법정에서도 "우리 땅에 와서 동포들을 수없이 죽인 너희가 죄를 지었으니 우리를 재판할 권리도 명분도 없다."면서 재판을 거부했어. 잔 다르크 뺨 칠 만한 당당함과 용기는 모든 이를 놀라게 했지. 옥중에서도 만세를 부르던 유관순은 끝내 고문 후유증으로 순국하고 말았어.

전국적인 시위에 당황한 일제는 악랄하게 시위를 진압했어. 수원 제암리에서는 일제 헌병들이 주민들을 교회 안에 가둔 채 불을 지르고 총을 쏘아 30여 명을 학살했어(제암리 학살 사건). 일제는

만세 운동에 나선 사람들을 '폭도'라며 감옥에 집어넣고 고문과 학살을 자행했어. 하지만 진짜 폭도는 무력으로 우리 국토를 빼앗고 강압과 폭력으로 지배하던 일제였어.

강력한 저항에 부딪힌 일제는 강압과 무력으로는 한민족을 다스리기 어렵다는 것을 깨닫게 돼. 그래서 헌병 경찰제를 폐지하고 우리 문화를 존중하며 다스리기로 했어(문화 통치). 하지만 말뿐이었고, 경찰과 헌병에 의한 통치는 계속되었어. 그리고 더욱 교묘한 방법으로 조선인들을 패배주의에 물들게 했어. 지식인도 예외가 아니었어. 친일 작가 이광수가 조선은 타락한 민족성 때문에 독립을 이룰 수 없다고 주장했던 것이 한 예지. 또 일제는 협조적인 사람들에게 총독부나 행정 기관의 자리를 주어 일제의 중간 관리자로 살게 했어. 이 같은 민족 분열 정책과 이간질이 효과가 있었는지 친일파가 쑥쑥 늘어났어.

1915년, 중국 총통 위안스카이는 일본과 굴욕적인 '21개조'를 체결했어. 위안스카이는 일본에 협조해 황제가 되겠다는 야심에 눈이 멀어 있었어. 21개조의 내용은 한마디로 일본이 중국을 통째로 말아 먹겠다는 것이었어. 위안스카이 이후에 등장한 군벌 정권도 일본과 타협하는 반민족 세력이었어. 때마침 조선에서 일어난 3·1 운동은 중국인들에게 자극이 되었어. 1919년 5월 4일 베이징에서 수천 명의 학생들이 시위를 벌였어(5·4 운동). '21개조 무효'와 '매국노 타도' 깃발이 일제히 휘날렸어. 시위는 상하이와 다른 도시들로 확대되었어. 결국 군벌 정부는 항복하고 21개조를 폐기했지. 5·4 운동은 국민 주권의 힘을 실감하고 근대적인 중국의 첫 장을 여는 사건이었어.

1919년 1월, 1차 세계 대전을 끝낸 연합국들과 독일이 베르사유 조

베르사유 조약 조인식과 조약서 왼쪽은 독일·프랑스·영국의 대표자들이 1차 세계 대전을 끝내고 평화 협정에 서명하는 의식을 담은 그림이다. 오른쪽은 베르사유 조약서의 영문판.

약을 맺었어. 이 조약의 핵심은 독일에 벌을 주고 다시는 전쟁을 일으키지 못하게 만드는 것이었어. 독일은 모든 해외 식민지를 잃고 영토 일부를 프랑스와 폴란드에 쪼개 주었어. 독일군의 수는 10만 명 이하로 묶어 두었고 무기 보유도 제한했어. 또 독일에 엄청난 액수의 전쟁 배상금을 물게 했어.

베르사유 조약은 전쟁의 책임을 모조리 패전국 독일에 뒤집어씌우고 철저히 보복하는 데 집중했다는 한계를 안고 있어. 전쟁의 고통을 치유하는 데는 관심도 없었지. 더구나 경제 강국 독일은 전후 유럽 경제를 재건하는 데 아주 중요한 나라야. 그런 독일을 알거지로 만들어 봐야 유럽 경제 전체에 좋을 게 없었어. 결과적으로 베르사유 조약은 전쟁의 불씨를 20여 년 뒤로 미루어 놓고 말았어.

1차 세계 대전 이후

◇◇◇◇◇◇
1920~1928

한국은 ?		세계는 ?	
독립군 대 일본군	**1920**	**아일랜드** 약소국의 주먹으로 영국을 치다	
우리말을 무기로 일제에 맞서다. 조선어 학회	**1921**	**아일랜드** 분쟁의 불씨 남기고 영국에서 독립	
		미국 내가 제일 잘나가!	
실력을 길러 나중에 독립을 되찾는다?	**1922**	**러시아** 20세기판 거대 제국의 창설	
		이탈리아 말보다 주먹, 의사봉보다 도끼, 파시스트 출현	
		독일 돈다발은 어디에 쓰나요? 불 지피는 데 쓰지!	
내 폭탄을 받아라! 의열단 폭탄 의거	**1923**	**미국** 안드로메다와 좁쌀 지구	
		일본 자연은 대지진을, 사람은 학살을 일으키다	
		오스만 제국의 종말과 '웰 컴 투 터키'	
	1924	**소련** 스탈린, 역사의 먹구름 출현	
사람 위에 사람 없고, 사람 아래 사람 없다!	**1925**	**독일** 어느 가망 없는 화가 지망생의 진로	
마지막 국왕은 가고 또다시 독립 만세 운동	**1926**	**일본** 나는 천황 같은 거 몰라. 가네코의 반란	
일제에 맞서는 싸움에 좌우가 있으랴?	**1927**	**중국** 국민당과 공산당의 돌고 도는 싸움	
신간회 창설			
좌파 우파 모두 민주 공화국이 꿈	**1928**	**소련** 사람은 무엇으로 사는가? 집단 호미질!	
		국제 사회 투닥투닥 좌파와 우파의 대결	

　일제는 1차 세계 대전 덕에 경제 대국으로 성장했어. 유럽 국가들에게 전쟁에 필요한 물품을 수출해서 큰돈을 벌었거든. 더구나 연합국에 참여해 승전국이 되어 국제 연맹의 상임 이사국 자리까지 꿰찼어. 이렇게 더 강해진 일제는 조선을 더욱 억누르고 수탈했어. 독립지사들은 임시 정부를 세워서 조직적인 저항을 펼치며 독립 국가 건설에 대비했어. 만주와 연해주에서는 무장 독립운동이 활발하게 일어나 독립군과 일본군 사이에 치열한 전투가 벌어지기도 했어. 일제에 맞서 싸우는 애국지사들 한편으로, 자신의 안위와 사리사욕을 위해 민족을 배신한 친일파 인사들이 승승장구했어.

　1차 세계 대전이 끝난 뒤 미국은 세계적인 차원의 정치적·경제적 힘을 갖춘 강대국으로 떠올랐어. 사회주의 러시아에서는 미국에 버금가는 강대국 소련이 창설되었어. 미국과 소련은 각각 자본주의와 사회주의 진영의 지도 국가가 되어 갔어. 이에 발맞추기라도 하듯 세계 곳곳에서 좌와 우의 이념 대결이 벌어졌어. 중국에서는 자본주의 국민당과 사회주의 공산당이 중국의 미래를 놓고 내전을 벌였어. 한반도에서도 좌우 세력이 독립운동의 방향과 앞으로 들어설 독립 국가의 방향을 놓고 생각을 달리했어.

1920년

세계는? 아일랜드 : 약소국의 주먹으로 영국을 치다

한국은? 독립군 대 일본군

빼앗긴 나라를 어떻게 되찾을까? 3·1 운동은 전 국민의 독립 의지를 일깨웠어. 하지만 총칼로 우리나라를 불법 강탈한 군국주의 일본이 평화 시위로 물러날 리 없었어. 외교적인 노력에도 한계가 있었어. 강대국들은 식민지 약소국의 호소를 귓등으로도 안 들었어. 평화적인 방법으로는 독립을 실현할 수 없게 되자, 무장 투쟁이 대안으로 제시되었어.

"일본 놈의 노예가 되어 호의호식하느니 독립 쟁취를 위해 가문의 모든 것을 바치자." 대대로 높은 관리를 배출한 명문가 출신의 이회영은 집안 형제들과 함께 전 재산을 팔아 만주로 건너갔어. 그는 만주에 독립운동 근거지를 세우고 독립군을 양성하는 '신흥 무관 학교'를 설립했어. 독립군의 최종 목표는 힘을 키워서, 기회가 왔을 때 국내로 들어가 일제를 직접 공격하여 몰아내는 것이었어. 이 학교가 배출한 군인들은 김좌진 부대와 의열단에서 활약했어.

1920년 독립군의 활동 가운데 가장 큰 전과를 올린 전투가 벌어졌어. 홍범도 장군이 이끄는 대한 독립군이 간도로 쳐들어온 일본군을 크게 물리친 거야(봉오동 전투). 동북 만주에서 강하기로 소문난 김좌진 장군의 북로 군정서 부대는 홍범도 부대와 연합해서 일본군과 10차례 전투를 치러 모두 승리했어(청산리 전투). 독립군 전사자 60명에 일본군 1,200명을 사살한 압도적인 승리였지. 이 전투에서 치욕적인 패배를 당한 일제는 간도의 조선인 마을을 불태워 폐허로 만들고 3천 명이 넘는 조선인을 학살했어(간도 참변). 그 뒤 독립군은 점차 쇠퇴하고 연해주와 만주로 뿔뿔이 흩어졌어.

1919년 9월 상하이에서 '대한민국 임시 정부'가 탄생했어. 민주주의 이념에 따라 평등과 자유, 3권 분립을 보장한 헌법이 선포되었어. 1920년에는 이승만이 임시 정부의 대통령직을 수행했어. 그러나 임시 정부의 활동은 순탄하지 않았어. 초대 대통령 이승만은 해외에서 독립운동을 한다는 이유로 미국에 머물렀지만 아무 성과를 내지 못했어. 임시 정부는 다른 나라에서 대표성을 인정받지 못해 냉대를 당하기도 했어. 이후 김구가 임시 정부의 지도자가 되면서 항일 무장 투쟁이 활발하게 전개되었어. 하지만 일제의 탄압으로 중국 곳곳을 옮겨 다니며 힘겨운 세월을 보냈어. 시간이 흐를수록 찾아오는 이도 없고 임시 정부 청사의 임대료조차 내기 빠듯한 나날이 이어졌어.

이 무렵 섬나라 아일랜드에도 독립의 바람이 불었어. 아일랜드는 고유의 문화와 언어를 간직한 민족이었지만 오랫동안 영국의 지배를 받으며 살아왔어. 영국에서 건너온 이주민들은 아일랜드 토박이들을 차별하고 탄압했어. 아일랜드 농민들은 영국 정부에 땅을 빼앗기고 소작농으로 전락했어. 영국은 아일랜드의 밀과 옥수수 등을 탈탈 털어 갔어. 아일랜드인들은 영국인들이 가져가지 않는 감자만 주식으로 먹을 수 있었어.

그러던 1847년, 감자 씨알이 썩는 병이 아일랜드를 휩쓸자 아일랜드인들이 굶어 죽기 시작했어. 영국인 지주들은 곡식을 나눠 주기는

| 3권 분립
국가의 권력을 입법·사법·행정의 3권으로 분리하는 것. 왕이 다스리던 시절에는 왕에게 모든 권력이 있었지만, 오늘날 민주주의 사회에서는 권력을 나누어 놓아 권력 남용을 막는다.

커녕 굶어 죽는 소작농들에게 소작료를 내라고 독촉했어. 영국 정부는 괴상망측한 이유, 즉 '자본주의 시장 원리에 어긋난다.'며 아일랜드의 도움 요청을 거부했어. 아일랜드 방방곡곡에 굶어 죽은 시체들이 넘쳐 나는데도 영국은 아일랜드의 곡물을 계속 쓸어 갔어. 같은 시기 일제가 조선 땅에서 쌀을 수탈해 가면서 조선인들을 굶주리게 한 것과 똑같은 상황이었지. 아일랜드인 100만 명이 굶어 죽고 200만 명이 이민을 떠났어. 800만 명이던 아일랜드 인구는 겨우 몇십 년 사이에 반 토막으로 줄었어.

이 일을 계기로 영국에 대한 아일랜드의 저항과 자치를 향한 열망은 더욱 높아졌어. 무장 독립 조직인 아일랜드 공화국군(IRA)은 폭탄과 기관총으로 영국군을 살해하고 영국 시설물을 폭파했어. 마침내 1919년 아일랜드는 독립을 선언하고 영국과 전쟁을 벌였어. 영국군은 아일랜드의 마을 곳곳을 약탈하고 집과 농장을 불태웠어. 1920년에는 영국 군대가 축구 경기장에서 민간인에게 무차별로 발포하는 사건이 일어

났어. 그럴수록 분노한 아일랜드인들은 더 강하게 저항했어. 켈트 전사의 피를 이어받았기 때문인지 아일랜드인들은 용맹하게 싸워 영국을 쩔쩔매게 했어.

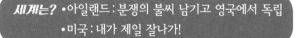

1921년

세계는? • 아일랜드 : 분쟁의 불씨 남기고 영국에서 독립
• 미국 : 내가 제일 잘나가!

한국은? 우리말을 무기로 일제에 맞서다. 조선어 학회

세종대왕이 한글을 창제한 지 400년이 넘도록 한글은 언문(점잖지 못하고 상스러운 말)이라 불리며 천대받았어. 1894년 갑오개혁 이후에야 한글을 국문이라고 부르고 공문서에도 한글을 사용했어. 일제의 식민 통치가 본격화하자 민족 언어의 중요성은 점점 부각되었어. 1921년 국어학자들이 모여 '조선어 연구회'(훗날 '조선어 학회'로 이름을 바꿈)를 만들어 한글을 보급하고 한글 맞춤법도 정하고 국어사전도 만들었어. 우리 말과 글이 사라지면 민족정신과 정체성을 담는 그릇도 사라지고 말거든. 그래서 한글 연구는 독립운동이나 마찬가지였어.

1921년 아일랜드는 영국과 휴전을 하고 드디어 독립을 얻었어. 그러나 무력 충돌은 끝나지 않았어. 영국 이주민이 중심이 된 북아일랜드 6개 주는 영국의 일부로 남았기 때문이야. 이곳에서 아일랜드 토박이(가톨릭교도)들은 영국 이주민(신교도)들에게 인종적·종교적으로 차별받으며 살았어. 그 갈등 과정에서 되살아난 아일랜드 공화국군은 영국에 대항해 게릴라전과 테러를 벌였어. 영국 정부도 독립을 주장하는 북아일랜드 가톨릭 세력을 철저히 탄압했어. 20세기 끝 무렵까지 이러한 공격과 보복이 이어지면서 4천 명 가까운 사람들이 무덤에 묻혔어.

1920년대 미국은 세계 최대의 산업 강국, 경제 대국으로 떠올랐어. 미국의 발전에 한몫을 한 건 전쟁이었어. 썩 유쾌한 사실은 아니지만, 전쟁이 일어나면 전쟁을 겪는 당사자들은 지옥을 경험하는 반면, 이웃 나라는 전쟁 물자를 공급해서 떼돈을 벌게 돼. 1차 세계 대전 때 유럽에 무기와 물자를 공급한 미국은 '죽음의 상인'이라는 비난을 들었어. 유럽 국가들이 전쟁 비용으로 빚더미에 오르는 동안 미국은 최대 채권국이 되었지.

19세기에는 세계의 패권을 영국이 차지했어. 대영 제국이라는 말이 무색하지 않을 정도로 아프리카, 아시아 대륙의 수십 개 나라를 통치하며 떵떵거렸지. 하지만 "달도 차면 기운다."는 속담처럼, 절정을 달리던 대영 제국의 위상도 수그러들었어. 그리고 한때 영국의 식민지였던 미국으로 세계의 패권이 넘어갔지. 미국은 1차 세계 대전 때 연합군의 승리를 이끈 주역이었어. 1920년대 후반 미국은 세계 산업 생산량의 40퍼센트 이상을 차지했어. 미국의 막강한 힘은 정치력·군사력에 그치지 않고 모든 방면으로 뻗어 나갔어. 바야흐로 미국의 시대가 오고 있었어.

1922년

세계는? •러시아 : 20세기판 거대 제국의 창설
•이탈리아 : 말보다 주먹, 의사봉보다 도끼, 파시스트 출현
•독일 : 돈다발은 어디에 쓰나요? 불 지피는 데 쓰지!

한국은? 실력을 길러 나중에 독립을 되찾는다?

레닌이 이끄는 볼셰비키는 노동자와 병사들의 연합체인 소비에트를 장악하고 1922년에 정식으로 '소비에트 사회주의 연방 공화국'(USSR)을 세웠어. 우리나라에서는 줄여서 소련이라고 불렀어. 소련 국기에는 빨간 바탕에 별, 망치, 낫이 그려져 있어. 별은 공산당의 지배, 망치는 노동자, 낫은 농민을 상징해. 빨강은 투쟁·혁명·피의 희생을 의미했는데, 사회 혁명을 추구하는 세력을 상징하는 색이었어. 소련 이후 등장한 사회주의 국가인 중국, 북한, 베트남, 라오스도 국기에 빨간색을 사용했지. 냉전 시대에 공산주의자들을 노랑이나 파랑이 또는 검댕이라 부르지 않고 빨갱이라 부르게 된 이유야.

러시아 제국을 계승한 나라이기 때문에 소련의 중심은 당연히 러시아였고, 그 밖에 다음 14개 공화국이 연방에 포함되었어. 우크라이나, 조지아(옛 그루지야), 벨라루스, 우즈베키스탄, 아르메니아, 아제르바이잔, 카자흐스탄, 키르기스, 몰도바, 투르크메니스탄, 타지키스탄, 라트비아, 리투아니아, 에스토니아(훗날 강제 합병된 나라 포함). 나라의 규모로 보면 소련은 어마어마한 제국이었어.

이탈리아는 1871년 통일된 후에도 여전히 안정된 정부를 이루지 못했어. 1차 세계 대전 때는 승전국 가운데 하나가 되었지만 별다른 소득은 없었지. 사회적으로 불만이 쌓여 가던 이때 무솔리니가 전쟁 이후 실업자가 된 군인들을 모아 '검은 셔츠단'을 조직했어. 나라와 민족을 위해 일어섰다고 주장했지만, 실제로는 거리를 휘젓고 다니며 사회주의자와 파업 노동자들을 두드려 패는 게 일이었어. 무솔리니는 이 깡패 같은 조직을 곧 정치 세력화해서 파시스트당을 만들었어.

무솔리니는 파시즘의 창시자로 알려져 있어. 파시즘은 세상에서 자기 민족이 제일 잘났고 다른 인종은 무가치하다는 비뚤어진 민족주의와 인종주의에서 출발하는 사상이야. 군대와 무력을 최상의 가치로 여기고, 국가의 위기와 안보를 강조하면서 침략 전쟁에 나서기도 해. 파시스트 독재자는 '강력한 국가'나 '자랑스러운 민족'을 내세워 국민들의 지지를 받기도 해. 그렇지만 곧 본색을 드러내 시민의 자유와 인권

을 빼앗고 강압적인 통치에 나서지. 개인은 오로지 민족과 국가를 위해 존재하는 도구로 전락하게 돼.

1922년 무솔리니는 검은 셔츠단을 이끌고 로마로 진군했어. 정치적인 혼란을 틈타 권력을 장악하려고 나선 거야. 이탈리아 왕국을 구하기 위해 일어섰다는, 강아지도 곧이듣지 않을 말을 국왕이 믿고 무솔리니를 총리로 임명했어. 총리가 된 무솔리니를 등에 업고 파시스트당은 선거에서 의석의 절반 이상을 차지했어. 그리고 무솔리니는 스스로 '지도자'라는 호칭을 붙이고 절대 권력자가 됐어(1925년). 그는 강력한 이탈리아를 만들겠다며 민주 정부의 제도와 틀을 뒤엎어 버렸어.

파시즘은 유럽 이곳저곳으로 퍼져 나갔어. 독일, 에스파냐, 포르투갈, 오스트리아, 폴란드, 헝가리, 루마니아, 불가리아, 그리스, 터키 등지에서도 파시즘 정당이 등장하거나 파시스트들이 국가 권력을 잡았어. 파시즘은 세상이 어지럽고 사회가 벼랑 끝에 몰린 순간에 나타나는 경향이 있었어. 고달픈 삶이 착시 현상을 일으키기 때문이지.

빵 한 덩어리에 2천억 마르크! 1922년 독일은 역사상 최악의 인플레이션을 겪었어. 돈은 휴지 조각이나 마찬가지였어. 상품 가격이 겨우 몇 시간 만에 서너 배로 오르기도 했어. 몇 년을 힘들게 일하면서 절약해 모은 돈으로 우표 한 장 살 수 없었어. 소매치기는 수북이 담긴 돈다발은 놔두고 그 돈을 담았던 바구니만 훔쳐 갔어. 불을 지필 때는 가격이 수십억 마르크인 신문 대신 돈을 태우는 게 알뜰한 주부의 상식이었단다. 어쩌다가 이런 일이 벌어졌을까?

1914년 1차 세계 대전이 터지자 전쟁 자금이 급해진 독일 중앙은행은 돈을 무섭게 찍어 냈어. 돈은 그 가치에 비례하는 생산품이 있어야

쓸모없는 돈다발 독일에서 매우 심한 인플레이션이 발생해 돈은 휴지 조각이나 다름 없게 되었다. 왼쪽은 아이들이 돈다발을 장난감 삼아 노는 모습이고, 오른쪽은 당시 아무런 쓸모도 없어진 5천만 마르크 지폐의 모습이다.

진짜 가치가 있는 거야. 그런데 그냥 돈만 찍어 낸 거야. 그러자 전쟁 이 끝날 무렵 시중에 풀린 돈의 양이 원래의 4배가 되었어. 돈의 가치 가 형편없이 떨어졌지만 전쟁 후에도 계속 돈을 찍어 냈어. 물가는 돈 찍어 내는 속도를 한참 따돌리고 더 가파르게 올랐어. 그러면 안 되는 줄 알면서도 새 돈을 더 많이 찍어 내는 악순환이 이어졌어.

결국 돈을 천문학적인 단위인 몇백‘경’ 단위로 찍어 내자 인플레이 션은 통제 불가능한 상태로 갔어. 1923년 무렵 환율은 ‘1달러＝40억 마르크’였어. 화폐는 가치가 텅 빈 종이 쪼가리가 되었어. 월급은 받아 봐야 무가치한 쓰레기에 불과했지. 사업은 망하고 실업률이 치솟았어. 가게는 텅 비었어. 식량 폭동과 약탈이 일어났어. 배상금과 부채로 휘 청대다가 끝내 지불 능력을 잃은 독일 정부는 파산했어. 독일은 큰 혼 란 상태에 빠졌어.

3·1 운동 후 조선에서는 '실력 양성론'이 제기되었어. 당장 독립할 힘이 없으니 먼저 실력부터 길러 독립을 천천히 준비하자는 주장이었어. 학교를 설립해 인재를 기르고 계몽 운동을 통해 의식 수준도 높이면서 때가 무르익기를 기다리자는 것이었지. 물산 장려 운동(1922년), 민립 대학 설립 운동(1922년)은 대표적인 실력 양성 운동이었어.

'조선 것을 입고, 먹고, 쓰자.'는 물산 장려 운동은 일제의 경제 수탈과 착취에 저항하기 위해 일본 것 말고 국산품을 써서 민족 기업을 살리고 경제 자립을 이루자는 게 목적이었어. 하지만 이 운동은 큰 성과를 거두지 못했어. 일제의 탄압 때문이었다는 설명도 있지만, 조선인 자본가들의 이해관계에 치우쳤기 때문이라는 비판도 있어. 실력 양성 운동과 비슷한 취지에서 작가 이광수는 '민족 개조론'(1922년)을 발표했어. 이광수는 우리 민족이 거짓되고 게으르고 이기적이며 단결력이 없다고 비판하고, 이러한 정신을 개조해야만 패배자 처지에서 벗어날 수 있다고 주장했어.

민족의 실력을 쌓자는 것은 그 자체로는 틀린 주장이 아니야. 그렇지만 결과적으로 일제의 식민 통치를 정당화할 위험이 있었어. "누가 독립하지 말라는 거 아니잖아. 일본 밑에서 실력부터 쌓고 나중에 하라고. 2천 년 뒤에." 이것이 바로 일제의 속셈이었을 거야. 또 우리 민족의 정신이 저급해서 개조해야 한다는 민족 비하와 기만은 식민 통치를 마땅히 받아들여야 하는 것으로 착각하게 만들었어. 정작 개조해야 할 것은 다른 민족들을 노예로 만들고 약탈하는 일제의 침략자 근성이었지. 민족 개조를 목 놓아 외치던 이광수는 끝내 스스로를 개조해 민족을 배신하는 길로 나아갔어.

1923년

세계는? • 미국 : 안드로메다와 좁쌀 지구
• 일본 : 자연은 대지진을, 사람은 학살을 일으키다
• 오스만 : 제국의 종말과 '웰 컴 투 터키'

한국은? 내 폭탄을 받아라! 의열단 폭탄 의거

1923년 미국의 천문학자 허블은 안드로메다성운에서 작은 얼룩(변광성: 빛의 밝기가 변하는 별)을 발견했어. 이 얼룩의 거리를 재 보니 우리 은하 너머 100만 광년 밖에 있는 별이었어. 이제 안드로메다성운은 안드로메다은하로 불러야 했지. 이로써 '우리 은하는 우주 전체이다.'라는 개념이 한 방에 날아갔어!

16세기에 지동설이 나온 뒤에도 태양계가 우주의 중심이고 태양계가 속한 우리 은하가 곧 우주 전체라는 생각은 확고했어. 그런데 허블이 그 생각을 뒤집었어. 우주에는 우리 은하 말고도 다른 은하가 1~2천억 개 이상 있었던 거야. 또한 각 은하는 2~3천억 개나 되는 별들을 거느리고 있고, 태양은 무수히 많은 별 가운데 하나에 불과해.

인간의 상상을 아득히 뛰어넘는 우주의 규모 앞에 인간은 겸허해질 수밖에 없어. 서로를 차별하는 가치나 기준도 무의미해지지. 하지만 우주에서 좁쌀 크기도 안 되는 지구에서 인류는 전쟁을 일으켜 서로를 죽이고 식민 지배로 다른 민족을 억압하고 있어.

일제의 식민 지배가 길어지면서 그들의 속임수나 달콤한 미끼에 길드는 사람들도 있었어. 하지만 논밭을 팔아서 무기를 마련하고 목숨을 내놓기까지 하며 일제에 저항하는 독립투사들도 있었어. "자유는 남의 힘이 아니라 우리의 힘과 피로 얻어지는 것이다. 이를 위해 피를 흘려야 한다." 1919년 무장 독립군 의열단을 세운 김원봉 대장의 말이야. 대화나 외교로는 독립을 이룰 수 없다고 생각한 그는 군사를 양성하고 폭탄을 제조하여 총독부 고위 관리나 친일파를

조선 총독부, 부숴 버릴 거야!

암살하고 일제의 통치 기관을 파괴했어. 최종 목적은 중국에서 군대를 모아 국내로 진입하는 것이었어.

폭탄 투척은 적은 인원과 비용으로 할 수 있는 효과적인 무력 투쟁이었어. 최수봉(밀양 경찰서, 1920년), 박재혁(부산 경찰서, 1920년), 김익상(조선 총독부, 1921년), 김상옥(종로 경찰서, 1923년), 김지섭(도쿄 왕궁, 1924년), 나석주(동양 척식 주식회사, 1926년) 등이 일제에 항거하며 폭탄을 투척했어. 청산리 전투 이후 잠잠하던 항일 투쟁 분위기가 되살아나면서 패배주의에 빠져 일제의 식민 지배를 기정사실로 받아들이던 국민들을 일깨웠어. 김원봉은 일제 관리와 친일파에게 공포의 대상이자 일제 경찰의 체포 1순위가 되었어.

1923년 일본의 간토 지방에서 진도 7.9의 대지진이 일어났어. 14만 명이 사망하고 도쿄의 4분의 3이 잿더미가 된 엄청난 재앙이었지. 그런데 혼란을 틈타 조선인이 우물에 독을 타고, 불을 지르고, 폭동을 일으켰다는 유언비어가 퍼졌어. 그러자 일본 군대와 경찰이 조선인들을 무차별 학살했고 흥분한 일본인들도 칼, 도끼, 죽창을 들고 학살에 가

담했어. 희생당한 조선인들은 막노동이나 소작농으로 근근이 살아가던 사람들이었어. 일본 공식 발표로도 6천 명이 훨씬 넘는 조선인이 학살당했어. 사회적인 혼란과 불안이 높아질 때 희생양을 지목해 화풀이를 하는 것은 여러 시대와 장소에서 심심찮게 되풀이된 일이었어. 머리가 셋인 바다 괴물이나 우주 괴수를 찾아가 분풀이를 한다면 말도 안 해. 비열한 인간들이 표적으로 삼는 희생양은 언제나 그 사회에서 가장 약한 사람들이었어.

15세기 오스만 제국은 기독교 세계의 상징인 비잔틴 제국을 멸망시키고 동유럽, 북아프리카, 서남아시아에 걸쳐 거대한 영토를 이룬 이슬람 제국이었어. 그런데 20세기 민족주의 시대가 열리자 여러 민족을 뭉뚱그려 놓는 것은 힘든 일이 되었어. 오래된 제국은 쇠퇴해 가는 반면 유럽 열강의 힘은 점점 팽창했어. 결국 오스만 제국은 1차 세계 대전 때 독일 편에 서서 연합국에 맞서다가 패전했어. 영국, 프랑스 등 연합국은 초밥 요리사가 참치를 해체하듯 오스만 제국을 잘게 쪼갠 뒤 보호나 위임 통치를 명분으로 삼아 나눠 가졌어.

오스만 제국의 해체는 고대부터 인류의 질서를 지배해 오던 제국이 퇴장하고 근대 민족 국가들이 속속 등장하는 20세기의 변화를 보여 주는 사건이었어. 오스만 제국을 대신해 1923년 신생 공화국 터키가 건국되었어. 연합국의 점령에 맞서 싸운 독립 영웅 케말 파샤가 터키의 초대 대통령이 되었지. 그는 오스만 제국을 근대적인 국가 터키로 개혁했어. 이슬람 국교와 왕정을 폐지하고, 서구식 법률·의복·달력을 채택했으며, 여성 해방을 선언해 여성들에게도 선거권을 주었어. 문맹률이 높은 아랍 문자 대신 라틴 문자를 도입해 문자도 개혁했어. 이렇게 해서 여느 이슬람 국가와 사뭇 다른 터키를 만든 그는 '터키인들의 아버지'로 불렸어.

1924년

세계는? 소련 : 스탈린, 역사의 먹구름 출현

마르크스와 레닌은 사회주의 역사에서 빼놓을 수 없는 두 인물이야. 가톨릭 국가에 가면 곳곳에 성모 마리아상이 있듯이 사회주의 국가들의 관공서에는 두 사람의 초상화가 걸려 있기 마련이야. 마르크스는 공산주의 사상을 체계화한 인물이고, 레닌은 사회주의 혁명을 통해 그 이론을 현실로 만든 인물이야. 그리고 또 한 사람의 초상화가 추가로 걸렸어. 바로 레닌에 이어 2대 소련 공산당 서기장이 된 스탈린의 초상화야.

러시아 혁명의 주인공은 가진 것도 없고 그동안 지배자의 수탈에 시달리기만 하던 노동자, 농민, 하급 군인 등이었어. 이들은 역사에서 단 한 번도 주역이 되어 본 적이 없었어. 전제 왕조의 억압과 지배 계급의 수탈에 찍소리도 못하고 살아왔어. 그렇지만 이제 혁명에 성공했으니 이들을 위한 세상이 와야 했어. 그런데 이론과 실제는 달랐어. 공산당의 엘리트들이 또 다른 특권 계급이 되어 독재를 했기 때문이야. 그리고 공산당에 집중된 권력은 독재자 1인의 손에 넘어갔어.

스탈린이 소련 공산당의 실력자로 떠올랐어. 레닌은 스탈린이 난폭

하니 지도자로 세우지 말라는 유언을 남기고 세상을 떠났어. 하지만 스탈린은 경쟁자들을 하나씩 제치고 권력을 손에 넣었어. 레닌이 본 대로 스탈린은 과연 난폭했어. 그는 인류 역사상 최악으로 꼽히는 공포 정치를 했어. 반대 세력을 1,200만 명이나 체포했는데, 그중 100만 명을 사형하고 200만 명을 굴락(강제 노동 수용소)으로 보내 그곳에서 서서히 죽게 했어.

스탈린의 영향력 때문에 스탈린주의는 곧 공산주의라는 인식이 있었어. 그렇지만 실제로 둘은 차이가 있어. 마르크스는 인간이 폭력에 시달리지 않고, 자유를 누리며, 자아를 회복하는 사회를 꿈꾸었어. 그러나 스탈린의 공포 정치 아래 사람들은 강제 수용소와 사형 집행대가 아른거리는 나날을 보냈어. 또 마르크스는 사람을 중심에 놓고 인간의 본질과 가치를 찾는 것을 강조했지만, 스탈린에게 사람의 가치는 파리 목숨만도 못했고 수십만 명의 죽음은 '통계 수치'에 불과했어.

1925년

세계는? 독일 : 어느 가망 없는 화가 지망생의 진로

한국은? 사람 위에 사람 없고, 사람 아래 사람 없다

오스트리아에 한 화가 지망생이 살고 있었어. 고등학교를 낙제하고 부모마저 잃은 그에게 화가가 되는 길은 인생의 유일한 탈출구였어. 그런데 재능이 모자랐어. 유명한 빈 미술 학교에 들어가려고 재수까지

했지만 떨어졌어. 입시에 실패하고 돈도 떨어진 그는 빈민 구호소에서 밥을 얻어먹으며 떠돌이 생활을 했어. 물론 미술 학교 선생님들은 자신들이 떨어뜨린 아이가 장차 어떤 인물이 될지 상상도 못했지.

빈에서 장식용 그림을 팔아 생계를 이어 가던 이 삼류 화가의 이름은 아돌프 히틀러였어. 그는 1차 세계 대전 때 말단 사병으로 참전했다가 자신이 군대 체질인 것을 깨달았어. 위험한 임무가 있으면 "저요!" 손 들고 자원해서 훈장까지 받는 씩씩한 군인이었지. 전쟁이 끝난 뒤 각박하고 혼란한 시기가 오자 빈에는 반유대주의가 유행했어. 군에서 제대한 히틀러는 시골의 이름 없는 정당에서 활동했어. 이 정당의 목표는 유대인과 공산당원을 욕하고 몰아내는 것이었어.

히틀러는 웅변 능력이 뛰어났어. 거칠고 난폭하지만 사람들을 끌어당기는 재주가 있었던 거야. 그의 연설에 등장하는 얘기란 뻔했어. 베르사유 조약을 파기해야 한다, 공산주의자와 유대인이 독일을 망치고 있다, 유전자가 우월한 게르만 민족끼리 위대한 독일을 건설하자…….

미친 듯한 연설 능력으로 히틀러는 마침내 이 당의 지도자가 되었어. 그리고 이 보잘것없던 당은 '국가 사회주의 독일 노동자당'(줄여서 나치스)으로 이름을 고쳤어. 환경당이 환경 보호를 외치고 노동당이 노동자 인권을 주장하듯, 나치스는 반유대인을 외쳤어.

오래전부터 유럽 사회에는 뿌리 깊은 반유대주의 정서가 있었어. 기독교 문명이 지배하는 유럽에서 유대인은 늘 이방인이고 별종이었어. 중세 유럽에는 곳곳에 유대인 거주지인 게토가 있었어. 해가 지면 경비병들이 유대인 게토의 문을 아예 닫아걸었어. 그러한 차별과 탄압 속에서도 유대인은 사회 하층민이나 떠돌이로 전락하지 않았어. 금융업 등에서 두각을 나타내 유럽의 부를 차지했지. 그래서 더 큰 질시를 받았어. 반유대주의는 유럽 사회에서 된장처럼 오래 묵고 발효된 정서였어. 나치스의 머리에서 갑자기 툭 튀어나온 게 아니라는 뜻이지.

히틀러는 앞서 살펴본 파시즘의 원조 무솔리니를 모델로 삼았어. 폭력으로 권력을 장악하겠다는 의지를 숨기지 않았어. 몇만 명의 당원을 모으고 조직을 정돈한 나치스는 1923년 민주 정부를 무너뜨리기 위해 폭동을 일으켰어(맥주홀 사건). 폭동은 실패하고 히틀러는 반역죄로 감옥에 갔어. 몇 년 뒤 출소한 히틀러는 나치스를 다시 세웠어. 나치스는 사회주의자와 반파시스트들에게 총질을 하고 소동을 벌여 언론의 관심을 받고 유명세를 탔어.

1925년 히틀러는 『나의 투쟁』이라는 책을 펴냈어. 우수한 게르만족이 열등한 유대인과 슬라브인을 쫓아내고 대제국을 만들어 세계를 지배한다는 황당한 주장을 담고 있었어. 그렇지만 나치스에게는 성경과도 같았어.

히틀러 독일 경제가 어려워지고 정치가 제대로 작동하지 않는 틈에 히틀러는 뛰어난 연설 실력으로 독일 국민들의 지지를 얻기 시작했다.

1차 세계 대전 직후로 돌아가 보자. 전쟁에 진 독일은 영토를 잃고 빚더미에 올라앉았어. 승전국들은 이렇게 쫄딱 망한 나라에 도저히 감당할 수 없는 전쟁 배상금을 물렸어. 경제는 점점 파탄 나서 돈은 휴지 조각이 되었어. 독일이 배상금을 갚지 않는다고 툴툴거리던 프랑스는 돈이 없으면 다른 것으로 때우라면서 독일 광산에 프랑스군을 보내 석탄을 퍼 갔어. 독일 정부는 찍소리도 못했어.

이때 히틀러가 나타나 절망에 빠진 독일인들에게 미친 듯이(어쩌면 실제로 미쳐서) 외친 거야. 우리는 충분히 이길 수 있었던 전쟁(1차 세계 대전)에서 졌다! 잿더미가 된 나라를 다시 한 번 위대한 독일 제국으로 일으키자! 여기까지는 일단 솔깃하지. 하지만 그때는 아무도 몰랐어. 그의 광기가 사람들의 상상을 얼마나 뛰어넘는 것이었는지.

조선에서는 일제의 강압적인 통치 아래에서도 인권 의식이 싹트고 있었어. 지주의 횡포에 시달리던 소작인들은 지나치게 높은 소작료를 낮추고 농사지을 권리를 보장해 달라며 단체 행동에 나섰어. 노동자들도 근로 조건 개선과 임금 인상을 요구하며 총파업을 일으켰어. 1920년대는 신식 교육을 받은 '신여성'을 중심으로 남녀평등 운동이 일어난 때이기도 했어. 또 '어린이'라는 말을 처음으로 만든 방정환은 어린이날을 제정(1922년)하고 어린이를 하나의 인격체로 존중하자고 주장했어.

"모든 인간은 존엄하다. 모든 차별을 폐지하라." 백정들은 신분 해방과 계급 타파를 요구했어(조선 형평사 운동). 신분 차별은 법적으로는 폐지되었지만 끈질긴 관습으로 남아 있었어. 그래서 백정들은 여전히 천민으로 차별받았어. 교육, 취업, 결혼, 공공장소 출입마저도 자유롭게 하지 못했지. 심지어 보통 사람들과 같은 마을에 살지 못하는 경우도 있었어. 백정들은 이러한 좌절과 설움을 딛고 형평사(천민 계급의 사회적 지위 향상을 목적으로 한 조직)로 뭉치기 시작했고, 이들의 운동은 전국적인 사회 운동으로 퍼져 나갔어. 1925년에는 흩어져 있던 형평사 조직이 모여 '전 조선 형평 대회'를 열기도 했어. 이 대회를 계기로 형평사 운동은 더욱 활발하게 일어났어. 이들은 일제에 대한 반대 운동도 벌이는 등 적극적으로 사회에 참여하고자 했어.

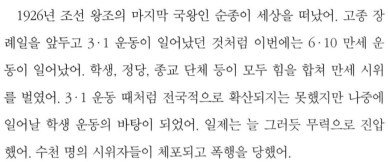

1926년

1926년 조선 왕조의 마지막 국왕인 순종이 세상을 떠났어. 고종 장
례일을 앞두고 3·1 운동이 일어났던 것처럼 이번에는 6·10 만세 운
동이 일어났어. 학생, 정당, 종교 단체 등이 모두 힘을 합쳐 만세 시위
를 벌였어. 3·1 운동 때처럼 전국적으로 확산되지는 못했지만 나중에
일어날 학생 운동의 바탕이 되었어. 일제는 늘 그러듯 무력으로 진압
했어. 수천 명의 시위자들이 체포되고 폭행을 당했어.

1926년 일본은 조선인 박열과 그의 일본인 아내 가네코 후미코에
게 대역죄로 사형을 선고했어. 아나키스트였던 두 사람이 일왕 암살
계획을 세웠다는 것이었어. 아나키즘은 인간에 의한 인간의 지배가 없
는 자유로운 사회를 꿈꾸는 사상이야. 권력의 지배와 통제에서 벗어나
모두 자유롭고 평등하게 살자는 주장이지. 두 사람은 일본 제국주의와
천황제 타도를 주장했어. 특히 가네코는 일본인이면서도 일본 제국주
의에 반대하고 조선인의 고통에 공감하는 몇 안 되는 이들 가운데 하
나였어. 감옥에서 세상을 떠날 때까지 가네코는 당당하게 일왕 중심의
국가 제도를 비판하고 천황제를 부정했어.

1868년, 일본은 칼을 든 사무라이 대신 일왕이 다스리는 국가가 되
었어(메이지 유신). 우리는 그냥 일왕(일본의 왕)이라고 부르지만, 일본
에서는 천황(하늘의 황제)이라고 불러. 당시 일본인들은 일왕을 태양

여신의 직계 자손이라며 살아 있는 신으로 숭배했어. 그리고 통치자들은 일왕을 구심점으로 삼아 강력한 중앙 집권 국가를 만들고 근대화를 추진했지. 일왕 숭배는 국가 종교처럼 되었고 식민지 조선인에게도 강요되었어. 이러한 천황제는 군국주의와 찰떡궁합이 되어 아시아 침략 전쟁의 밑바탕이 되었어. 일본인들은 천황을 위해 전쟁에 나가 목숨을 바쳤어. 나중 2차 세계 대전 말기에 자살 공격에 나선 군인들도 "덴노 헤이카 반자이!"(천황 폐하 만세)를 부르며 세상을 떠났어. 많은 이들이 천황제 아래에서 희생당한 거지.

가네코는 일본인들에게 신성한 존재인 일왕 앞에서 외롭게 반기를 들었어. 모두가 일왕의 이름으로 전체주의의 부속품이 되어 갈 때, 그는 노예가 되기를 거부했어. 그것은 분명 '바위에 달걀 부딪치기'였지만, 역사적으로 볼 때 '바위를 뚫는 낙숫물'이기도 했어.

1926년 일왕이 된 히로히토는 그 뒤에 벌어진 전쟁 범죄의 최고 책

임자였어. 하지만 그는 처벌을 피해 갔고, 전쟁 범죄와 침략의 역사는 청산되지 않았어. 그리고 오랜 세월이 흘러 2013년의 어느 날, 일본 총리는 히로히토의 아들 아키히토 일왕 앞에서 국회의원들과 함께 "덴노 헤이카 반자이!" 삼창을 했어. 군국주의의 관 뚜껑이 열리는 소름 끼치는 소리였지.

1927년

세계는? 중국 : 국민당과 공산당의 돌고 도는 싸움

한국은? 일제에 맞서는 싸움에 좌우가 있으랴? 신간회 창설

신해혁명이 성공해 중화민국을 세웠지만 중국은 여전히 혼란스러웠어. 쑨원의 국민당과 마오쩌둥의 공산당이 내전을 벌이는 한편, 각 지방마다 군벌(군대를 중심으로 한 정치 세력)들이 있었어. 쑨원이 죽고 국민당의 지도자가 된 장제스의 국민당 군대는 중국 통일을 목표로 1926년부터 중국 북부의 군벌들을 몰아냈어.

마오쩌둥이 이끄는 공산당의 목표 역시 중국 통일이었어. 국민당과 공산당은 잠시 내전을 멈추고 함께 힘을 모아 군벌을 몰아내기로 했어. 군벌들은 썩은 나무 밑동처럼 어렵지 않게 쪼개지고 무너졌어. 공동의 적을 몰아내자 국민당과 공산당은 다시 적이 되어 싸웠어. 두 세력은 중국의 미래를 전혀 다르게 그리고 있었어. 국민당은 사유 재산과 시장 질서로 돌아가는 자본주의 국가를 추구했고, 공산당은 공동 생산과 공동 소유를 기반으로 한 공산주의 국가를 추구한 거야.

1928년 국민당 군대는 공산당 세력을 내쫓고 중국의 대부분을 통일했어. 국민당 정부가 중국의 적법한 정부라는 외교적 승인도 받았어. 그렇지만 마오쩌둥의 공산당 세력은 아직 남아 있었어. 국민당 군대에 밀린 공산당은 중국 남동부로 후퇴했어. 국민당은 후퇴하는 공산당을 추격했어. 공산당은 1936년까지 2년 동안 1만 킬로미터가 넘는 거리를 순전히 걸어서 이동했어. 18개의 산맥을 넘고 24개의 강을 건넜어. 떠날 때는 10만 명이었는데 목적지에 도착해 보니 겨우 1만 명만 살아남았어.

중국과 마찬가지로 우리나라에서도 좌우가 함께 손을 잡는 시도가 있었어. 1927년 민족주의와 사회주의 세력이 손잡고 독립운동 단체 신간회를 조직했어. 그동안 독립운동 세력은 민족주의 세력과 사회주의 세력으로 나뉘어 따로 활동했는데, 신간회는 이를 극복하고 함께 힘을 모아서 만든 단체였지. 신간회는 일제의 탄압 속에서도 식민 정책과 식민지 교육을 비판하고 농민 운동과 노동 운동을 지원했어. 또 우리가 당장 독립할 능력이 없으니 일제와 협상해 자치를 얻자는 주장(자치론)을 비판했어. 신간회는 일제와 타협하지 않고 자치론에 반대하며 완전한 독립을 추구했지. 신간회는 회원이 4만 명에 이르면서 식민지 시절 가장 큰 독립운동 단체로 성장했어. 그런데 신간회는 일제의 탄압과 주도권을 둘러싼 민족주의자들과 사회주의자들의 갈등 때문에 결국 1931년 해산되고 말았어.

1928년

1921년 레닌은 '신경제 정책'으로 생산품에 대해 일정한 세금을 낸 다음 시장에 내다 팔 수 있게 했어. 외국과의 교역도 허용했어. 이러한 '자본주의 맛보기'를 통해 생산자들이 동기를 얻고 생산량을 늘리면서 소련 경제가 좋아졌어. 하지만 스탈린은 1928년에 이 정책을 폐지했어.

대신 농업 집단화가 시작되었어. 농지는 물론 가축과 농기구까지 몰수한 다음 농민들을 집단 농장에 모아 놓고 함께 일하게 한 거야. 그러나 공동 생산, 공동 분배라는 공산주의의 이상은 일개미나 다람쥐 사회에서라면 모를까, 인간 사회에서는 기대처럼 작동하지 않았어. 사람들은 우리 집 농장이나 백번 양보해서 장인어른 농장에서나 열심히 호미질을 하지, 집단 농장이야 어떻게 굴러가든 남의 일이었어.

농민들의 의욕과 창의성을 무시하고 정부의 명령에 따라 곡물이 생산되면서 다양한 농작물이 사라지고 생산량은 바닥으로 떨어졌어. 모두가 필요한 만큼 나눠 갖는다는 공산주의 이상은 온데간데없었어. 나누어 가지긴 하되 '필요한 만큼'은 아니었어. 굶어 죽는 사람이 늘어나면서 치명적인 재난의 조짐이 보였지만 비효율적인 집단 농장은 계속되었어. 급기야 1930년대 후반까지 2,500만 명이 기근으로 죽었지.

소련의 계획 경제가 성과를 낸 것은 중공업 분야에서였어. 집단 농

장에서 거두어 간 생산 이익을 중공업 분야로 돌렸거든. 그렇게 해서 20세기 초반 소련은 세계 최고의 산업국 가운데 하나로 빠르게 성장했어.

좌파와 우파의 기원은 18세기 프랑스 혁명 시절로 거슬러 올라가. 여러 신분 계층이 모인 회의에서 왕을 중심으로 한 기존 질서와 가치를 지키려는 보수파가 오른쪽에(우파), 왕정을 무너뜨리고 새로운 체제를 세우려는 혁명파가 왼쪽에(좌파) 앉았어. 이때부터 사회를 바꾸려는 이들을 좌파, 기존 질서를 지키려는 이들을 우파라고 부르게 되었어. 20세기 소련의 등장으로 좌우는 사회주의와 자본주의로 선명하게 나뉘었어. 세계 곳곳에서 소련을 모델로 하는 사회주의 혁명 세력이 일어났어. 그리고 목숨이 오락가락하는 이념 분쟁이 벌어졌어.

냉전 시대가 끝난 오늘날 좌파와 우파는 서로 다른 정치적 태도를 의미해. 좌파는 이상적인 미래를 위해 현재의 질서를 바꾸려는 사람들이야. 평등과 복지를 강조하고 국가가 약자의 이익을 돌봐야 한다고 믿지. 부자에게서 세금을 더 많이 걷어 공익을 위해 쓰는 것이 사회 정의라고 주장해. 우파는 전통적인 가치와 안정을 지키고자 하는 사람들이야. 정부의 역할은 자유로운 시장 경쟁과 보상 체제를 보장해 주는 것이어야 한다고 믿지. 그러다 보니 지배 계급의 이익을 중요하게 생각하고 권력을 보호하려는 경향이 있어.

어느 시대, 어느 장소를 막론하고 변화를 꿈꾸는 세력과 현재의 질서를 지키려는 세력 사이의 대립과 경쟁이 늘 있어 왔어. 그것을 우파와 좌파, 보수와 진보, 청군과 백군, 톰과 제리, 그 무어라 부르건 말이야. 역사와 민주주의가 발전하는 데서 서로 다른 의견을 견제하며 균형을 이루는 것은 꼭 필요한 일이야. 이른바 민주주의 선진국이라고 하는 영국이나 미국이 양당제를 정착시킨 것이나 유럽에서 좌우 세력이 합의하는 정치 문화가 발달한 것도 비슷한 이유에서지.

1920년대 초 우리나라의 독립운동 세력도 좌파와 우파로 나뉘기 시작했어. 좌우 모두에게 독립운동은 민족 해방뿐 아니라 훗날 어떤 국가를 건설할 것인지를 포함하는 의미였어. 어느 쪽이든 왕을 도로 앉히는 상상은 하지 않았지. 주권이 국민에게 있는 공화국을 목표로 삼은 거야. 1919년 임시 정부 헌법으로 돌아가 봐도 마찬가지였어. "1조, 대한민국은 민주 공화제로 한다. (……) 3조, 귀천과 빈부의 계급이 없고 일체 평등하다." 앞으로 건설될 나라는 민주 공화국이며, 나라의 모든 구성원이 자유롭고 평등한 사회여야 했지.

경제 대공황과 파시즘

1929~1938

한국은 ?

		세계는 ?
일본 제국주의를 타도하라! 광주 학생 운동	**1929**	**국제 사회** 일확천금의 꿈은 날아가고. 경제 대공황
조만식과 함석헌 "말로 하랴, 주먹으로 하랴?"	**1930**	**인도** 기관총 말고 베틀로 싸우는 법
만주로 헤쳐 모여!	**1931**	**일본** 참새도 거들떠 안 보는 허수아비 만주국
'그를 위해 준비한 선물' 윤봉길·이봉창 폭탄 의거	**1932**	**소련** 죽도록 굶겨라! 우크라이나의 독립 탄압
땅을 갈고 갈아도 배고픈 소작인 신세	**1933**	**독일** 수상 하나 잘못 뽑았을 뿐인데……
자랑스러운 일본인 천민이 되실래요?	**1934**	**미국** 돈을 돌게 해 막힌 경제를 뚫어라! 뉴딜 정책
	1935	**이탈리아** 아프리카에 손 뻗치다
나라 잃은 금메달리스트와 일장기 말소 사건	**1936**	**독일** 깡통처럼 차 버린 베르사유 조약
친일 보도와 항일 보도의 예		**에스파냐** 내전은 예고편? 더한 것이 곧 몰려온다
중앙아시아로 가는 슬픈 기차.	**1937**	**중국·일본** 전쟁으로 펼쳐진 지옥. 난징 대학살
스탈린의 한인 추방		**독일** 게르니카의 폭격 소리
		미국 뒷짐 지고 먼발치에 서다. 중립법 통과
전 국민 바보 만들기 프로젝트. 황국 신민화 정책	**1938**	**독일** 유대인은 탄압하고, 오스트리아는 합병하고
		유럽 전쟁 일어날 가능성 95퍼센트

미국을 시작으로 전 세계에 경제 대공황이 일어났어. 세계 경제는 곤두박질치고 실업자가 넘쳐났어. 자본주의는 끝없이 팽창하려는 속성이 있어. 팽창에 대한 기대가 클수록 투자가 과열되어 신기루처럼 거품을 만들고, 마침내 거품이 터지는 것이 공황이야. 자본주의는 수단을 가리지 않고 이익만을 좇기 시작하면 빈부 격차를 크게 벌리고, 약한 사람을 돌보지 않으며, 법과 사회 규범을 소홀히 여기기도 하지. 인류는 대공황을 겪고서야 어긋난 자본주의를 길들이는 방법을 찾기 시작했어.

대공황이라는 어수선한 상황을 틈타 파시즘이 세력을 키워 갔어. 파시스트들은 이탈리아를 시작으로 유럽 일대를 휩쓸었어. 민족의 우월성과 애국심을 자극해서 국민들의 지지를 끌어모아 국가 권력을 통째로 접수하기도 했어. 특히 독일과 이탈리아의 파시스트들은 국가의 위기에 호소해 전쟁을 선동했어. 하지만 위기의 진짜 주범은 그들 자신이었어.

일제는 중국 본토를 침략해 중국과 전쟁을 벌였어. 그와 함께 한민족을 영원히 노예로 만들기 위해 갖은 수단을 썼어. 친일파를 앞세워 회유하고 혹독한 언론 탄압으로 반대 목소리를 잠재웠어. 왜곡된 학문과 교육으로 한민족의 정신을 말살하려고도 했어. 독립투사들은 그런 일제에 폭탄을 던지며 맞섰어. 한편 '폭력을 쓰지 말고 저항하자.'거나 '먼저 실력부터 쌓고 독립하자.'는 등의 주장이 나오기도 했어.

1929년

일제의 식민지 정책 중에서 아주 고약한 것 하나가 교육 정책이었어. 교육의 목적은 조선의 아이들에게서 민족의 정체성을 빼앗고 일왕에게 충성하는 식민지 노예로 만드는 것이었지. 조선인을 비하하고 멸시하는 내용을 버젓이 학교에서 가르쳤어. 예를 들면 '조선인은 해부학적으로도 야만스럽다.', '서로 싸우기 좋아해서 나라가 망할 수밖에 없다.'는 식이었어. 그러나 조선의 학생들은 일제의 의도대로 자라지 않았어.

1929년 11월, 광주에서 학생 운동이 일어났어. 열차에서 일본인 남학생이 조선인 여학생에게 모욕적인 행동을 한 것이 발단이었어. 옆에서 지켜보던 조선인 남학생이 참다못해 일본 학생을 때렸어. 이것은 우리가 놓인 식민지 현실의 축소판과도 같은 사건이었어. 일본인들에게 '조센징'(조선인)은 그 존재만으로 차별과 업신여김의 대상이었어. 다른 곳도 아니고 내 나라 내 땅에서 이런 차별과 굴욕을 받아야 하다니! 학생들의 분노는 곧 항일 운동으로 발전했어(광주 학생 운동). 학교들은 일제히 휴교했고 학생들은 일본 제국주의 타도를 외치며 시위에 나섰어. 그리고 여기에 시민들이 참여하여 전국적인 항일 투쟁으로 확대되었어.

1차 세계 대전 이후 미국은 경제 성장을 거듭하고 주가도 치솟았어.

그렇지만 이 '번영의 시기'는 알고 보면 소수의 사람들에게만 허락된 것이었어. 소수에게 집중된 부는 돈놀이(투기)나 사치품 소비에 쓰였어. 주식 가격은 실제 가치보다 부풀려져 있었어. 주식은 일하지 않고 돈을 쉽게 버는 방법으로 인기였지. 심지어 일반 서민들까지 빚을 내어 주식 투자에 몰두했어. 주식 시장이 커질수록 개인들의 빚도 덩달아 늘어났어. 주가 상승에 기대어 상품도 더 많이 생산되었어. 살 사람이 없는데도 계속 만들었어. 그 결과 상품 가격은 떨어지고 산업과 농업은 부실해졌어.

보글보글 커지던 거품이 펑 하고 터져 버렸어. 주식 가격이 떨어지기 시작한 거야. 불안해진 사람들이 너도나도 주식을 팔아 치웠어(검은 화요일, 1929년 10월 29일). 주가가 반 토막으로 폭락하면서 경제 대공황이 시작되었지. 은행 9천 군데가 줄줄이 문을 닫았어. 은행이 망하자 사람들의 저축도 홀라당 날아가 버렸어. 수만 개의 회사가 문을 닫고 1,500만 명의 실업자가 생겨났어. 빈곤이 미국 전역을 휩쓸었어. 하루아침에 일자리를 잃은 사람들이 무료 급식소 앞에 긴 줄을 섰어.

농민들도 절망에 빠졌어. 미국 작가 존 스타인벡의 소설 『분노의 포도』(1939년)에 당시 상황이 잘 나타나 있어. 대공황과 농업의 기계화로 땅을 잃은 농민들이 캘리포니아로

급식소 앞에 줄을 선 실업자들 대공황 시기 미국의 실업자들이 무료 급식소 앞에 길게 늘어서 있다.

먹을 걸 버리라니.

떠났어. 과일 따는 일이라도 해서 가족을 굶기지 않기 위해서였어. 가난한 농민들이 전국에서 몰려들어 날품팔이 자리를 얻는 것도 하늘의 별 따기였어. 끼니조차 때울 수 없는 사람들은 영양실조로 죽어 갔어. 그런 상황에서도 대지주들은 농산품 가격이 떨어질까 봐 포도를 땅에 묻고 오렌지를 썩혔어. 절망에 치인 사람들 눈에는 알이 꽉 차서 터지기 직전의 포도송이처럼 분노가 가득했어.

경제 대국 미국이 휘청대자 전 세계적으로 생산량이 줄어들고 경기 침체가 이어졌어. 미국 대공황은 곧 세계 대공황으로 확대되었어. 자본주의 국가들은 자유로운 무역을 그만두고 보호 무역으로 돌아섰어. 그러자 세계 무역량은 반 이하로 떨어졌어. 보호 무역 분위기 때문에 국제 질서에는 팽팽한 긴장감이 피어올랐어.

보호 무역
자기 나라 산업을 보호하고 키우기 위해 국가가 대외 무역을 간섭하고 수입에 여러 가지 제한을 두는 무역.

1930년

세계는? 인도 : 기관총 말고 베틀로 싸우는 법

한국은? 조만식과 함석헌 "말로 하랴, 주먹으로 하랴?"

영국 식민지였던 사우디아라비아와 이라크가 1930년에 독립했어. 하지만 다른 영국 식민지인 인도에는 독립이 허락되지 않았어. 인도에서는 간디가 이끄는 조용한 독립운동이 일어났어. 간디에게 영향을 준 것은 19세기 미국 철학자 헨리 데이비드 소로의 시민 불복종 운동이었어. 국가의 법이 정의롭지 못하면 순전히 그것을 따르지 않음으로써 저항한다는 신념이었지. 예를 들면, 전쟁에 쓰이는 세금을 내지 않거나 국가의 정책에 협조하기를 거부하는 거야. 양심에 따른 불복종 때문에 감옥에 가는 것을 오히려 명예로 여겼어.

간디와 수백만의 추종자들은 영국의 통치를 무시하고 협조하지 않았어. 영국군은 형벌과 탄압으로 맞섰지만 인도인들은 그 폭력을 순순히 받아들였어. 비협조 운동은 더 적극적인 차원에서 영국 상품 불매 운동과 평화 행진으로 이어졌어. 간디는 묵묵히 앉아서 물레를 돌려 옷을 짜기도 했어. 비싼 영국산 모직 대신 직접 짠 베옷을 입음으로써 영국에 대한 저항을 드러낸 것이었어. 또 영국이 소금에 세금을 매기자 간디는 수천 명을 이끌고 바다로 행진해 바닷물로 소금을 만들기도 했어. 이렇게 만든 소금은 김치 몇 포기 담글 정도도 안 됐지만, 영국에 대한 저항의 표시로는 충분했어.

훗날 간디는 힌두교 광신자의 총탄에 암살당했어(1948년). 갈비뼈가 앙상할 정도로 바짝 말라서 어디 때릴 데도 없는 노인인 간디를 끝내 폭력이 쓰러뜨린 거야. 그가 죽기 전 인도의 독립이 찾아왔지만 인도는 이슬람을 믿는 파키스탄과 힌두교를 믿는 인도로 갈라졌어. 간디는 나라가 두 동강 나는 것을 단식까지 해 가며 결사반대하던 중에 그렇게 세상을 떠났지.

독립운동가 조만식과 사상가 함석헌은 간디의 비폭력 저항 운동에서 큰 영향을 받았어. 그들은 일제에 비폭력으로 맞서고자 했어. 조만식은 1922년 국산품 애용 운동과 민립 대학 설립 등 사회 운동을 이끌었어. 그는 일제의 회유를 물리치고 옥살이를 해 가며 끝까지 항일에 앞장섰어. 반면 의열단의 김원봉과 신채호는, 아무리 말로 해 봐야 일제가 듣지 않으니 무장 투쟁으로 독립을 쟁취하자고 주장했지. 이처럼 조만식과 김원봉은 3·1 운동 이후 나타난 독립운동의 각기 다른 두 방향을 보여 주었어.

영국 식민지였던 아일랜드와 인도의 독립운동도 선명하게 대비되었어. 앞서 살펴본 것처럼 아일랜드는 총과 폭탄으로 영국에 저항했어. 반면에 간디는 폭력이 평화의 수단이 될 수 없다고 생각했어. 그런데 1921년 아일랜드가 영국에서 독립한 것은 무장 투쟁에 의해서였어. 아일랜드의 민족 지도자 마이클 콜린스가 영국군에게 총알을 비처럼 내리는 대신 간디 옆에 앉아 베옷을 짰다면 영국이 독립을 허락했을까? 그러나 마이클 콜린스와 간디에게는 저마다의 길이 있었어. 그리고 간디는 무력이 지배하는 시대를 뛰어넘는 품위 있는 인류의 정신을 보여 주었어.

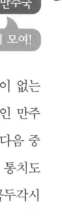

1931년

일제는 1차 세계 대전과 뒤이은 세계 대공황으로 다들 여력이 없는 틈을 타고 침략 전쟁에 더 속도를 냈어. 1931년에는 중국 영토인 만주에 손을 뻗쳤어. 일단 만주를 중국에서 떼어 내 손아귀에 넣은 다음 중국 전체를 차지한다는 계획이었지. 또 만주를 점령하면 조선 통치도 한결 편해질 수 있었어. 만주를 점령한 일제는 만주국이라는 꼭두각시 정부를 세웠어. 그리고 청나라의 마지막 황제였던 푸이를 황제로 앉혔어. 1912년 청나라가 멸망한 뒤 '실직 상태'였던 푸이는 졸지에 만주국 황제로 이직을 했어. 하지만 일제가 감 놔라 대추 놔라 시키는 대로 하는 허수아비 황제였어. 일제가 무슨 법령에 서명하라면 서명하고, 무슨 정책을 집행하라면 집행했어.

만주가 점령당했는데도 중국의 국민당 정권은 제대로 저항하지 못했어. 강력하고 위협적인 일제의 위력에 견주면 국민당은 아직 내전도 끝내지 못한 상태였어. 부당한 침략을 받았다고 국제 연맹에 호소해 봐도 소용없었어. 비실비실한 국제 연맹은 힘을 쓸 형편이 못 되었고 그럴 의지도 없었거든. 그저 우물쭈물 비난하는 척만 했어. 하지만 만주국은 국제법상 제대로 된 국가로 인정받지 못했어. 만주국이 국가인 척 행세하는 것은 닭이 봉황이 되고 싶어 하는 것과 마찬가지였지.

만주국에는 많은 조선인들이 몰려들었어. 1930년대에 만주로 이주

한 조선인 수는 100만 명이 넘었어. 일제의 가혹한 수탈로 먹고살기 힘들어진 사람들이 만주로 넘어가 장사를 하거나 농사를 지었고, 독립 운동가들이 일제의 핍박과 추적을 피해 넘어가기도 했어. 만주에서 힘을 키운 다음 국내로 침투해 일제에 맞서 싸우는 게 목표였어. 반면 출세의 기회를 찾아 만주로 가는 인물도 있었어. 훗날 대한민국 대통령이 되는 박정희는 1939년 일왕에게 충성하겠다는 혈서를 쓰고 만주 군관 학교에 들어갔어. 만주 군관 학교는 일제의 장교를 양성하는 곳이고, 박정희는 이 장교 학교를 나와 만주군 소위로 근무했어.

일제의 만주 침략에 조선 사람들은 좌절했어. 일제가 명백한 침략을 통해 허수아비 정부를 만들었는데도 다른 나라들이 모두 잠잠했기 때문이야. 힘이 곧 법이던 당시 국제 사회에서 약자를 위한 정의 따위는 없었어. 좌절의 또 다른 이유는 일제의 위력을 실감했기 때문이었어. '일제가 거대한 중국을 침략해 영토를 빼앗을 정도로 강력하다면 우리에게는 정말 독립의 희망이 없는 걸까?'

1932년

우크라이나는 17세기에 러시아에 합병된 이후 줄곧 러시아의 지배를 받았어. 그렇지만 러시아와는 정체성과 문화가 다른 민족이었어. 1917년 러시아 왕조가 무너지자, 드디어 기회를 만났다고 생각한 우크라이나는 러시아에서 독립하겠다고 선포했어. 그러자 레닌은 딱 잘라 말했어. "소비에트 연방(소련)을 세웠다고 해서 달라질 건 없다. 옛날 러시아 땅은 전부 소련 땅이다." 우크라이나는 고스란히 소련의 일부로 남았어. 하지만 우크라이나인들의 독립운동은 꾸준히 이어졌어.

스탈린은 우크라이나가 독립을 꿈도 못 꾸게 만들기로 했어. 수많은 우크라이나인들이 강제 수용소에서 죽거나 소련 광산과 산업 단지에서 노예 노동자로 혹사당했어. 그런데도 우크라이나인들이 계속 저항하자 스탈린은 더 가혹한 방법을 썼어. 우크라이나에 일부러 기아를 조장한 거야. 원래 우크라이나는 '유럽의 빵 바구니'라고 일컬어질 만큼 땅이 기름졌어. 1932년 소련은 우크라이나 곡물 생산량의 대부분을 본국으로 가져갔어. 소련 경찰은 집집마다 음식 조각 하나 저장하지 못하도록 수색했어. 옥수수 몇 알이나 밀 한 줌도 예외가 아니었어.

이제 뛰노는 아이들을 볼 수 없었어. 기아에 허덕이는 증상으로 아이들의 배는 올챙이처럼 볼록해지고 팔다리는 막대기처럼 가늘어졌어. 사람들은 풀이나 고양이, 쥐를 먹기도 했어. 이듬해인 1933년에는

소련에 저항하는 우크라이나 소련의 침략에 맞서 싸우자는 내용을 담은 우크라이나의 엽서다. 가운데에 선 여인이 민족의 단결을 호소하고, 양 끝에서는 우크라이나인들이 소련군을 무찌르는 모습을 담았다.

매일 2만 명 이상이 굶어 죽는 상황으로까지 악화되었어. 소련은 국경과 언론을 통제하며 이런 사실이 외부에 알려지지 못하게 했어. 1933년 말까지 우크라이나 전체 국민의 4분의 1이 죽었어. 어린이 사망자만 300만 명이나 되었어. 우크라이나인들은 더 이상 저항하지 못했어. 목표를 이룬 소련은 곡물을 다시 풀기 시작했지만 탄압은 계속됐어.

1931년 어떤 청년이 대한민국 임시 정부의 김구를 찾아왔어. 조국을 위해 목숨 바칠 각오를 한 31세의 청년 이봉창이었어. 이봉창은 태극기 앞에서 수류탄 2개를 들고 히로히토를 저격하기로 선서했어. 마침내 1932년 1월 8일, 일본 도쿄에서 이봉창은 궁으로 돌아가던 일왕의 마차를 향해 수류탄을 힘껏 던졌어. 안타깝게도 수류탄은 명중하지 않았어. 하지만 일본의 수도 한복판에서 일왕에게 수류탄을 던진 사실

만으로 충분히 강력한 저항 의지를 보여 준 것이었어.

1932년 4월 29일에는 중국 상하이에서 윤봉길 의사가 도시락 폭탄 의거를 일으켰어. 이날 상하이 홍커우 공원에서는 일왕의 생일잔치 겸 상하이 전승 축하식이 열렸어. 초대받지 않은 손님인 윤봉길도 참석했지. 평생 잊지 못할 생일 선물도 준비해 갔어. 알루미늄 도시락 상자와 물통 속에 숨긴 폭탄이었어.

일본 국가가 울려 퍼지는 순간, 축하 연회 단상 위로 폭탄이 날아갔어. 일제의 상하이 총사령관과 다른 한 명이 사망했어. 조선이 일제의 통치에 반대한다는 사실을 전 세계에 알린 순간이었어. 이 의거는 중국인들에게도 짜릿한 뉴스였어. 상하이를 침략한 일제의 사령관을 제거하고, 꼴 보기 싫은 전승 축하식을 망쳐 놓았기 때문이지. 중국 국민당 지도자 장제스는 "중국의 100만 대군도 하지 못한 일을 조선의 청년 한 사람이 했다."며 감탄했어. 그 뒤로 중국 국민당은 대한민국 임시 정부를 적극적으로 지원했어. 존재감을 잃었던 임시 정부는 활력을 되찾았어.

윤봉길은 그해 12월 두 팔을 형틀에 묶인 채 일제에 의해 총살당했어. 나라를 위해 자신의 목숨을 내던졌을 때 그의 나이 24세로, 두 아이의 아빠였어. 의거를 위해 조국을 떠날 때 윤봉길 의사는 비장한 말을 남겼어. "대장부가 집을 떠나 뜻을 이루기 전에는 살아서 돌아오지 않는다." 그의 육체는 정말 살아서 돌아오지 못했어. 그러나 윤봉길이라는 이름은 우리 민족의 역사와 그의 의거를 기억하는 모든 한국인들의 가슴속에 생생히 살아 있지.

1933년

"하일 히틀러!"(히틀러 만세) 군중은 손을 뻗는 거수경례를 하며 우렁차게 외쳤어. 히틀러는 분위기를 점점 고조시키다가 주먹을 치켜드는 특유의 연설로 사람들을 흥분으로 몰아넣었어. 그는 대중의 감정을 조종할 줄 알았어. 요즘 하는 말로 '정신 줄을 놓아 버린' 군중은 히틀러를 우러러보았어. 물론 히틀러를 혐오하고 미친놈으로 생각한 사람들도 있었어. 입만 열면 증오심을 부추기는 히틀러가 결코 국가 지도자감은 아니라고 생각했어.

회복되던 독일 경제는 경제 공황으로 다시 주저앉았어. 기업과 은행이 문을 닫고 수백만의 실업자가 생겨났어. 지긋지긋한 인플레이션이 다시 시작되었어. 불안과 혼란의 시기에는 과격하고 극단적인 생각을 하는 사람들의 목소리가 커지게 마련이지. 이 무렵 히틀러는 생각했을 거야. '드디어 내 때가 왔다.' 나치스가 가장 싫어하는 세 가지는 공산주의자, 유대인, 그리고 민주 정부였어. 1923년에 민주 정부를 쿠데타로 무너뜨리려다 실패했던 히틀러가 이제는 합법적인 절차를 거쳐 민주주의를 없애려고 벼르고 있었어.

나치스의 세력이 점점 커지자 히틀러는 유력 정치인으로 떠올랐어. "거짓말도 100번을 하면 진실이 된다."는 말로 잘 알려져 있는 선전의 천재 괴벨스가 히틀러를 도왔어. 광고 회사에 취직했으면 북극 유목민

에게 냉장고를 팔았을 실력으로, 그는 새로운 정치인 히틀러를 홍보했어. 괴벨스도 히틀러처럼 유대인을 증오했고 금발에 파란 눈을 한 게르만계 독일인이 세계 최고의 인종이라고 믿었어. 괴벨스는 교묘한 선동으로 나치스의 사상을 독일인의 의식에 스며들게 했어. 그가 히틀러의 인기몰이에 써먹은 것은 민족 감정과 인종주의였어. 독일은 유대인과 공산주의자의 위협을 받고 있으며, 히틀러는 이들의 위협에서 독일을 지켜 주는 영웅이라고 선전했지. 그 결과 1932년 나치스는 선거에서 1천만 표 이상을 얻었어. 그리고 이듬해인 1933년 히틀러는 독일 수상에 취임했어.

독일인들은 민주적 절차와 선거로 권력을 히틀러에게 위임했어. 그를 '지도자'라고 부르며 마음에서 우러나는 지지를 보냈어. 수상이 된 히틀러는 더욱 거침없이 말했어. "가장 우수한 인종은 독일인이고, 가장 열등한 인종은 유대인이다. 우수한 독일 인종이 다른 민족을 정복하고 지배하는 건 당연한 일이다." 전쟁을 하고 싶다는 소리였어. 독일인들은 이런 히틀러를 환호했고, 독일 민족의 우수성을 외치는 히틀러의 연설에 감동을 먹었어.

히틀러는 공산주의자를 탄압하는 법을 통과시키고 그들을 잡아다 고문했어. 공산주의자 말고도 나치스에 반대하는 정치인, 지식인, 예술가들이 체포되었어. 나치스 이외의 정당은 불법이 되었어. 민주적인 법체계가 무너지고 언론·집회·결사의 자유는 사라졌어. 독일은 법과 인권이 사라지고 오직 지도자만 존재하는 전체주의 사회가 되었어. "히틀러는 독일이며 독일은 히틀러이다." 어느 나치 당원의 말은 이제 현실이었어.

1930년대 우리나라에서는 농민들의 소작 쟁의가 자주 일어났어. 소작권 박탈에 반대하거나 높은 소작료를 내리려는 시도였어. 일제의 수탈에 대한 항거이기도 했어. 토지 조사 사업, 산미 증산 계획을 거치면서 일제가 우리나라 국토 면적의 60퍼센트 이상을 강탈한 탓에 농민 대다수가 소작인이 되었어. 일제의 가혹한 소작 제도는 봉건 시대와 다를 바 없었는데, 지주는 소작권을 마음대로 취소할 수 있었고 소작료는 70~80퍼센트씩이나 됐어. 이런 상황에서 신채호는 우리 민족이 "피땀 흘려 토지를 갈아 일본 강도에게 갖다 바쳐 그 살을 찌워 주는 영원한 소나 말 같은 노예" 신세라고 비유하며 분개했어.

1934년

1933년 히틀러가 수상이 된 지 한 달여 만에 미국에서는 루스벨트가 대통령에 취임했어. 루스벨트는 소아마비로 하반신을 쓰지 못하는 어려움을 딛고 재활에 성공한 정치인이었어. 이 루스벨트(이름: 프랭클린)는 1901년 미국 대통령에 취임한 루스벨트(이름: 시어도어)와는 먼 친척 사이야. 그런데 압도적인 차이로 대통령에 당선된 기쁨도 잠시였어. 그에게는 역사상 최악의 경제 불황에 빠진 미국을 건져 내야 하는 만만치 않은 숙제가 놓여 있었어. 루스벨트는 곧 나라를 구제하기 위해 '뉴딜 정책'을 시작했어.

그때까지 미국 경제 정책은 방임주의, 즉 정부가 간섭하지 않고 시장 경제가 알아서 굴러가게 내버려 두는 것이었어. 그런데 케인스라는 경제학자가 자본주의는 스스로를 통제할 수 없는 시스템이라고 말했어. 그냥 놔두었더니 무슨 일이 벌어졌는지 보라는 거지. 거대 기업들은 독점으로 시장을 어지럽혔어. 월가의 증권사와 은행들은 '돈 놓고 돈 먹기'에 지나치게 집중해 금융 시장을 어지럽혔어. 농업과 제조업은 공급 과잉으로 상품 가격이 떨어져 침체를 겪었어. 케인스는 국가가 적극 개입해서 이러한 시장 경제의 문제점을 해결해야 한다고 보았어.

예전에는 경제가 어려우면 정부가 씀씀이를 줄였어. 그런데 이제는 반대였어. 정부가 나서서 돈을 풀어 수요를 만들고 산업을 일으켰어.

정부는 도로, 다리, 댐, 공항, 병원 같은 대규모 토목 사업을 벌였어. 특히 테네시 강 유역에 댐을 26개나 만들었어. 이 댐을 건설하면서 일자리를 만들고 값싼 전기를 공급해서 지역 개발을 도왔어. 또 농산물 생산을 제한했지. 생산량이 너무 늘어나면 가격이 떨어지고 불황이 생기기 때문이야. 산업 분야에서도 생산량을 줄여 자연스럽게 가격을 올리게끔 유도했어.

경제 위기가 오면 부자는 더 부유해지고 가난뱅이는 더 쪼들리는 현상이 생겨나. 대공황 때 미국의 상위 1퍼센트의 소득은 전체 인구 절반의 소득과 같았어. 이 상황을 바로잡기 위해 금주법을 폐지해서 술에 세금을 매겨 걸었어. 또 부유세(증여세·상속세·소득세)를 늘려 부자들에게서 세금을 더 걸었어. 이렇게 해서 생긴 자금을 공익을 위한 사업에 투자했어. 자본가와 부유층은 재산권 보장이 위협받는다며 뉴딜 정책에 반대했어. 루스벨트가 사회주의를 추구한다고 비난하기도 했어. 하지만 루스벨트는 도리어 자본주의를 지키기 위해 이런 정책을 편다고 말했어. 서민들에게 일정 수준의 경제적인 기회를 누리게 해야 자본주의가 더 건전하고 튼튼해질 수 있기 때문이었지.

1935년에는 사회적 약자를 보호하기 위해 사회 보장법을 만들었어. 노령 연금, 실업 수당, 최저 임금제 등이 도입되었어. 또 노동자들이 자유롭게 노동조합을 만들고 이를 통해 노동자의 권리를 보호할 수 있게 했어. 뉴딜 정책으로 사람들은 다시금 돈을 빌려 사업을 하거나 일자리를 찾았어. 가난한 서민들의 수중에 다시 돈이 돌기 시작했어.

당시 세계에서 제국주의의 길에 들어서지 않은 나라 중에서 식민 지배를 당하지 않는 나라를 찾기란 힘들었어. 아시아에서만 해도 태국을 제외한 모든 나라가 식민 지배를 받았어. 식민 모국이 하는 일은 똑같았어. 자원을 수탈하고 노동력을 착취했지. 식민 지배를 편하게 하기 위해 자국의 언어나 문화를 옮겨 심기도 했어. 그렇지만 영국이 인도인을 '영국 2등 국민'으로 만들거나 네덜란드가 인도네시아인을 '네덜란드 노예 계층'으로 개조한 사례는 없었어. 그런데 일본은 그런 시도를 했단다. 사이비 학문과 식민 교육으로 조선인들의 민족 정체성을 억지로 바꾸어 일제의 노예 하층민을 만들려고 한 거야. 일제의 이러한 행위는 유럽 국가들의 식민 지배보다 더 악독한 것이었어.

노령 연금, 실업 수당
늙거나 병에 걸리거나 직장을 잃는 등 어려움에 놓인 사람들을 국가가 지원하는 제도. 노령 연금은 일정한 연령에 도달한 노인에게 연금을 지급하는 것이고, 실업 수당은 근로자가 일자리를 잃었을 때 지급하는 수당이다.

노동조합
사회적으로 약자인 노동자들이 노동에 대한 정당한 대가를 보장받고, 근로 조건이나 노동자 인권 등을 개선하기 위해 만든 단체. 자본주의의 끝없는 탐욕을 견제하는 역할을 한다.

1935년

세계는? 이탈리아 : 아프리카에 손 뻗치다

먹고 먹히는 제국주의 시대에도 독립을 지킨 약소국들이 있었어. 아프리카에서는 에티오피아가 그랬어. 독립은 운 좋게 거저 얻은 것이 아니었어. 에티오피아의 이웃 나라인 에리트레아와 소말리아를 차지하고 있던 이탈리아는 1895년 에티오피아를 침공했어. 에티오피아는

미리 준비해 놓은 병력과 무기로 맞서 싸웠어. 이탈리아는 수천 명의 병사를 잃고 'KO' 상태에서 에티오피아의 독립을 인정했어. 언제나 당하고만 살던 아프리카 국가가 유럽 제국주의 국가를 패배시킨 것은 의미 있는 사건이었어.

그 뒤 에티오피아는 근대 국가의 모습을 갖추어 갔어. 그런데 오래 가지는 못했어. 1935년 이탈리아의 무솔리니가 또다시 침략했어. 이번에는 탱크, 전투기, 폭격기에다 화학 무기인 겨자 가스까지 싸들고 40년 전보다 착실하게 준비해 왔어. 에티오피아 군대가 막아 내기에는 역부족이었지. 1936년 이탈리아 군은 수도 아디스아바바에 입성했고, 에티오피아의 셀라시에 황제는 외국으로 망명했어.

졸지에 파시스트에게 나라를 빼앗긴 셀라시에 황제는 국제 연맹에 도움을 호소했어. 하지만 국제 연맹은 에티오피아가 이탈리아의 식민지가 된 것을 '기정사실'로 인정해 버렸어. 이미 꿀꺽했으니 토해 내게 할 수도 없고 어쩌겠냐는 뜻이었어. 일제의 만주 침략에 이어 이탈리아의 에티오피아 침략에도 아무 대응을 하지 못한 무능한 국제 연맹은 '개점 휴업' 상태였고 이제 곧 문 닫을 일만 남았어.

이탈리아와 에티오피아의 두 차례 전쟁 1895년 이탈리아가 에티오피아를 침략했지만, 에티오피아는 이탈리아 군대를 무찔렀다. 에티오피아의 그림(위)은 당시 전투를 자랑스럽게 기록하고 있다. 그러나 40년 뒤 이탈리아는 다시 에티오피아를 침략했다. 아래 사진은 두 번째 침략 때 이탈리아 포병의 모습이다.

이렇게 해서 이탈리아는 에티오피아·에리트레아·소말리아를 동아
프리카 식민지 '3종 세트'로 엮는 데 성공했어. 그러나 1941년 영국군
이 몰려와 이탈리아군을 쫓아냄으로써 에티오피아는 독립을 되찾고
셀라시에 황제가 복귀했어. 10여 년 뒤 한국 전쟁이 터졌을 때 셀라시
에 황제는 에티오피아 군대를 유엔군으로 참전시켰어. 수송선을 타고
3주 만에 부산항에 도착한 에티오피아군은 침략군을 막기 위해 함께
싸웠어. 에티오피아는 한국 전쟁에 파병한 유일한 아프리카 나라였지.
앞서 이탈리아의 침략을 받았을 때 국제 사회가 집단행동에 나서 주지
않아 나라를 잃은 쓰라린 경험을 했기 때문이었어.

1936년

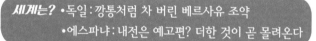

세계는? • 독일 : 깡통처럼 차 버린 베르사유 조약
• 에스파냐 : 내전은 예고편? 더한 것이 곧 몰려온다

한국은? 나라 잃은 금메달리스트와 일장기 말소 사건
친일 보도와 항일 보도의 예

1936년 독일 베를린 올림픽의 하이라이트인 마라톤 경기. 12만 군
중이 기다리는 경기장에 한 동양인 선수가 들어왔어. 경주로의 마지막
직선 길을 묵묵히 질주했어. 세계 신기록을 세우며 결승선을 끊은 우
승자는 바로 우리나라의 손기정 선수였어. 그러나 월계관을 쓰고 시상
대에 선 손기정 선수는 시무룩했어. 모두가 꿈꾸는 최고의 순간이지만

금메달을 딴 승리자의 기쁨 같은 것은 찾아볼 수 없었어. 나라를 잃은 까닭에 일본 국가 대표로 뛰었기 때문이야. 그는 죄 지은 사람처럼 고개를 숙이고 월계수 나무를 가슴 쪽으로 들어서 일장기를 가렸어. 하지만 시상대 위로 올라가는 일장기까지 가릴 수는 없었어.

조선중앙일보와 동아일보는 손기정 선수의 기쁘면서도 슬픈 우승 소식을 알리면서, 그의 사진에서 눈에 거슬리는 일장기를 지워 버렸어. 이 일로 언론인들은 일제 총독부의 탄압을 받았어(일장기 말소 사건). 동아일보는 정간 처분을 받아 오랫동안 발행을 중단해야 했고, 조선중앙일보는 폐간되었어. 이때 조선중앙일보의 사장은 바로 임시 정부에서 활약하던 독립 운동가 여운형이었어.

1920년 일제가 신문 발간을 허가하면서 동아일보, 조선일보, 조선중앙일보가 발행되었어. 하지만 총독부는 정간, 판매 금지, 압수, 삭제 등의 조치로 언론을 철저하게 통제했어. 우리 언론은 조금씩 일제의 탄압에 길들었어. 이봉창의 폭탄 투척 의거(1932년) 보도를 예로 들어 보자.

조선일보 : 범인은 현장에서 즉각 체포해 결박, 폐하는 무사히 환궁, 황국의
광영과 국민의 영예를 손상한 것이 매우 유감
동아일보 : 대불경 사건 돌발
국민신보(중국 언론) : 한국인 이봉창 일왕 저격, 불행히도 명중시키지 못함

핵심 어구 '불행히도'에 밑줄을 긋자! 중국의 언론은 이봉창의 폭탄이 일왕을 명중시키지 못한 것을 안타까워했어. 그런데 조선일보와 동아일보는 독립운동가 이봉창을 '범인'이라 부르고 '폐하'에게 '불경'

한 일을 저질렀다고 했어. 이뿐만이 아니야. 시간이 갈수록 언론의 친
일 색깔은 더 짙어졌어. 조선일보는 1937년 이후 해마다 1월 1일에 일
왕 부부의 사진을 1면에 싣고 일왕에 대한 충성을 기사화했어. 동아일
보도 일제를 변호, 선전하고 일왕을 찬양하는 기사를 늘려 갔어. 두 언
론은 특히 1937년 중일 전쟁이 터지자 일제의 전쟁을 옹호하며 우리
민족을 일본 천황의 백성이라는 뜻의 '황국 신민'이라 지칭하고, 청년
들에게 전쟁에 지원해 목숨을 바치라고 독려했어. 이런 일들은 언론의
사명을 저버린 역사적인 과오로 남아 있어.

유럽에는 다시금 전쟁의 먹구름이 끼기 시작했어. 1935년 나치스
독일은 베르사유 조약을 폐기하고 국제 연맹 탈퇴를 선언하더니 군사
재무장을 시작했어. 1차 세계 대전에서 패한 뒤 군사 무장을 금지당했
던 독일이 무기 공장을 밤낮으로 가동해 여봐란듯이 병력과 무기를 늘
렸지. 1936년 10월 독일은 이탈리아와 동맹을 맺었어.
밥 먹기 전에 손 닦듯이, 전쟁하기 전에는 이웃
나라와 동맹을 맺는 법이었어.

1936년 7월 에스파냐에서는 세계
대전의 예고편과도 같은 전쟁이 벌어
졌어. 파시스트인 프랑코 장군의
세력이 합법적인 공화당 정부를
무너뜨리면서 내전이 일어난 거
야. 독일과 이탈리아는 자신들과 한
울타리 파시즘 세력인 프랑코에게
무기와 군수품을 지원했어. 에스

우리 우정 영원히.

파냐가 파시스트의 손에 넘어갈 위기에 빠지자 유럽과 미국의 양심 있는 사람들은 남의 일이 아니라고 느꼈어. 여러 나라에서 5만 명이 넘는 의용군이 몰려와 파시스트에 맞서 총을 들고 싸웠어.

개인들은 이렇게 행동에 나섰지만 영국·프랑스·미국 정부는 눈치만 보고 개입하지 않았어. 섣불리 나섰다가 내전이 유럽 전체로 확대될 것을 우려했기 때문이야. 마침내 1939년 에스파냐는 프랑코의 손에 완전히 넘어갔어. 그는 이후 36년 동안이나 에스파냐를 통치했어. 언론과 선거의 자유를 허용하지 않고, 국민들의 반대를 폭력으로 억누르는 파시즘 독재 시대가 이어졌어. 1975년 프랑코가 세상을 떠나고 나서야 에스파냐는 민주주의를 되찾았지.

1937년

세계는? •중국·일본 : 전쟁으로 펼쳐진 지옥, 난징 대학살
•독일 : 게르니카의 폭격 소리
•미국 : 뒷짐 지고 먼발치에 서다. 중립법 통과

한국은? 중앙아시아로 가는 슬픈 기차, 스탈린의 한인 추방

조선에 이어 만주를 식민지로 만든 일제의 다음 목표는 중국 본토였어. 1937년 중국과 본격적인 전쟁을 시작한 일본군은 베이징, 상하이에 이어 난징까지 점령했어(중일 전쟁). 중국 국민당 정부는 수도를 충징으로 옮겼어. 난징을 점령한 일본군은 시민들을 눈에 띄는 대로 학

살하고 건물을 불태웠어. 산 사람들을 쭉 세워 놓고 대검으로 찌르는 연습을 하기도 했어. 난징 어디에서나 시체가 나뒹구는 처참한 광경을 볼 수 있었어. 불과 연기, 울음소리로 뒤덮인 난징의 대학살은 6주 동안 계속되어 모두 30만 명의 목숨을 앗아 갔어. 사실이라고 믿기에는 너무 끔찍한 일이었지. 참혹한 중일 전쟁은 1945년까지 이어져 동아시아 최대의 전쟁이 되었어. 역사학자들은 일제가 중국 본토를 침략한 중일 전쟁으로 2차 세계 대전이 시작되었다고 보기도 해.

히틀러는 에스파냐 내전에서 같은 파시스트인 프랑코를 도왔어. 그러던 1937년 4월, 에스파냐의 조용한 도시 게르니카에 독일 폭격기들이 나타나 민간인들에게 폭탄을 쏟아부었어. 게르니카는 완전히 파괴되어 사흘 동안 불탔고 수천 명이 죽거나 다쳤어. 히틀러에게 게르니카 공습은 전쟁 예행연습과도 같았어.

난징과 게르니카에서 자행된 학살은 그 대상이 무방비 상태의 민간인이라는 점에서 특히 반인륜적이고 야만적이야. 군사 목표와 비군사 목표, 군인과 민간인을 구분하는 것은 국제법상의 의무이기도 해. 그런데 전쟁터에서 국제법은 힘이 없었어.

이처럼 분위기가 심상치 않던 1937년 가을, 루스벨트 미국 대통령은 전쟁이 전염병처럼 번지는 것을 막기 위해 침략자들을 국제 사회에서 격리해야 한다고 말했어. 그가 말한 침략자는 독일, 이탈리아, 일본이었어. 하지만 미국은 더는 유럽의 전쟁에 끼어들 생각이 없었어. 많은 미국인들은 미국이 1차 세계 대전에 참전한 것이 잘못이었다고 생각했어. 이미 1923년 먼로 대통령은 미국이 유럽 문제에 개입하지 않는다는 외교 방침(먼로 독트린)을 선언하기도 했어. 이러한 태도를 확실히 해 두기 위해 미국 의회는 중립법을 통과시켰어. 전쟁에 직접 참여하지 않는 것은 물론 유럽에 무기를 팔거나 전쟁 물자를 공급하지도 않는다는 내용이었어.

연해주는 두만강 건너 시베리아 동남쪽에 있는 소련 영토야. 옛날에 말갈족과 여진족이 말 타고 활 쏘던 곳이기도 하지. 19세기 후반 조선의 농민들이 이곳에 정착촌을 만들었어. 일제 강점기에 땅을 잃은 농민들과 항일 독립운동가들이 많이 건너가면서 독립군의 활동 본거지가 되기도 했어. 스탈린은 1937년 연해주의 조선인들을 중앙아시아로 강제 이주시켰어. 일본과 적대적이던 소련은 일본의 통치를 받고 있는 한인들을 자기네 땅에 그냥 두면 곤란하다고 생각한 걸까? 또는 중앙아시아 사막을 개발하는 데 소수 민족인 한인들을 동원하고 싶었던 걸까? 정확한 이유는 어디에도 써 있지 않아.

사람들은 목적지도 알지 못한 채 달랑 봇짐 하나 들고 화물 열차에 실렸어. 6천 킬로미터의 험한 여정에서 수많은 어린이와 노약자들이 목숨을 잃었어. 도착한 곳은 중앙아시아 우즈베키스탄·카자흐스탄의 황량한 벌판이었어. 말이 좋아 이주였지, 사실은 내버려진 것이었어. 물도 식량도 없는 사막 같은 곳에서 사람들은 기아와 질병으로 쓰러져 갔어. 그러나 조선인들은 떠나올 때 곡식 씨앗을 잊지 않았어. 이들은 나라 없는 설움과 모진 환경을 견뎌 내고 벌판과 갈대밭을 개간해 볍씨를 뿌렸어. 고려인(까레이스키)으로 불리게 된 이들은 한민족 특유의 성실함으로 소련에서 잘사는 소수 민족으로 자리 잡았어. 소련에서 가장 모범적인 집단 농장들을 일으키기도 했지.

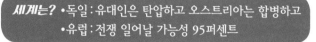

1938년

일제의 팽창 야욕이 커질수록 우리 민족의 고통과 시름도 커졌어. 일제는 조선을 중국과 아시아 침략의 발판으로 이용했어. 이를 위해 1938년 국가 총동원법을 실시했어. 침략 전쟁에 필요한 자원, 식량, 사람 등을 조선에서 쓸어 가기 위한 조치였지. 강철과 석탄도 있는 대로 퍼가고, 녹여서 무기를 만들 수 있는 것이라면 솥뚜껑, 농기구, 놋그릇, 수저, 비녀와 가락지까지 집집마다 뒤져서 모조리 약탈해 갔어.

또 일제는 황국 신민화 정책(조선인을 일왕의 신하로 만드는 것)을 통해 조선인들의 정신까지 훔쳐 가고자 했어. 내선 일체(일본과 조선은 한 나라라는 주장)나 일선 동조론(일본과 조선의 조상은 같다는 주장) 같은 말을 지어내 퍼뜨리기도 했고. 무슨 말을 하든 거기에 담긴 의도는 똑같았어. 조선인의 민족정신을 말살해 일본의 말 잘 듣는 천민 노예로 만들겠다는 것이었어.

일제는 자신들의 신들을 숭배하는 공간인 신사를 우리나라 방방곡곡에 세웠어. 조선인들은 아

111

침마다 강제로 이곳에 참배해야 했어(신사 참배). 또 학교, 거리, 일터에서 일왕이 사는 도쿄 방향으로 머리를 숙여 절하도록 강요당했어(동방 요배). 뿐만 아니라 "우리는 대일본 제국의 신민입니다. 우리는 마음을 합해 천황 폐하께 충성을 다합니다."라는 쓰레기 같은 내용의 '황국 신민 서사'(황제 나라 신하의 맹세)를 날마다 의무적으로 외워야 했어.

일제의 민족 말살 정책은 조선말과 글을 못 쓰게 하는 데까지 나아갔어. 말과 글을 잃어버리는 순간 그 민족의 미래가 없다는 사실을 일제는 알았어. 관청과 학교에서 조선어 사용이 금지되었어. 조선어 신문과 잡지는 폐간당했어. 학생들은 조선어를 썼다는 이유로 교사에게 매를 맞기도 했어.

하나의 민족을 말살하려는 시도가 유럽에서도 벌어지고 있었어. 독일의 유대인들은 독일 정부에 꼬박꼬박 세금을 내는 독일 시민이었고 1차 세계 대전에서도 독일군으로서 목숨 걸고 싸웠어. 그러나 나치스 정권 아래에서 유대인은 사람대접도 못 받았어. 히틀러는 유대인 욕을 멈추지 않았어. "우리가 왜 이렇게 고생하는지 아는가? 유대인 때문이다. 1차 세계 대전에서 진 것도, 독일 경제가 파탄 난 것도 유대인들의 음모와 조종 때문이다. 유대인은 전염병을 옮기는 쥐와 같다."

이미 1935년 나치스 정권은 유대인에 대한 박해와 차별을 법으로 만들었어(뉘른베르크법). 이에 따라 유대인은 독일 시민권을 빼앗기고 학교, 공직, 군대에서도 쫓겨났어. 유대인은 공개적으로 모욕과 폭행을 당했어. 1938년 11월 나치스 조직원들은 도끼와 쇠망치를 들고 유대인 상점 몇만 개를 약탈하고 유대교 회당을 불태웠어(수정의 밤). 유대인 상점에 노란 페인트로 '유대인 돼지'라고 낙서하고 유리창도 부수었어.

어찌나 많은 유리창을 부수었던지 거리에는 온통 깨진 유리 조각이 어지러이 흩어졌지.

나치스는 영토 확장도 시도했어. 먼저 같은 독일어권인 오스트리아를 강제로 합병했어. 그런 다음 주데텐란트(체코슬로바키아 영토)를 요구했어. 독일인이 많이 산다는 게 이유였는데, 그 말대로라면 미국의 로스앤젤레스는 한국 땅이지. 독일의 말도 안 되는 주장에는 전쟁의 위협이 서려 있었어.

1차 세계 대전이 끝난 지 이제 겨우 19년. 영국과 프랑스는 전쟁을 아주 지긋지긋하게 생각했어. 1938년 9월 뮌헨에서 독일·이탈리아·영국·프랑스 지도자가 모였어. 영국은 주데텐란트를 독일에 넘겨주는 데 동의했어(뮌헨 협정). 단, 독일이 더는 다른 유럽 국가를 넘보거나 영토를 확장하지 않는다는 조건이었어. '요구 사항을 들어주면서 살살 달래면 돌발 행동을 하지 않겠지.' 하고 기대했던 거야.

나치스의 반유대인 포스터 히틀러는 유대인을 가상의 적으로 만들어 독일 국민을 증오로 똘똘 뭉치게 만들었다. 포스터는 유대인을 향한 증오를 부추기고 있다.

그러나 히틀러의 속셈은 달랐어. 히틀러는 입으로는 절대로 전쟁을 벌이지 않겠다고 말하면서도, 머릿속은 자나 깨나 전쟁 생각뿐이었어. 히틀러에게 주데텐란트 합병은 애피타이저를 먹은 것에 불과했어. 주요리는 조금 있다가 해치울 거라고. 그것도 모르고 영국은 이 협정으로 유럽의 평화를 지켰다고 생각했어. 하지만 그런 노력이 무색하게도 인류 역사상 가장 큰 전쟁의 소용돌이가 몰려오고 있었어.

2차 세계 대전

◇◇◇◇◇◇
1939~1945

한국은 ?

세상에, 성을 갈라고? 창씨개명 ○ **1939**

조국을 향해 진군할 그날을 위해. 한국광복군 창설 ○ **1940**

조선 청년, 일제 침략 전쟁의 소모품으로 전락 ○ **1941**

항일 국어학자 대 친일 문학가 ○ **1942**

1943

전쟁 총알받이, 노예 노동. 민족의 막바지 수난 ○ **1944**

해방의 감격은 다시 분할 점령의 혼란 속으로 ○ **1945**

세계는 ?

1939 ○ **국제 사회** 독일군의 진격. 2차 세계 대전 일어나다
미국 어디에 쓰는 물건인고? 텔레비전 발명

1940 ○ **독일** 나치스 깃발 휘날리며 진격
독일·이탈리아·일본 끼리끼리 동맹 체결

1941 ○ **독일** 소련은 넓고 도망칠 곳은 많다?
일본 아시아 침략을 위해 미국을 들이받다
미국 관중석에서 다시 링으로 오르다
중국 잊힌 연합국

1942 ○ **일본** 천황의 이름으로 아시아를 유린하다
미국 매서운 반격을 가하다

1943 ○ **독일·소련** 물러설 데 없는 한판 승부
독일 가스실, 유대인 살인 공장

1944 ○ **독일** 파멸을 향해 치닫는 히틀러

1945 ○ **연합국** 나치스의 심장을 멈추게 하다
일본 원자 폭탄에 무릎 꿇다. 일왕의 항복 선언

1차 세계 대전으로 얻은 교훈이 부족했던 탓인지, 인류는 다시금 더 큰 전쟁의 소용돌이에 빠졌어. 인류 역사상 최대 규모의 세계 전쟁이었어.

이번에는 파시즘이 전쟁을 일으켰어. 파시즘으로 삐딱해진 독일·이탈리아·일본은 자기네들이 영광스러운 역사를 지닌 우수한 민족이므로 열등한 다른 민족을 지배해야 한다고 주장했어. 이들은 제정신이 아닌 생각을 행동에 옮겼어. 유럽 대부분을 점령한 나치스 독일은 곳곳에서 학살을 저질렀어. 독일과 손잡은 일제는 미국을 상대로 태평양 전쟁을 일으켜 아시아인들을 고통 속에 몰아넣었어. 우리 민족은 일제의 전쟁에 강제 동원되어 한층 더 가혹한 수탈과 탄압에 시달렸어.

파시즘에 대항해 영국·소련·미국·중국이 연합했어. 이들 연합군은 드디어 나치스 독일과 일본을 꺾었어. 특히 일본은 미국이 개발한 신무기 원자 폭탄을 맞고 백기를 들었어. 전후방을 가리지 않는 공습과 더욱 강력해진 무기의 살상력으로 피해가 극심했어. 대도시들이 통째 돌무더기로 변했고 대규모 인종 학살이 벌어졌어. 인류는 이제야 전쟁의 무서움을 제대로 깨달았어. '전 세계 나라들이 모여서 할 것은 전쟁보다는 축구'라는 생각을 하기 시작했어. 국제 사회가 대화와 협력으로 함께 평화를 지킨다는 취지에서 유엔(국제 연합)이 창설되었어. 2차 세계 대전이 끝난 뒤 많은 나라들이 식민지에서 벗어났어. 우리 민족도 일제의 36년 통치에서 해방되었어.

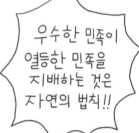

우수한 민족이 열등한 민족을 지배하는 것은 자연의 법칙!!

1939년

1939년 3월, 히틀러는 뮌헨 협정을 무시하고 체코슬로바키아의 나머지 영토를 침공했어. 맥없이 통째로 점령당한 체코에 독일의 꼭두각시 정부가 세워졌어. 협정을 깬 이상 독일은 영국·프랑스와 대결을 피할 수 없게 되었어.

미국은 중립을 지키기로 했어. 그렇지만 혹시 또 모르니까 국방 예산도 늘리고 함선도 만들어 놨어. 유럽 전쟁에서 미국이 빠진다고 하니 히틀러는 일단 안심했어. 문제는 프랑스와 소련이 맺은 상호 원조 조약이었어. 아무리 전쟁에 환장한 나치스 독일이지만 강대국 셋을 동시에 패 줄 수는 없었거든. 히틀러는 일단 영국과 프랑스 둘만 패고 나머지는 나중에 따로 손봐 주는 편이 낫겠다고 생각했어. 그래서 1939년 여름 히틀러는 소련과 서로 침략하지 않겠다는 불가침 조약을 맺었어. 공산주의자와 파시스트는 도저히 친해질 수 없는 원수 관계이지만 서로의 잇속을 차리기 위해 손을 잡은 거야. 독일이 서유럽을 차지하기 위해 싸우는 동안, 소련은 발트해 주변 3국인 에스토니아·리투아니아·라트비아를 장악하려는 속셈이었어.

이렇게 일을 꾸며 놓고 독일은 폴란드로 향했어. 영국과 프랑스는 한목소리로 경고했어. "더는 못 참는다. 폴란드까지 건드리면 가만있지 않겠다." 독일은 눈을 부릅뜬 영국과 프랑스를 저렴하고 만만한 '1+1 행사 상품'으로 생각했는지 1939년 9월 폴란드를 침공했어. 영국과 프랑스는 강하게 반발하며 독일에 전쟁을 선포했어. 독일군은 탱크로 밀고 들어가는데, 폴란드군은 말 타고 왔어. 독일이 폴란드 서부를 점령하는 사이, 소련은 폴란드 동부를 침공했어. 그리고 바라던 대로 발트 3국까지 합병했어.

거칠 것 없이 진군하는 히틀러는 유럽을 넘어 세계 지배를 꿈꿨어. 세계 지배라니 좀 허무맹랑하지만, 히틀러의 야심은 그만큼 컸고 나치스의 힘은 거침없었어. 그에 견주어 프랑스와 영국은 원치 않는 전쟁에 끌려들어 가는 분위기였어. 징집을 당해 독일 국경으로 향하는 프랑스 농부들은 떨떠름한 기분이었어. '지금 전쟁이나 하러 다닐 때가 아닌데. 포도랑 레몬도 따고 쇠여물도 줘야 하는데.' 40개 사단의 어마어마한 프랑스 병력은 국경의 방어 요새 뒤에서 집 나간 강아지 기다리듯 하염없이 독일군을 기다렸어. 그사이 독일은 순식간에 덴마크와 노르웨이를 공격했어.

한편, 전쟁의 와중에도 신상품을 출시하는 건 잊지 않았어. 1939년 뉴욕 세계 박람회에 최초로 소개된 발명품이 있었어. 사람들의 반응은 시큰둥했어. '저런 걸 어디에 쓰겠어?' 그러나

나치스의 행진 2차 세계 대전이 벌어지자 독일은 무서운 기세로 유럽 지역 대부분을 점령했고, 독일 국민들은 전쟁을 열렬히 반겼어. 그림은 전쟁에 환호하는 독일 국민들과 나치스의 광기를 풍자한다. 알베르트 블로흐, 〈군중의 행진〉, 1941.

이 발명품은 곧 사람들을 매혹하고, 이것이 없는 삶이란 상상할 수도 없게 되었지. 이 발명품의 이름은 바로 텔레비전이야. 텔레비전으로 우리는 역사상 최초로 역사의 장면을 영상으로 기록해 먼 곳까지 전송할 수 있게 되었어. 영상 기록으로 우리가 역사를 더 잘 알 수 있게 되었을까? 우리가 이순신 장군의 명량 대첩 현장을 담은 다큐멘터리를 감상하고 육성 인터뷰를 들을 수 있다고 상상해 봐.

1939년 일제는 한반도에서 창씨개명을 실시했어. 우리 민족에게 일본식 이름을 갖도록 강요한 거야. 우리말에서 "성을 간다."라는 표현은 절대 있을 수 없는 일을 가리킬 때 쓰는 말이야. 부모가 물려준 것이라며 머리카락도 안 자르는 선비의 나라에서 성을 바꾼다는 건 상상할 수 없는 일이지. 일제는 그 말도 안 되는 일을 강요했어. 개명을 하지 않는 사람들에게는 행정 서류도 발급해 주지 않았고 입학이나 취직도 못하게 했어.

1940년

세계는? • 독일 : 나치스 깃발 휘날리며 진격
• 독일·이탈리아·일본 : 끼리끼리 동맹 체결

한국은? 조국을 향해 진군할 그날을 위해. 한국광복군 창설

1940년 대한민국 임시 정부 주석 김구는 중국 충칭에서 한국광복군을 창설했어. 흩어졌던 대한 제국군 출신과 각지에서 활동하던 의병,

독립군들이 함께했어. 비록 몇백 명의 병력이었지만 임시 정부가 정식 군대를 보유했다는 것은 큰 의미가 있었어. 1907년 일제가 대한 제국 군대를 해산한 지 33년 만의 일이었지. 김원봉이 중국에서 세운 항일 무장 조직인 조선의용대의 일부도 합세했어. 한국광복군은 이듬해에 시작된 태평양 전쟁에서 중국군과 함께 일본군에 대항해 싸웠고 인도와 미얀마에서는 영국군의 작전에 함께 참여하기도 했어. 최후의 목표는 한반도로 들어와 일제와 대결을 벌이는 것이었지.

독일의 다음 목표는 네덜란드와 벨기에였어. 독일군이 벨기에를 침공하자 프랑스와 영국 연합군도 기다렸다는 듯 벨기에로 진군했어. 하지만 독일군의 거세고 빠른 공격에 프랑스군과 영국군은 도망치거나 항복하거나 둘 중 하나였어. 유럽에서 강하다고 소문난 프랑스 육군이었지만 독일군에게는 상대가 되지 않았어. 벨기에는 항복했고, 누더기 상태가 된 프랑스군과 영국군은 함께 영국으로 후퇴했어.

프랑스 정부도 멀리 피신하고 덩그러니 남은 파리는 무방비 도시를 선언했어. "무기도 싸울 뜻도 없으니, 우리를 잿더미로 만들지 말아 주세요." 하는 항복 선언이었어. 6월께 파리 시내에는 나치스 깃발이 휘날렸어. 한편, 런던으로 후퇴한 프랑스의 드골 장군은 영국에서 독일에 맞서 계속 싸우기로 했어.

노르웨이, 덴마크, 네덜란드, 벨기에, 룩셈부르크에 이어 막강한 프랑스까지 점령하자 히틀러의 위상은 더 높아졌어. 이제 남은 건 영국이었어. 미국이 참전하기 전에 얼른 영국의 항복을 받아 내야 했어. 이 무렵 영국에서는 윈스턴 처칠이 수상이 되어 전쟁을 이끌었어. 처칠은 영국 국민들을 격려하며 이렇게 말했어. "우리는 해변에서, 들판에서, 언덕에서 싸울 것이다. 결코 항복하지 않을 것이다."

독일이 섬나라 영국을 치려면 일단 하늘을 장악해야 했어. 그런데 영국 공군은 세계 최고의 전투기와 레이더망을 갖추고 있었어. 영국 공군의 위력에 밀린 독일군은 야간 공습에 매달렸어. 런던, 코번트리 등 영국 도시들은 매일 밤마다 쉬지 않고 폭격을 당했어. 영국인들은 공습을 피해 집 마당에 방공호를 파거나 런던 지하철역에서 잠을 자며 꿋꿋이 버텼어. 점령당한 유럽 국가들에게 영국은 최후의 희망이었어. 영국마저 항복한다면 유럽은 나치스와 파시스트 세상이 되는 것이었어.

1940년 9월, 독일·이탈리아·일본이 동맹을 맺었어. 많은 이탈리아 인들은 히틀러와 한패가 되는 것을 반대했어. 하지만 독일과 이탈리아 두 정권은 같은 파시스트로서 손발이 척척 잘 맞았어. 그리고 독일과 일본에게는 함께 때려 부수고 싶은 공동의 적 영국이 있었어. 이들 나라는 '전쟁 전문 기관'이라도 되는 듯 전쟁에 몰두했어. 기나긴 전쟁에서 죽음의 행렬은 끝을 알 수 없었어.

1941년

세계는? • 독일 : 소련은 넓고 도망칠 곳은 많다?
• 일본 : 아시아 침략을 위해 미국을 들이받다
• 미국 : 관중석에서 다시 링으로 오르다
• 중국 : 잊힌 연합국

한국은? 조선 청년, 일제 침략 전쟁의 소모품으로 전락

히틀러는 1812년의 교훈을 잊었어. 그때 나폴레옹은 60만 대군을 이끌고 러시아 원정을 떠났어. 모스크바에 도착했지만 이미 러시아군이 도시와 들판을 모조리 불태워 버린 뒤였어. 다 타 버리고 점령할 대상이 없으니 제아무리 백만 대군이라도 쓸 데가 없어졌어. 텅 빈 겨울 벌판에서 허무해진 프랑스군은 여름 옷차림으로 눈보라 속을 헤집고 줄레줄레 철수했어. 그리고 뒤쫓아 오는 러시아군의 공격, 추위와 질병에 40만이 죽고 10만이 포로로 잡혔어. 무적 프랑스 군대는 이 결정적인 패배로 쫄딱 망하게 돼.

나폴레옹까지는 아니어도 히틀러는 최소한 1차 세계 대전에서 독일이 왜 패했는지 생각해야 했어. 그때 독일은 서부 전선에서는 영국과 프랑스를, 동부 전선에서는 러시아를 상대로 싸우다 지쳐 항복했어. 그러나 1941년 6월 소련을 침공한 히틀러는 똑같은 상황을 재연했어. 유럽을 거의 쓸어 버리고 나니 자만해진 걸까? 소련은 정복하기에 너무나 넓고 추웠어. 넓은 땅덩이는 하나의 국가라기보다 대륙에 가까웠고, 날씨는 얼마나 혹독한지 영하가 기본이었어. 어느 군대가 소련을

아무래도
잘못 왔어.

점령한다는 건, 우리 집 네 식구가 1월에 경복궁을 점령하려는 것과 비슷해. 너무 넓어서 불가능에 가까운 일이지.

나치스는 자신들의 군사적인 능력을 지나치게 확신했어. 나치스는 "열등한 슬라브 인종을 제거해 게르만족의 생존 공간을 넓히자."며 선동했어. 하지만 독일군을 기다린 건 잘 닦인 아스팔트가 아니었어. 독일군은 가을비와 진흙탕을 만나 허우적거렸어. 휑한 들판을 몇백 킬로미터 행군해도 외딴 집 하나 나오지 않을 때도 있었어. 소련군은 계속 후퇴만 했는데, 그 옛날 나폴레옹이 당한 그대로였어. 스탈린의 명령은 짤막했어. 모든 것을 불태우고 떠나라. 독일군에 도움이 될 만한 것은 지푸라기 하나 남기지 말라.

무모한 도전은 아시아와 태평양에서도 벌어졌어. 일본은 중일 전쟁에서 승리한 뒤, 동남아시아를 온전히 차지하기 위해 전쟁의 판을 키워 나갔어. 일본은 버마(지금의 미얀마)와 말레이시아(영국 식민지), 수마트라(네덜란드 식민지), 그리고 인도차이나 반도(프랑스 식민지)를 점령했어. 태평양 서부 연안의 거의 전부가 일본 손아귀에 들어왔어. 그냥 놔두었다가는 인도와 오스트레일리아까지 상륙할 판이었어. 그렇지만 나치스 독일에 눌러 있는 유럽 국가들은 일본에 대항할 여력이 없었어.

이때 미국이 대신 나서서 제동을 걸었어. 미국은 일본에 석유와 항공기 수출을 중단했어. 미국이 바라보는 선악의 구도는 분명했어. 불의한 침략자 파시스트 대 민주주의를 수호하는 연합군. 그런데 상황은 점점 연합군에 불리해졌어. 나치스는 유럽을 휩쓸고, 일본은 아시아를 농락하고 있었어.

그러던 1941년 12월 7일 일요일 아침, 일본 폭격기 181대가 미국 하와이의 진주만을 기습 공격했어. 일본 폭격기들은 미국 함대를 침몰시켰어. 미국 역사상 최초로 미국 본토가 공격을 받았다는 사실에 미국인들은 충격과 분노에 휩싸였어. 이제 미국의 입장은 다음과 같이 간단히 정리되었어. '얘들이 우릴 착하게 살도록 내버려 두지를 않네.'

바로 이튿날 미국 의회는 99퍼센트의 찬성으로 일본에 선전 포고를 했어. 수백만 명의 미국인들이 앞다투어 자원입대하고 공장에서는 대량으로 무기를 찍어 냈어. 태평양 전쟁의 시작이었어. 나치스 독일도 미국에 전쟁을 선포했어. 세계 정복이 목표인데 미국과의 대결을 피할 수는 없었지. 미국은 태평양에서는 일본을, 유럽과 아프리카에서는 나치스를 동시에 상대해 싸웠어. 일단 참전한 이상 미국의 목표는 독일과 일본을 항복하게 만드는 것이었어. 1917년 1차 세계 대전을 끝내기 위해 대서양을 건너왔던 미국은 이제 다시 2차 세계 대전의 마침표를 찍으러 왔어.

미국이 전쟁에 뛰어들자 중국은 연합군의 일원이 되었어. 이미 1937년 이후 중국은 일본에 대항해 싸우고 있었어. 미국도 이러한 중국을 함께 손잡고 싸우는 중요한 동맹으로 인정했고, 중국은 미국·영국·소련과 함께 연합군 대표가 되었어. 오늘날 2차 세계 대전을 말할 때 흔히 중국의 역할은 과소평가되어 있어. 2차 세계 대전이 시작된 것도 일본이 중국을 침략한 1937년이 아니라 독일이 폴란드 국경을 넘은 1939년으로 보고 있지. 이것은 유럽 중심의 시각이야. 하지만 2차 세계 대전에서 일본을 격퇴하는 데 중국이 공헌한 사실은 무시할 수 없어. 일본군이 태평양에서 미군과 싸우는 동안 일본군의 나머지 절반은 끝까지 저항하는 중국 국민당과 공산당 군대를 상대해야 했어. 여기에는 물론 큰 희생이 뒤따랐는데, 전쟁이 끝날 때까지 중국인 사망자의 수는 약 1,500만 명이나 되었어.

태평양 전쟁을 일으킨 일제는 이 전쟁을 '대동아 전쟁'이라고 불렀어. 동아시아인들이 힘을 합쳐 백인종에게 대적해 싸운다는 의미였어. 동남아시아를 침략할 때는 자신들이 '해방군'이라고 말했어. 아시아인들을 침략 전쟁에 소모품으로 동원하려는 속임수였지. 특히 식민지 조선의 수많은 청년들이 강제로 징집되어 동남아시아 전선에서 총알받이로 죽어 갔어. 일제와 친일파는 "천황 폐하의 황군이 되는 것은 영광이고 특권"이라는 가당치 않은 말을 쏟아 내며 입대를 권유했어. 많은 조선인들이 군수 공장, 철도, 비행장, 다리 공사에 동원돼 강제 노동을 했어. 조선의 젊은 여성과 소녀들은 강제로 위안부로 끌려가 일본군의 성 노예가 되어야 했어.

1942년

"1억의 일본인들은 이제 조국을 위해 자신을 온전히 바치고 희생해야 한다." 태평양 전쟁을 일으킨 전쟁 지도자 도조 히데키가 말했어. 일본군에게 이것은 단순한 전쟁 이상이었어. 자신들의 살아 있는 신 히로히토를 위해 목숨을 바치는 의식이기도 했어. 일본은 1942년 초까지 싱가포르, 인도네시아, 필리핀을 차례차례 점령했어. 곳곳에 깃발을 꽂으며 일본군은 "덴노 헤이카 반자이!"(천황 폐하 만세)를 외쳤어. "미국도 영국도 두렵지 않다." 도조 히데키가 말했어. 태평양의 영국 해군은 전멸하다시피 했어. 필리핀 주둔 미군 사령관인 맥아더는 일본군에게 포위되었다가 간신히 탈출했고, 그의 부하 3만 명은 일본군의 포로가 되었어. 일본은 맹렬한 속도로 태평양의 절반을 점령했어.

태평양 전쟁을 치르면서 일제는 식민 통치의 고삐를 더 단단히 조였어. 1942년 조선어 학회에서 활동하는 국어학자 33명이 체포되었어. 일제는 조선어 학회를 항일 단체로 여겼고 학자들을 감옥에 집어넣었어. 조선어 학회 학자들은 일제에 굴하지 않고 해방이 올 때까지 감옥살이를 했고, 그중 두 명은 고문에 못 이겨 옥사하고 말았어.

민족의 독립을 위해 목숨 걸고 우리말을 지킨 학자들이 있는가 하면, 일제를 찬양한 문인들도 있었어. 시인 서정주는 〈오장 마쓰이 송

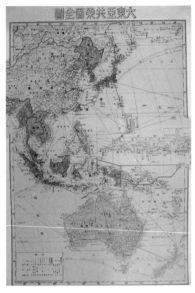

일제의 침략 전쟁 왼쪽은 2차 세계 대전 때 일제가 발행한 지도로, 동북아시아와 동남아시아에 이르는 '대일본 제국의 영토'가 표시되어 있다. 오른쪽은 욱일기를 앞세우고 전쟁을 벌이는 일본 군대의 모습이다. 일제는 이러한 침략 전쟁을 수행하기 위해 조선을 마지막까지 쥐어짰고, 친일파들은 이에 동조해 일제를 찬양하는 글을 발표했다.

가〉(1944년)라는 시에서 전투기를 몰고 '영미 원수'의 항공모함으로 뛰어든 가미카제 자살 특공대 청년을 찬양했어. 시인 노천명은 자기도 남자라면 전장에 나가 '영미 원수'를 치는 게 소원이라는 내용의 시 〈님의 부르심을 받들고서〉(1943년)를 썼어. 시인 모윤숙도 〈지원병에게〉(1941년)라는 시로 일제를 찬양하고 학도병 지원을 선동했어. 이런 시는 자기 집 변소에나 적으면 좋으련만 군이 언론에 발표했어.

미국은 반공주의는 잠시 접어 두고 공동의 적과 싸우는 소련에 물자를 지원했어. 탱크, 항공기, 그리고 쇠고기 통조림도 보냈어. 2차 세계 대전 기간 동안 총 1천만 명이 넘는 군인을 파병한 미국은 프랑스, 이탈리아, 북아프리카, 동남아시아, 태평양에 동시에 주둔하며 싸웠어. 역사상 어느 대제국도 미국처럼은 못했지. 남자들이 전쟁터로 나간 사이 600만의 여성들은 무기 공장에서 일했어. 항공기, 탱크, 군함 주문이 줄줄이 밀려들어 일손이 바빴어.

이제 미국이 반격을 시작했어. 미국은 영국을 도와 북아프리카의 모로코, 알제리, 튀니지에서 독일군을 격퇴했어. 또 폭격기를 보내 독일의 군사 시설과 산업 시설을 공습했어. 독일이 폭격 당하자 독일인들은 영국인들이 그랬던 것처럼 방공호로 숨었어. 이쯤 되자 독일인들은 히틀러가 무슨 짓을 벌인 건지 차츰 깨닫기 시작했어. 미국은 또 일본 도쿄에도 폭격기를 보내 공습을 시작했어. 1942년 6월에는 일본 항공모함 네 척을 침몰시켜 태평양의 무법자이던 일본에 결정적인 패배를 안겼어(미드웨이 해전). 맥아더 장군이 돌아와 일본이 점령했던 태평양의 섬들을 하나씩 되찾았어. 일본은 미국의 적수가 되지 않는다는 사실이 점점 드러났어.

이 무렵 미국은 극비리에 원자 폭탄 개발을 시작했어(맨해튼 계획). 앞서 1939년 나치스 독일에 반대해 미국으로 망명한 아인슈타인은 루스벨트 대통령에게 편지를 보냈어. "우라늄에 핵 연쇄 반응을 일으키면 거대한 에너지가 방출되는데, 이것을 이용해 엄청난 위력의 폭탄을 만들 수 있다. 독일은 벌써 연구를 시작했고 우라늄까지 확보하는 중이니 미국이 서둘러야 한다." 이 계획의 성공은 전쟁의 성패를 떠나 인류 전체의 미래를 암울하게 하

는 것이었어. 인류의 엄청난 지식과 노력이 집약된 '발명품'이 하필이
면 인류를 자멸하게 하는 무기였지.

1943년

세계는? • 독일·소련 : 물러설 데 없는 한판 승부
• 독일 : 가스실, 유대인 살인 공장

연합군은 독일·이탈리아·일본의 무조건적인 항복을 받아낼 때까지
멈추지 않고 싸우기로 했어. 가장 먼저 항복한 것은 이탈리아였어. 이
탈리아 게릴라들의 손에 총살당한 무솔리니는 거꾸로 매달려 전시되
었어.

전쟁이 연합군의 우세로 기울던 1943년 12월, 이집트 카이로에서
미국의 루스벨트, 영국의 처칠, 중국의 장제스가 모여 전쟁 이후의 처
리 방법을 논의했어(카이로 회담). 여기서 우리 귀에 솔깃한 얘기가 나
왔어. 한국인들이 노예 상태에 있으니 '적절한 과정을 거쳐' 자유와 독
립을 찾아 주자는 데 합의한 거야. 한국만 콕 짚어서 말한 것은 장제스
의 제안 때문이었어. "우리는 식민지가 많은데 어쩌라고." 하는 처칠의
반대를 무릅쓰고 장제스가 이런 제안을 한 배경에는 그동안 우리 독립
운동 세력들이 보여 준 치열한 항일 투쟁에 대한 인식이 있었어.

다른 한편, 카이로 선언은 우리 민족의 운명을 강대국의 손에 맡겨
야 했던 뼈아픈 과거를 보여 주고 있어. 일제의 손에 넘어갈 때도 한반

도는 강대국의 이해관계에 따라 처분되었어. 해방 이후 분단과 전쟁으로 이어지는 과정도 강대국들의 밀고 당기는 세력 다툼 속에서 이루어졌어. 이 같은 역사는 현재를 보는 거울이기도 해. 우리는 여전히 미국·중국·러시아·일본이라는 4대 강대국 사이에 놓여 있어. 옛날처럼 그 틈바구니에 갇힐 것이 아니라 강대국 간의 역학 관계를 슬기롭게 이용해 우리의 길을 능동적으로 개척하는 지혜가 필요하지.

독일은 소련의 3분의 1을 점령했지만, 소련군도 호락호락하지 않았어. 독일과 소련은 소련의 최대 산업 도시 스탈린그라드(지금의 볼고라드)에서 맞붙었어. 독일군은 사방을 둘러싼 소련군의 저항에 밀려 항복했어. 이 전투는 인류 역사상 가장 큰 전투로 꼽혀. 사상자 수가 소련군 100만 명, 독일군 80만 명이나 됐어. 소련 원정에 지친 독일군은 이제 집으로 돌아가고 싶었어. 그러나 히틀러는 끝까지 항복은 없다고 말했어. 지친 독일 병사들은 이제 말도 안 되는 히틀러의 명령에 짜증이 났어. 소련 원정에서 실패하자 독일의 전세는 급격히 기울었어. 소련군의 반격이 시작되었고, 점령지 곳곳에서 나치스에 대항해 싸우는 레지스탕스가 생겨났어.

전세가 불리해지는 상황에서도 히틀러는 다음 두 가지 명령을 잊지 않았어. 첫째, 후퇴할 때는 모든 것을 파괴하라. 둘째, 그곳에 있는 유대인을 잡아들여라. 유대인들은 나치스에 의해 강제 수용소에 감금되어 서서히 죽어 가거나 구덩이 또는 협곡에서 총살당했어. 심지어 유대인을 지구상에서 절멸하고 싶었던 나치스는 폴란드 강제 수용소에 가스실을 설치하기까지 했어.

나치스가 유럽 곳곳을 점령할 때마다 맨 먼저 한 일은 유대인을 체

레지스탕스

2차 세계 대전 때 파시즘 정권에 저항한 운동. 나치스 독일에 점령된 나라들에서 일어났다. 레지스탕스는 독일군을 암살하고 군사 시설을 파괴했으며 전국적인 무장봉기를 일으키기도 했다. 레지스탕스는 파시즘에 저항해 인간의 자유와 존엄을 지키려는 투쟁으로 발전했다.

포하는 것이었어. 유대인들은 짐짝처럼 기차에 실린 뒤 며칠을 이동
해 수용소에 도착했어. "몸에 이가 들끓어서 소독해야 한다."며 독일군
은 남자와 여자를 분리해 옷을 벗게 했어. 또 여자들의 머리카락을 잘
랐어. 벌거벗은 채로 줄지어 따라가면 샤워실이 나왔어. 사람들이 가
득 차면 밖에서 문이 철커덩 잠기고 독가스가 뿜어져 나왔어. 사람들
은 고통 속에 비명을 지르며 문을 두드렸지만, 잠시 후 가스실은 고요
해졌어. 독일군은 시신에서 귀금속, 돈, 금니, 안경 같은 것을 빼내 독
일로 보냈어. 여자들의 머리카락은 섬유 공장으로 보냈어. 그리고 나
서 시신들은 거대한 화장터로 들어가 흔적도 없이 사라졌어. 수용소의
화장터들은 밤낮으로 검은 연기를 토했어.

2차 세계 대전이 끝나고 여러 학자와 지식인들이 인간의 존엄성을
깡그리 무너뜨린 이 대량 학살에 대해 많은 생각을 쏟아 놓았어. 학자
들은 논문을 썼고 작가들은 소설을 썼어. "전지전능한 신이 어떻게 이
러한 악을 방치했는가?" 고민하는 신학자들도 있었어. "이성과 합리성

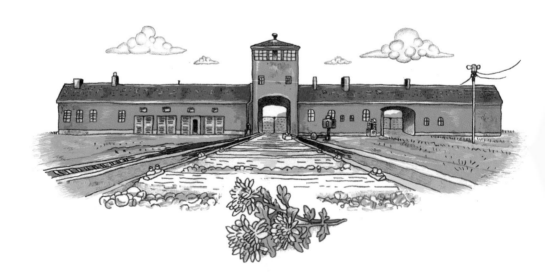

을 뽐내던 인간들이 벌인 일을 보라. 세상은 부조리한 곳이다." 허무주의에 빠진 철학자도 있었어. 나치스의 유대인 대학살은 인간의 정신이 어디까지 추락하고 황폐해질 수 있는지를 치욕스럽게 보여 준 사건이었어.

1944년

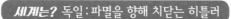

세계는? 독일 : 파멸을 향해 치닫는 히틀러

한국은? 전쟁 총알받이, 노예 노동. 민족의 막바지 수난

우리 민족의 수난은 끝이 없었어. 애초부터 일제는 조선인들을 값싼 노동력으로 부려먹었는데, 1937년 중일 전쟁 이후로는 강제로 동원했어. 조선인들은 논밭에서 일하다가 가족에게 작별 인사도 못한 채 입고 있던 옷 그대로 일본으로 끌려갔어. 이들은 일제의 철로, 광산, 터널, 일왕의 지하 대피소를 짓는 공사장에서 노예 노동을 했어. 미쓰비시, 히타치 같은 일본 대기업의 공장에서 혹사당하기도 했어.

이처럼 일본 전역에서 소모품처럼 노예 노동을 한 조선인은 2차 세계 대전 기간을 통틀어 150만 명에 달했어. 월급도 받지 못하고 형편없는 밥으로 주린 배를 채우며 하루 15시간 이상씩 일하다가 과로와 영양실조로 죽어 갔고 그 자리에 묻혀 유골이 되었어. 탄광에서 일하다 죽어 석탄과 함께 산에 버려지기도 했어. 얼마나 고향으로 돌아가고 싶었을까. 그리운 부모 형제를 얼마나 만나고 싶었을까. 또 얼마나 배가 고팠을까.

1944년부터는 학생들마저 강제로 징병했어. 20만 명의 학생들이 강제로 동원되었어. 아까운 우리 젊은이들이 전쟁터의 총알받이로 개죽음을 당했어. 심지어 전투기를 몰고 미 군함을 향해 돌진하는 가미카제 자살 특공대에 강제 징집된 조선인 학생들도 있었어.

친일 지식인들은 징병과 징용을 부추겼어. 작가 이광수는 일본의 힘이 너무 강해 조선의 독립이 어려우니 그냥 일본의 2등 국민으로서 황군이 되어 일제에 충성하라고 했어. 동아일보 창립자 김성수는 징병제로 황국 시민 자격을 얻게 된 것이 영예라고 말했어. 이화여자대학교 총장이던 김활란은 아들과 남편을 즐거운 마음으로 전장에 보내 진정한 황국 신민이 되라고 말했어. 즐거우면 자기들이나 갈 일이지, 왜 남의 등을 떠미는 것인지 알 수 없었어.

소련군은 드디어 동유럽에서 독일군을 쫓아냈어. 이제 서유럽을 되찾을 일만 남았어. 1944년 6월 6일, 영국 남부 해안에 32만 명의 연합군이 집결했어. 연합군 최고 사령관 아이젠하워 장군의 지휘 아래 미국·영국·프랑스군이 영국 해협을 건너 프랑스 노르망디의 여섯 군데 해안으로 진격했어. 큰 희생을 치른 끝에 연합군은 상륙에 성공했어. 전세가 밀리자 독일군은 세계 최초로 개발한 로켓 폭탄 V-1로 맞섰어. 수천 개의 V-1이 런던과 벨기에 등 유럽 각지로 날아왔어. 연합군도 응수했어. 낮에는 미군 폭격기가, 밤에는 영국군 폭격기가 독일의 주요 산업 도시를 쑥대밭으로 만들었어.

연합군이 노르망디 작전을 성공시키면서 독일의 전세는 완전히 기울었어. 연합군은 서유럽으로 거침없이 진격했고, 레지스탕스가 들고 일어나 파리는 해방되었어. 패전이 가까워 오는 순간에도 나치는 악착같이 유대인을 찾아내 가스실로 보냈어. 이듬해인 1945년 1월, 아우슈비츠 수용소를 해방시킨 소련군을 맞이한 건 뼈와 살가죽이 달라붙어 시체나 다를 바 없는 사람들이었어. 유대인을 지구상에서 완전히 없앤다는 나치스의 계획은 성공하진 못했지만 거의 근접했어. 유럽 유대인의 75퍼센트가 학살당했어. 400만 명이 가스실에서, 나머지 200만 명은 총살당하거나 게토에서 죽었어.

독일 나치스를 무찌르는 연합군 영국 · 미국 · 소련 연합군이 천둥 번개처럼 독일 나치스를 무찌르고 있다는 것을 표현한 그림이다.

히틀러는 후퇴할 때면 "파괴하라.", 상황이 어려우면 "버텨라.", 궁지에 몰리면 부하들에게 "자결하라."와 같이 무책임하고 돌대가리 같은 말만 반복했어. 히틀러의 미치광이 짓이 갈수록 심해진다는 것을 알게 된 독일 장교들은 여러 차례 그를 암살하려고 했어. 그러나 애꿎은 사람만 죽고 히틀러는 머리카락만 그을렸어.

"어떤 미친 운전사가 사람들이 다니는 인도로 질주한다면 목사인 나의 임무는 희생자들의 장례를 치르는 게 아니라 그 미친 운전사에게서 핸들을 빼앗는 것이다." 이렇게 말한 본 회퍼 목사는 히틀러 암살 단체에서 활동하다가 체포돼 처형당했어. 오죽했으면 목사까지 나서서 히틀러를 암살하고 싶었을까!

독일군은 한쪽에서는 소련군의 추격을 당하고, 다른 한쪽에서는 미군과 영국군 등 연합군을 동시에 상대하느라 만신창이가 되었어. 1944년 12월 벨기에에서 벌어진 벌지 전투는 연합군과 독일군의 결정적인 한판 승부였어. 100만 명이 넘는 연합군과 독일군이 맞붙었어. 여기서 연합군이 승리함으로써 독일군의 최후 저항에 마침표를 찍었어.

1945년

세계는? •연합국 : 나치스의 심장을 멈추게 하다
•일본 : 원자 폭탄에 무릎 꿇다. 일왕의 항복 선언

한국은? 해방의 감격은 다시 분할 점령의 혼란 속으로

1945년 2월, 러시아 얄타에서 연합국의 미국·영국·소련의 대표들이 모여 전쟁 뒤의 처리 과정을 결정했어(얄타 회담). 독일은 미국·영국·프랑스·소련이 4등분해서 점령하기로 했어. 벌써 두 번이나 세계 대전을 일으킨 독일의 손발을 묶어 놓기 위한 조치였지. 소련은 태평양 전쟁에 참가해 일본에 맞서 싸우기로 했어. 또 국제 연합을 만들어 더 이상의 세계 대전을 막자는 루스벨트의 제안도 나왔어. 미국의 루스벨트는 또 소련의 스탈린에게 한국을 신탁 통치하자고 제안했어. 이들 강대국에게 한국은 일종의 전리품(전쟁 때 적에게서 빼앗은 물품)으로 여겨졌던 거야.

선생을 일으킨 나라의 국민들도 고통을 받았어. 2월, 미국과 영국의 폭격기 800대가 독일의 가장 큰 산업 도시인 드레스덴을 공습했어. 아

름답기로 손꼽히던 드레스덴은 불타는 지옥이 되
었어. 도시의 90퍼센트가 파괴되고 2만 5천 명 이
상이 목숨을 잃었어. 3월에는 미군이 B29 폭격기
를 동원해 일본의 도쿄를 대대적으로 공습했어.
도쿄 시민 8만 명 이상이 사망했어. '민간인에
게 이렇게 무차별로 폭탄을 퍼부어도 되는가?',
'인간에 대한 예의는 어디 있는가?'라는 질문은
그냥 돌무더기와 함께 묻혀 버렸어.

4월, 연합군의 포격 소리가 베를린에 들
릴 때 히틀러는 스스로 머리에 총을 쏴 자
살했어. 히틀러는 나치스의 심장이었어. 심
장이 멎자 나치스 제국도 생명을 다했어. 5월,
독일 대표들은 항복 문서에 서명했어. 6월, 미국의 일본
본토 상륙이 임박해지자 일제는 오키나와 주민들에게 '악귀' 미군에게
잡히면 끔찍하게 죽는다면서 천황을 위해 자결하라고 강요했어. 주민
들은 "천황 폐하 만세!"를 삼창하고 수류탄으로 자살했어. 자기 가족을
돌과 죽창으로 죽인 이도 있었어. 하지만 다들 괜히 죽은 거였어. 미군
은 오키나와 주민들을 비행장 만드는 데 동원하긴 했지만 죽이지는 않
았거든.

7월, 미국은 뉴멕시코의 사막에서 세계 최초의 원자 폭탄 실험에 성
공했어. 햇빛보다 더 밝은 빛이 나왔고 어마어마한 열기에 모래는 녹
아 유리가 되었어. 이제 미국은 일본에 무조건 항복을 요구했어. 그러
나 아직도 정신 못 차린 일제는 1억 시민이 모두 죽어 없어질 때까지

저항하자고 했어. 미국은 전쟁을 빨리 끝내기 위해 원자 폭탄을 쓰기로 했어. 원자 폭탄은 소련에게 보내는 메시지이기도 했어. '우리가 뭘 만들었는지 똑똑히 봐라. 우리가 한 수 위인 걸 인정하고 아시아를 넘보지 말라.'

8월 6일, 히로시마에 원자 폭탄이 떨어졌어. 눈부신 섬광과 함께 엄청난 진동이 도시를 통째로 흔들었어. 곧이어 모든 것을 재로 만드는 뜨거운 열기와 거센 바람이 불어닥쳤어. 핵 폭풍은 건물을 설탕 가루처럼 날려 버리고 전차를 종잇장처럼 내동댕이쳤어. 사람들은 열기에 바싹 타 숯덩이가 되었어.

8월 8일, 소련은 일본에 선전 포고를 하고 한반도로 들어왔어. 다 차린 밥상에 숟가락 얹는 격이었지. 이튿날인 8월 9일, 미국은 두 번째 원자 폭탄을 나가사키에 투하했어. 두 도시의 사망자는 모두 23만 명이 넘었어. 이 가운데 조선인 사망자는 약 4만 명이었어. 우리 할머니의 멀고 가까운 친척들이 원자 폭탄 투하로 돌아가신 거야.

1945년 8월 15일 낮 12시, 일왕 히로히토는 라디오를 통해 무조건 항복한다고 발표했어. 이로써 인류 역사상 가장 참혹한 전쟁이 끝났어. 참전국은 60개국, 전투가 벌어진 곳은 유럽·북아프리카·아시아·태평양에 두루 걸쳐 있었어. 사망자는 군인과 민간인을 합쳐 약 5,200만 명이었어. 특히 폴란드와 소련에서 전 국민의 15퍼센트 이상이 사망했어. 바다 건너온 미군도 50만 명 넘게 전사했어. 승자 패자 할 것 없이 누구나 피를 흘렸어. 전쟁의 끝도 개운하지 않았어. 2차 세계 대전을 마무리 지은 것은 원자 폭탄이었기 때문이야. 원자 폭탄은 "다음에 또 만나요." 하는 것처럼 인류의 암울한 종말을 예고했어.

전쟁이 시작될 때와 끝날 때 2차 세계 대전이 시작되자 전투기가 하늘을 날고 무쇠 탱크와 함께 나아가는 군대의 기세가 드높았다. 그러나 그것은 한순간에 불과했다. 군대는 절름발이, 빈털터리가 되어 물러났다. 르네 마그리트, 〈변증법의 적용〉, 1945.

일제가 항복을 발표하자 우리 민족은 기뻐서 덩실덩실 춤을 추었어. 얼마나 기다렸던 해방인가. 감격의 함성도 터져 나왔어. 사람들은 이불이나 치마폭에 사발을 대고 그린 태극기를 들고 거리로 쏟아져 나와 서로 얼싸안고 눈물을 흘렸지. 일제는 너무나 강력했고 영원할 것만 같았어. 그동안 미군에게 얼마나 박살 나고 있었는지도 알려지지 않았어. 그러다가 갑자기 하늘에서 뚝 떨어지듯 해방이 찾아온 거야. 그래서 "도둑같이 찾아온 해방"이라고도 했어.

"왜적이 항복한다는 소식은 희소식이라기보다는 하늘이 무너지고 땅이 꺼지는 일이었다. 몇 년 동안 국내 진격을 준비한 것이 모두 허사로 돌아가고 말았다." 임시 정부 주석 김구와 광복군은 일제의 항복 소식에 실망하고 허탈해했어. 그 무렵 대한민국 임시 정부의 한국광복군은 미군에게서 특수 훈련을 받고 한반도로 들어와 일제와 싸울 준비를 끝낸 상태였기 때문이지.

해방은 됐지만 우리 민족에게는 험난한 시간이 기다리고 있었어. 새로 탄생할 국가의 체제를 놓고 국내의 좌파와 우파 세력이 아웅다웅했어. 미국은 한반도에 사회주의 정부가 들어서는 것을 경계했어. 소련도 미국이 한반도에 친미 국가를 세우려는 것을 경계했어. 미국과 소련은 먼저 북위 38도선을 경계로 한반도를 분할 점령한 뒤 각각 일본의 무장을 해제하기로 합의했어. 이때까지만 해도 이 경계선은 임시로 그은 것이었어.

북한 땅에는 소련군이 들어왔어. 10월, 평양에서 열린 군중대회에는 33세의 젊은 김일성이 등장했어. 반면 남한 땅에서는 9월 8일 미 육군이 인천에 상륙했어. 9월 9일, 총독부 앞에 걸려 있던 일장기가 내려가고 대신 성조기가 올라갔어. 미군이 남한을 통치하기 시작했어.

여운형은 해방 이후 실시한 여론 조사에서 조선을 이끌 가장 뛰어난 지도자로 뽑힌 인물이었어. 그가 주도하여 세운 '건국 준비 위원회'는 미군이 들어오기 전 일제에게서 행정권을 물려받고 전국의 치안을 맡았어. 불과 보름 만에 전국에 지부를 설치하면서 체계를 갖추었어. 그리고 9월 6일에는 '조선 인민 공화국'을 선포하고 새 정부 수립을 준비했어. 그러나 미군정은 자신들 외에 어떤 정부도 인정하지 않았어.

11월, 임시 정부가 뒤늦게 귀국했어. 미군정은 임시 정부도 우리나라를 대표하는 기관으로 인정하지 않았어. 임시 정부 지도자 김구는 개인 자격으로 조국 땅을 밟았어. 드골 장군이 이끄는 프랑스의 임시 정부 군대는 연합군의 군사 작전에 참여했어. 그래서 연합군의 승리는 곧 드골 임시 정부의 승리가 되었지. 드골 장군은 조국 해방의 영웅이 되었고, 이에 힘입어 1959년에는 프랑스 대통령이 되었어. 하지만 연합군에 끼지 못한 대한민국 임시 정부는 아무런 권리도 주장하지 못했어.

12월, 모스크바 3상 회의(미국·영국·소련)는 한반도를 5년 동안 신탁 통치하기로 결정했어. 또 미국과 소련은 한국에 임시 정부를 세우기 위해 협의하기로 했어(미소 공동 위원회). 처음에는 온 국민이 신탁 통치에 반대했어. 이제 막 나라를 되찾았는데 또다시 남의 통치를 받으라니! 우리가 자치 능력이 없다니 무슨 개뼈다귀 같은 말인가! 그런데 시간이 흐르면서 좌익은 신탁 통치가 정답은 아니지만 강대국이 한반도를 좌우하는 상황에서는 나름 합리적인 대안이라고 생각했어. 이렇게 해서 신탁 통치 찬반 논쟁은 좌우 갈등으로 번졌어.

냉전 시대의 시작

1946~1953

한국은
?

세계는
?

	1946	
반공이 제일 쉬웠어요! 친미파로 변신한 친일파	**1946**	**프랑스** 끝 모를 식민지 집착, 베트남 침략
		국제 사회 전쟁 범죄자들을 줄줄이 재판대로
		미국 집채만 한 최초의 컴퓨터
한반도에 옮겨 붙은 이념 분쟁	**1947**	**미국·소련** 이념 대결로 세계를 반 토막 내다
이념의 이름으로 젖먹이까지 학살하다	**1948**	**소련** 서베를린을 쫄쫄 굶겨라! 베를린 봉쇄
		미국 풍선껌이랑 초콜릿 시키신 분! 베를린 공수
		이스라엘 "원래 내 땅이었다고!" 이스라엘 건국
		코스타리카 세상에 이런 일이? 군대를 폐지하다!
친일 미꾸라지, 반공 참기름 바르고 빠져나가다	**1949**	**중국** 두 개의 나라로 갈라지다
후퇴 또 후퇴, 유엔군의 개입	**1950**	**국제 사회** 냉전이 열전이 되다. 한국 전쟁 참여
손가락으로 한 번 가리키면 끝! 민간인 학살	**1951**	**미국 중국** 이긴 것도 진 것도 아닌 전쟁
이승만, 전쟁 와중에 후닥닥 대통령 재선	**1952**	**미국** 광기와 증오의 빨갱이 사냥
잊을 수 없는 민족상잔의 비극	**1953**	**국제 사회** 한국 전쟁 휴전, 그리고 잊힌 전쟁

2차 세계 대전이 끝나자, 국제 관계가 새롭게 재편되었어. 즉 미국과 소련이 주도하는 냉전이 시작된 거야. 두 나라는 무기를 산더미처럼 쌓아 놓고 언제든 맞붙을 준비를 했어.

우리 민족은 그토록 염원하던 독립을 이루었지만 여전히 수렁에 빠져 있었어. 한반도에는 정부가 수립되는 대신 남북에 각각 미군과 소련군이 주둔했어. 두 강대국의 세력 충돌과 우리 민족 내부의 이념 분열로 남과 북에 각기 다른 두 개의 정부, 즉 '대한민국'과 '조선 민주주의 인민 공화국'이 세워졌어. 고단했던 식민지 시기를 끝내고 이제 겨우 번듯한 독립 국가를 이루려고 했건만 우리 민족은 다시금 갈등과 대결로 내몰렸어.

국제 사회에 쌓이고 쌓이던 냉전의 갈등은 결국 엉뚱한 곳에서 터졌어. 바로 한반도에서 전쟁이 시작된 거야. 소련과 중국이 북한을 지원하고, 미국과 유럽 세계를 중심으로 한 유엔군이 남한을 지키기 위해 참전했어. 같은 핏줄끼리 서로 총부리를 들이댄 이 전쟁은 우리 민족사 최대의 비극이었어. 전쟁은 무승부로 끝났고, 임시로 그은 분단선은 아직까지 지워지지 않는 휴전선이 되었어.

1946년

1946년, 프랑스가 옛 식민지를 되찾겠다며 무기를 한 아름 안고 돌아왔어. 2차 세계 대전 종전과 함께 제국주의의 식민 지배는 막을 내리는 분위기였어. 식민 지배를 받던 대부분의 나라들이 독립을 되찾고 자신들의 정부를 세웠어. 하지만 무덤에서 벌떡 일어난 좀비처럼 프랑스는 끈질기게 식민지에 집착했어.

독립 왕국이던 베트남·캄보디아·라오스는 19세기 프랑스군의 무력에 굴복해 식민지가 되었어. 2차 세계 대전 때 일본은 프랑스한테서 베트남을 빼앗았어. 호치민은 공산주의 독립운동 단체인 베트민을 세우고 프랑스와 일본에 대항해 싸웠어. 1945년, 드디어 일본이 패망하자 베트남 민주 공화국을 세우고 독립을 선언했어. 그러나 2차 대전 승전국인 프랑스·영국·중국은 일본군 무장 해제를 이유로 자기네 군대를 주둔시켰어. 이 중에서도 프랑스의 속셈은 베트남을 다시 식민지로 되돌려 놓는 것이었어. 프랑스군과 호치민이 이끄는 베트남군 사이에 긴 전쟁이 시작되었어.

한편, 한반도에 들어온 미군은 일본군의 무장을 해제했어. 총기는 바다에 집어넣고 탱크와 비행기는 폭파했어. 미군정은 일본에 대한 보복을 금지했어. 조선인들이 돌멩이 하나 던지지 못하는 가운데 일본군은 평화롭게 철수했어. 자기들이 미군한테 패했지 한국인한테 패한 것은 아니라며 끝까지 당당했어. 당당하기는 친일파도 마찬가지였어. 미군정은 새 행정부에서 일할 사람들이 필요했어. 친일파든 민족 반역자든 상관없었어. 공산주의자만 아니면 됐어. 그래서 생겨난 게 친일파 출신 반공주의자였어.

친미파로 변신한 친일파는 차근차근 권력을 장악해 갔어. 조선 총독부 관료, 독립운동가를 고문하던 친일 경찰도 자리를 지켰어. 전광용의 소설 『까삐딴 리』(1962년)는 이런 기회주의자들을 씁쓸하게 풍자했어. 직업이 의사인 주인공은 일제 강점기에는 일본어를 하며 친일파로 살다가, 해방 후 소련군이 들어온 뒤에는 친소파가 되어 러시아어를 공부했어. 그리고 미군정 시대가 되자 친미파로 돌변해 미국 비자를 구하러 다녔지.

일본은 최고 사령관 맥아더가 이끄는 미군의 점령 통치를 받았어. 일본 역사 최초로 외세의 점령을 받게 된 거야. 더군다나 그 외세는 일본이 죽자 살자 맞서 싸운 미군이었어. '우리를 감옥에 집어넣을까, 처형할까?' 일본인들은 두려움에 사로잡혔어. 하지만 쓸데없는 걱정이었어. 점령군 사령관 맥아더는 민주적인 헌법을 만든 뒤 일본의 경제 발전을 지원했어. 미국의 외교 전략에서 일본은 아시아에서 공산주의의 팽창을 막는 방패 역할을 해야 했어. 그렇지만 전쟁 책임자들은 단죄하기로 했어.

인류 역사에서 '전쟁은 범죄'라는 개념이 공식화한 것은 이번이 처음이었어. 통치자들의 관점에서 볼 때 전쟁은 외교와 정치의 수단이었어. 전쟁에서는 이기는 것이 '옳은 것'이었어. 그러나 세계 대전은 전쟁에 대한 개념과 인식을 바꾸어 놓았어. 전쟁은 민간인을 무차별로 살해하고, 특정 인종을 말살하고, 도시를 송두리째 파괴하는 최악의 범죄였어.

1946년 5월에는 일본 도쿄에서, 이어 11월에는 독일 뉘른베르크에서 각각 전범(전쟁 범죄 또는 전쟁 범죄자) 재판이 열렸어. 전쟁을 계획하고 지휘한 자들이 줄줄이 불려 나왔어. 일본의 A급 전범 7명과 나치스 전범 12명이 교수형을 당했어. 일본 전쟁 범죄의 총책임자인 일왕 히로히토를 단죄하지 못한 것은 아쉬운 일이었어. 세계 여론은 한목소리로 히로히토의 처벌을 요구했지만, 맥아더는 일왕의 권위를 이용해 일본을 더 쉽게 통솔하고 싶어 했어. 이 재판을 통해 반인륜적인 범

죄도 폭로되었어. 나치스 강제 수용소의 의사 멩겔레는 유대인을 대상으로 생체 실험을 했어. 죽을 때까지 혈액을 뽑고, 바닷물을 마시게 하고, 눈에 화학 물질을 집어넣고, 고압과 저압을 견디게 했어. 또 일본의 731부대는 중국인·조선인·러시아인 등을 잡아다가 동상·화상·기압 실험을 하고 독가스에 노출시키거나 콜레라나 페스트균을 주입하는 생체 실험을 했어.

1946년 미국에서는 세계 최초의 컴퓨터 에니악(ENIAC)이 개발되었어. 진공관이 2만 개나 들어가고 무게가 30톤이 넘는 기계였어. 저런 쇳덩어리를 어디에 쓰려고 만들었나? 사람들의 반응은 시큰둥했어. 당시 컴퓨터는 사람들의 일상과 전혀 무관했어. 최초의 개발 목적은 전쟁 때 포 사격 거리를 빨리 계산하게 돕는 것이었어. 그 뒤 성능이 뛰어난 컴퓨터가 개발되면서 에니악은 1955년 무렵 영원히 전원을 꺼 버렸어. 에니악을 조상으로 하는 오늘날의 컴퓨터들은 망둥어가 사람이 되는 것 같은 정도의 엄청난 진화를 거듭하고 있지.

1947년

세계는? 미국·소련: 이념 대결로 세계를 반 토막 내다

한국은? 한반도에 옮겨 붙은 이념 분쟁

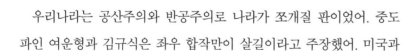

우리나라는 공산주의와 반공주의로 나라가 쪼개질 판이었어. 중도파인 여운형과 김규식은 좌우 합작만이 살길이라고 주장했어. 미국과

민족 지도자 여운형 여운형은 이념 대결을 하지 말고 좌파와 우파가 함께 정부를 세우자고 주장했다. 사진은 건국 준비 위원회를 결성할 때의 모습이다.

소련이 각각 한반도의 절반씩을 장악한 상황에서 한반도 전체를 하나로 통합하기는 어려웠어. 그러니 좌우 이념을 가릴 필요 없이 악질 친일파만 제외하고 모두가 단합해서 과도기적인 통일 임시 정부를 만들자고 했어. 하지만 이런 주장은 좌우 양쪽에서 공격받았어. 여러 정치 세력들의 이해관계가 복잡하게 꼬여 있었거든. 결국 1947년 7월 여운형은 암살당했고, 좌우 합작 시도도 안타깝게 끝나고 말았어.

이념은 세상을 바라보고 해석하는 틀이야. 또 세상을 더 좋게 바꾸고 사람들을 행복하게 만들기 위한 생각들이야. 그런데 한반도에서는 이러한 이념이 민족을 다투게 하고 불행하게 만들었어. 그때 우리나라 사람들의 사고와 행동은 오로지 빨갱이냐 아니냐 하는 흑백 논리에 지배당했어. 민족이 먼저라거나 분단을 막아야 한다는 생각을 우선하지 못했지.

미국과 소련의 공동 위원회는 한반도 문제를 놓고 의견이 충돌했어. 둘의 대화가 막히자 이 문제는 유엔으로 넘어갔어. 유엔은 남북한 총선거를 실시해 통일 정부를 만들도록 결정했어.

한반도의 상황은 세계적인 좌우 이념 갈등의 축소판이었어. 한때 세계의 패권을 장악했던 유럽은 2차 세계 대전 이후 뒷방으로 물러나 앉았어. 아시아를 마구잡이로 약탈하던 일본도 쪼그려 앉았어. 세계의 질서는 미국과 소련 양대 세력을 축으로 재편됐어. 2차 세계 대전 때 둘은 공동의 적을 패배시키려고 잠시 손을 잡았지만, 계속 함께하기에는 추구하는 세계가 너무 달랐어. 두 나라를 중심으로 전 세계적인 공산주의 대 반공주의라는 냉전이 시작되었지.

미국과 소련은 더 많은 나라를 자기 세력으로 끌어들이려고 노력했어. 경제 원조나 군사 원조를 하거나 심지어 쿠데타를 지원하기도 했어. 자본주의 세력의 포위를 두려워한 소련은 공산 게릴라를 지원하면서 불가리아·루마니아·헝가리·체코슬로바키아·동독 등 동유럽에 공산주의 정권을 세웠어. 미국은 공산주의의 확산을 막기 위해 소련에 대한 봉쇄 정책을 폈어. 1948년에는 전쟁으로 피폐해진 서유럽 경제를 복구하기 위해 재정 지원 정책(유럽 부흥 계획)을 시작했어.

쿠데타
정당한 방법으로 권력을 얻는 것이 아니라, 총칼을 앞세워 무력으로 권력을 빼앗는 일.

게릴라
어떠한 뜻을 이루기 위해 결성된 비정규 군대. 나폴레옹이 에스파냐를 정복했을 때, 에스파냐인의 산발적인 무장 저항을 게릴라고 부른 데서 유래되었다.

1948년

세계는?
• 소련 : 서베를린을 쫄쫄 굶겨라! 베를린 봉쇄
• 미국 : 풍선껌이랑 초콜릿 시키신 분! 베를린 공수
• 이스라엘 : "원래 내 땅이었다고!" 이스라엘 건국
• 코스타리카 : 세상에 이런 일이? 군대를 폐지하다!

한국은? 이념의 이름으로 젖먹이까지 학살하다

패전한 독일은 미국·영국·프랑스 점령 지역과 소련 점령 지역으로 나뉘었어. 그 결과 두 개의 독일, 즉 자본주의 서독(독일 연방 공화국)과 공산주의 동독(독일 민주 공화국)이 세워졌어. 분할 점령과 분단은 우리 한반도의 상황과 똑같았지. 차이점은 독일은 전쟁을 일으킨 책임을

져야 하는 국가인 반면, 우리는 전쟁 피해 국가라는 사실이었어. 독일의 수도 베를린도 동베를린(동독 영토)과 서베를린(서독 영토)으로 분리되었어. 그런데 베를린은 동독 영토 한가운데 있었기 때문에 서독에서 서베를린으로 가려면 동독 땅을 지나야 했어.

1948년 소련은 서독에서 서베를린으로 통하는 도로와 철도 등 모든 길을 막았어. 서베를린을 압박해서 소련에 항복하게 하려는 시도였어. 섬처럼 고립된 서베를린의 200만 시민이 굶어 죽게 생겼어. 그러자 미국과 서유럽 국가들은 식량이며 생필품, 연료 따위를 비행기로 실어 날랐어. 이 공수 작전은 10개월 넘게 이어졌고 비행기가 뜬 횟수는 30만 번이 넘었어. 비행기로 초콜릿, 풍선껌, 사탕까지 실어 날랐어. 제풀에 꺾인 소련은 결국 봉쇄를 풀었어.

그 뒤로 미국의 경계심은 더 커졌어. 공산주의 세력에 대항하기 위해 1949년 미국과 서유럽 12개국이 나토(북대서양 조약 기구)를 창설했어. 그러자 소련도 1955년 동유럽 국가들을 모아 바르샤바 조약 기구를 만들었어. 미국은 영국에 장거리 폭격기를 두고 서유럽 국가 곳곳에 핵무기를 배치해 소련을 위협했어. 이에 맞서 소련의 핵무기도 서유럽 곳곳을 겨냥했어. 동서 냉전이 본격화했어.

지금은 유적으로만 남아 있는 수메르·아시리아·바빌로니아 같은 고대 왕국이 오늘날 부활한다면 놀랍고 신기하겠지. 유대인들이 이런 신기한 일을 해냈어. 70년, 로마에 의해 나라가 멸망한 뒤 유대인들은 유럽에 뿔뿔이 흩어져 살아왔어. 19세기 유대인들은 선조들의 땅 팔레스타인으로 돌아가 이스라엘 국가를 세우기로 했어. 마침내 1948년 유대인들은 그 꿈을 실현했어. 그러나 이스라엘의 건국은 그 땅에 살고 있던 아랍인들이 내쫓긴다는 걸 의미했어. 건국을 선포한 이튿날 이스라엘과 아랍 연합국들 사이에 전쟁이 일어났어.

당장 나가!
이천 년 전에
여기는
내 집 이었어!!

뿌웅~

　이스라엘은 지도에서 사라진 나라를 다시 세우기까지 했건만, 한반도에서 우리의 단일 정부를 세우는 일은 쉽지 않았어. 1948년 1월, 북한은 유엔이 제안한 남북한 총선거를 거부했어. 그러자 유엔은 남한만 단독 선거를 치르기로 했어. 김구는 이 결정에 반대하며 어떻게든 분단을 막아 보려고 김규식과 함께 38선을 넘어가 김일성을 만났어. 하지만 김일성 역시 북한만의 단독 정부를 준비하고 있었어.

　5월 10일, 남한 단독 선거에서 뽑힌 198명의 국회의원들이 우리나라 최초의 헌법을 만들었어. 이어 7월에는 국회의원들이 이승만을 초대 대통령으로 선출했어. 그리고 8월 15일 대한민국 정부가 수립되었지. 북한도 이에 질세라 9월 9일 조선 민주주의 인민 공화국을 선포했어. 김일성이 초대 수상으로 취임했어. 이처럼 남과 북에 각각 단독 정부가 생김으로써, 38선은 분단선이 되었어.

　좌파와 우파의 갈등이 제주도에서 폭발했어. 1947년 3월 경찰의 발포로 시민들이 사망한 사건을 계기로 제주 도민들이 시위를 벌였어. 미군정과 경찰은 제주 도민의 70퍼센트가 좌익이라는 근거 없는 판단 아래 제주 도민을 탄압했어. 그러던 1948년 4월 3일, 좌익 세력인 제주도 남로당(남조선 노동당)은 단독 선거를 강행하는 이승만을 반대하며 총을 들고 일어났어(제주 4·3 사건). 1948년 10월, 이승만은 여수 14연대에 제주 4·3 사건을 진압하라고 명령했어. 그러나 군인들은 이승만을 따르지 않고 여수와 순천을 장악했어(여수·순천 사건).

국군은 여수와 순천을 진압하고 제주도로 향했어. 그런데 이 무렵 제주도의 좌익 세력은 거의 사라진 뒤였고, 평범한 제주 도민들이 학살 대상이 되었어. 국군과 경찰은 마을 사람들을 한자리에 모아 놓고 좌익과 우익으로 분류했어. 좌익으로 지목되면 재판도 거치지 않고 곧장 총살이었어. 젊은 남자들은 쉽게 좌익으로 몰렸고, 고문과 매질로 억지 자백을 강요당했어. 빨치산에게 어쩔 수 없이 밥을 지어 준 여자들도 처형당했어. 어린아이와 아직 이름조차 짓지 않은 갓난아기들까지 죽였어. 하도 많이 죽여서 마을 곳곳에 냇물처럼 피가 흘렀어.

1954년까지 이어진 제주 4·3 사건의 희생자 수는 1만 4천~3만 명으로 알려져 있어. 희생자 대부분은 씨 뿌리고 농사지을 줄만 알지 이념이 뭔지도 모르는 순박한 농민들이었어. 특히 희생자 가운데 3분의 1은 어린이, 여성, 노인들이었어. 반세기가 지나 이 사건을 조사한 우리 정부는 국가 권력에 의해 무고한 주민들이 희생당했다는 사실을 인정했어. 2003년 노무현 대통령은 제주 4·3 사건 희생자들에게 국가를 대표해 지난 시절 국가의 잘못을 사과했어.

반공주의가 마치 최종 목표이고 전부인 것처럼 여기는 것은 위험한 생각이었어. 극단적인 반공주의는 인간을 도구와 수단으로 취급하고 필요에 따라 얼마든지 제거해도 좋은 대상으로 여겼어. 더욱 불행한 사실은, 1948년 제주도의 비극이 그 뒤 이어지게 될 이념 전쟁과 학살의 서곡이었다는 점이야.

▌빨치산
한국 전쟁 전후에 미군정과 이승만 정부의 탄압에 저항하며 무장 투쟁을 벌인 공산 게릴라.

온 세계가 뒤숭숭하던 1948년, 중앙아메리카의 작은 나라 코스타리카는 군대를 폐지했어. 일본처럼 남이 등을 떠밀어서가 아니라, 스스로 평화 헌법을 만들어 군대를 없앤 것은 세계 최초였어. 코스타리카는 바로 윗동네에 강대국 미국이 있고 이웃 나라와의 전쟁이나 내전도 겪은 나라였어. 게다가 당시는 다른 나라와 군사력의 균형을 이루어야 안전을 지킬 수 있다고 믿던 냉전 시대였어.

코스타리카는 관점을 뒤집어 생각했어. '군대가 있으면 다른 나라와 군사적으로 경쟁하게 되어 전쟁 위험성이 더 높아진다. 오히려 군대가 없으면 안전하고 평화로울 것이다.' 코스타리카는 군대를 없앤 뒤에 남는 돈을 교육, 의료, 민주주의와 인권을 향상하는 데 썼어. 전 세계 국가들이 군대를 폐지하고 군사비를 헐어 사람들의 삶을 풍요롭게 하는 데 쓴다면 세상은 얼마나 살기 좋은 곳이 될까?

1949년

세계는? 중국 : 두 개의 나라로 갈라지다

한국은? 친일 미꾸라지, 반공 참기름 바르고 빠져나가다

1937년 중일 전쟁이 시작되고 국민당과 공산당은 힘을 합쳐 일본에 맞서 싸웠어. 그러나 1945년 일본이 패망하자 국민당과 공산당은 다시 전면전을 시작했어. 마침내 1949년 내전의 최후 승자는 공산당이 되었어. 중국 본토를 완전히 장악한 공산당은 1949년 10월 1일 마오쩌둥

을 지도자로 하는 '중화 인민 공화국'(중국)을 세웠어. 장제스의 국민당 세력은 200만 명의 난민과 함께 타이완 섬으로 건너가 '중화민국'(타이완)을 세웠어.

미국과 서방 여러 나라는 중국의 공산당 정부를 인정하지 않았어. 그들에게 중국의 정통성 있는 정부는 여전히 장제스의 국민당 정부였어. 2차 세계 대전 중 루스벨트·처칠과 함께 연합국 대표들의 회의에 중국 대표로 참석한 사람은 국민당의 장제스였어. 타이완으로 쫓겨 간 신세가 되었지만 언젠가 중국 본토를 수복할 정부였어. 그래서 유엔 상임 이사국 자리도 타이완 정부에 주었어. 그러나 소련과 공산주의 국가들은 중화 인민 공화국이 중국을 대표하는 합법 정부라고 보았어.

우리나라에서는 친일파를 청산하는 게 시급한 일이었어. 프랑스의 예를 보자. 나치스의 꼭두각시 정부에 협력한 사람 7천 명이 재판을 거쳐 처형당했어. 나치스를 찬양한 언론인도 총살당했어. 1만 명 넘는 사람들이 공직에서 추방당했고. 1948년 우리 정부는 일제에 협력한 민족 반역자들을 처벌하는 법을 만들었어. 이 법에 따라 1949년 1월 '반민족 행위 특별 조사 위원회'(줄여서 '반민 특위')가 활동을 시작했어. 조선 총독부 관리, 일제 경찰 등을 지낸 사람들이 줄줄이 체포되었어. 일제의 전쟁터에 나가 싸우다 죽으라고 선전한 지식인들도 잡혀갔어.

그러자 곧 친일파가 반격에 나섰어. 친일 경찰들은 반민 특위 활동에 열성적이던 국회의원들을 빨갱이로 몰아 체포하고, 반민 특위 사무실을 때려 부수었어. "과거의 친일 행적 때문에 유능한 사람을 처벌할 수는 없다."며 반민 특위 해체를 지시한 사람은 다름 아닌 이승만 대통령이었어. 친일파 출신들이 이승만의 중요한 권력 기반이기 때문이었지. 반민 특위가 습격을 받고 20일 뒤 김구가 암살당했어. 김구는 남쪽 단독 선거와 분단에 반대하다가 대한민국 정부에 참여하기를 거부했어. 국민들의 존경을 한 몸에 받던 인물이었기에, 친일 세력과 이승만 대통령에게는 껄끄러운 존재였지.

반민 특위 해체와 김구 암살은 친일파 청산이 좌절되었다는 것을 의미했어. 체포됐던 친일파들은 풀려나 군, 경찰, 행정 고위직으로 돌아갔어. 독립운동가를 고문하던 친일 경찰은 이제 자기 세상인 양 활개치고 다녔어.

친일파는 다음과 같은 상식 밖의 논리를 폈어. 첫째, 나는 반공주의자다. 둘째, 그러므로 나는 애국자다. 셋째, 그런 나를 공격하는 사람은 빨갱이다. 빨갱이라는 공포의 주문으로 상대방을 몰아붙이기만 하면 악질 친일파조차도 애국자 행세를 할 수 있었지. 진짜 애국자, 독립투사들도 빨갱이로 몰리면 끝장이었어. 공산주의 체제를 혐오하는 사람

들마저 빨갱이라는 누명을 쓸 정도였어. 이렇게 친일파는 반공주의자 행세를 하며 다시 활개를 쳤어.

친일파 청산이 실패한 것은 결국 우리 역사에 큰 오점으로 남았어. 우리 사회가 발전하는 데에도 부정적인 영향을 끼쳤지. 친일파는 민족 분열을 조장하여 분단에 앞장섰으며, 군과 경찰을 장악해 한국 전쟁 전후에 수많은 민간인을 학살했어.

어떤 사람들은 "현재가 중요하지 왜 과거에 집착하는가?"라고 말해. 침팬지에게는 현재만 중요할지 몰라도 사람은 그렇지 않아. 과거의 기억은 현재와 미래를 지배하는 힘이 있어. 잘못된 과거를 올바르게 청산하지 못하면 과거는 미래에 되풀이돼. 지금은 시간이 너무 많이 흘러서 악질 친일파를 물리적으로 처벌할 수는 없게 됐어. 그렇지만 역사적으로 청산하는 것은 아직 늦지 않았어. 그 방법 가운데 하나는 1949년 그때의 일들을 우리가 정확하게 알고 기억하는 거야.

1950년

세계는? 국제 사회 : 냉전이 열전이 되다. 한국 전쟁 참여

한국은? 후퇴 또 후퇴, 유엔군의 개입

대한민국 정부가 수립되자 미군은 철수를 시작했어. 1949년 6월 무렵, 미군은 군사 고문단 몇백 명만 남기고 다 떠난 상태였어. 그런데 북한에서는 정반대의 일이 벌어지고 있었어. 스탈린을 만난 김일성은

경제 원조와 무기 지원을 약속 받았어. 북한군은 소련제 탱크와 박격포, 전투기로 무장하고 대규모 군사 훈련도 했어. 그리고 병력을 서서히 38선 쪽으로 내려보냈어.

1950년 1월, 미국은 극동 방위선을 선언하면서 여기에서 한국을 제외했어. 만약 이 방위선 밖의 나라가 침략을 받으면 미국의 도움 없이 스스로 싸워야 한다는 의미였어. 이 선언 때문인지는 몰라도 김일성은 엉뚱한 판단을 했어. '북한이 38선을 넘어 공격해도 미국이 반격하지 않을 것이다. 그리고 일단 전쟁을 개시하면 남한의 남로당 등이 공산군에 동조해 전쟁이 쉽게 끝날 것이다.'

6월 25일 새벽 4시, 북한의 20만 병력이 소련제 탱크와 중화기를 앞세우고 남한을 기습했어. 한국 전쟁의 시작이었어. 변변한 무기도 없이 기습을 받은 국군은 후퇴에 후퇴를 거듭했어. 하필 그날따라 국군의 3분의 1 정도가 휴가 중이었어. 오죽했으면 전쟁이 터지던 그날 "휴가 나온 군인들은 부대로 복귀하라."고 방송을 하고 다녔겠어.

6월 27일, 미국 뉴욕에서 유엔 안전 보장 이사회가 소집되었어. 북한의 남침은 갓 창설된 유엔이 풀어야 할 중간고사 시험 문제와도 같았어. 이번 위기에 제대로 대처하지 못한다면 지난 국제 연맹이 그랬듯 허수아비처럼 이름뿐인 국제기구가 될 게 뻔했어. 유엔은 이 전쟁을 북한의 불법 침략으로 규정하고 함께 대항하기로 결의했어. 16개국 군대로 구성된 유엔 연합군은 지도에서 어디 붙어 있는지도 모르는 작은 나라 대한민국을 지키기 위해 멀리서 날아왔어. 유엔군 총사령관은 태평양 전쟁을 승리로 이끌고 일본의 항복 문서를 받아 낸 맥아더 장군이었어.

유엔 연합군의 주축 세력은 미군이었어. 트루먼 미국 대통령은 적극적으로 개입해 대한민국 정부를 지키기로 했어. 이제 미국에게 38선은 공산주의의 확산을 막는 마지막 저지선이었어. 트루먼은 이 침략이 단지 한반도에 한정된 전쟁이 아니라, 소련이 뒷받침하는 공산주의 세력의 공격이라고 생각했어.

유엔과 미국이 전쟁을 결의하는 동안 북한군은 개성과 의정부를 점령했어. 하지만 서울 시민들은 상황이 얼마나 심각한지 아직 모르고 있었어. 라디오 방송을 통해 이승만 대통령이 "정부는 서울을 사수할 것이고 지금 국군이 북한 괴뢰 집단을 물리치고 있으니, 국민 여러분은 아무 염려 마십시오."라고 말했기 때문에 더욱 그랬어. 그런데 생방송처럼 나간 이 방송은 사실 녹음된 것이었어. 대통령은 이미 대전에 몸을 숨겼어. 혼자 도망간 것까진 그렇다고 치자. 대통령은 소중하니까. 그렇지만 최소한의 진실은 말해야 했어. "정부는 서울을 사수(하고자 노력)할 것이고 지금 국군이 북한 괴뢰 집단을 물리치(고자 노력하)

고 있습니다. 참고로, 저는 지금 대전에 와 있습니다."

6월 28일, 북한군 탱크가 서울 미아리 고개에 나타나자 놀란 시민들은 그제야 피란을 떠났어. 북한군 탱크가 나타난 지 1시간 만에 정부는 북한군의 진격 속도를 늦추기 위해 한강 다리를 폭파했어. 이 폭파로 애꿎은 피란민이 500명 넘게 숨졌어. 그날 오후 서울은 북한 인민군의 수중에 들어갔어. 수많은 서울 시민들이 북한군의 인민재판에 처형되었어. 군인과 경찰들은 그 가족들까지 총살당했어. 남한의 유명한 정치인, 예술가, 지식인들은 북으로 납치되었어. 서울 곳곳에 '조선 인민 공화국 만세'라고 쓰인 현수막, 김일성과 스탈린의 대형 초상화, 그리고 인공기가 나붙었어.

인민재판
자격을 갖춘 법관이 아니라 인민이 뽑은 사람이 대중 앞에서 판결을 내리고 처결하는 방식의 재판.

서울을 점령한 북한군은 더 기세등등해졌어. 국군과 유엔군은 반격한 번 못하고 후퇴했어. 피란민들은 봇짐을 메고 쌀가마를 이고 소를 끌고 아이를 등에 업고 남쪽으로 떠밀려 내려갔어. 8월 중순, 대한민국 정부와 국군은 부산까지 후퇴했어. 낙동강은 최후의 방어선이었어. 더는 물러설 곳이 없는 상황에서 국군과 유엔군은 치열하게 싸웠어.

맥아더는 전세를 뒤집기 위한 작전을 준비했어. 2차 세계 대전의 노르망디 상륙 작전처럼, 병력을 순식간에 인천 앞바다에 상륙시켜 적을 반 토막으로 끊어 놓고 서울을 되찾는다는 작전이었어. 성공 확률은 높지 않았지만, 어차피 더 나빠질 상황도 없었어. 9월 15일, 맥아더의 지휘 아래 유엔군은 인천 앞바다로 진격했어. 상륙 작전이 성공하면서 대반격을 시작했어. 9월 28일, 파괴되어 돌무더기가 수북이 쌓인 서울을 되찾았어. 그리고 10월 1일, 유엔군은 38선을 넘었어. 이제 목표는 북한군을 격퇴하는 것을 넘어 무력 통일로 바뀌어 있었어.

북한군은 변변한 저항 없이 계속 밀렸어. 평양을 넘어 압록강을 향하던 유엔군은 이제 승전을 코앞에 두고 있었어. 그런데 10월 25일, 마오쩌둥이 보낸 중공군이 압록강에 등장했어. 한밤중에 꽹과리를 치고 나팔을 불며 떼로 몰려와 유엔군을 공격했지. 무기는 신통치 않았지만, 누가 『손자병법』의 나라 아니랄까 봐 공포심을 유발해 혼을 쏙 빼놓는 전술을 썼어. 게다가 워낙 수가 많아서 아무리 물리쳐도 파도처럼 계속 밀려왔어. 엄청난 사상자를 내며 유엔군은 다시 남쪽으로 밀려났어.

1948년 김구가 분단을 막기 위해 김일성을 만나러 가기 직전 남긴 말이 있어. "이대로 가면 조국은 분단되고, 서로 피를 흘리게 될 것이다." 김구가 걱정스럽게 내다본 대로 우리 민족에게 분단과 전쟁이 닥쳐왔어. 일제의 가혹한 식민 통치에서 벗어난 지 겨우 5년 만의 일이었지. 우리 민족은 거듭되는 수난에서 언제쯤 벗어날 수 있을까?

1951년

세계는? 미국·중국 : 이긴 것도 진 것도 아닌 전쟁

한국은? 손가락으로 한 번 가리키면 끝! 민간인 학살

1951년 1월 4일, 중공군에 밀려 후퇴하던 유엔군은 서울을 도로 빼앗겼어(1·4 후퇴). 서울로 돌아왔던 피란민들은 얼어붙은 한강을 넘어 다시 피란길을 떠났어. 영등포역은 남쪽으로 가는 기차를 타려고 밀려

드는 사람들로 북새통이었어. 기차 위에라도 올라타면 그나마 다행이었어. 나머지 피란민들은 꽁꽁 언 땅을 걸어가야 했어. 유엔군은 다시 전력을 가다듬고 공세를 시작해 3월 15일 서울을 되찾았어. 서울의 주인이 뒤바뀐 게 벌써 네 번째였어.

국군·유엔군과 북한군·중공군이 땅을 뺏고 빼앗기기를 거듭하면서 수많은 학살이 일어났어. 서울에 북한 인공기가 휘날릴 때는 공산군이 반동분자로 찍은 사람들이 인민재판을 받고 처형당했어. "저 사람 반동이다." 손가락으로 가리키면 끝이었어. 다시 태극기가 걸리면 이번에는 이른바 '빨갱이 부역자'들이 처형당했어. 역시 "저 사람 빨갱이다." 이 한마디면 충분했어. 심지어 태극기를 들고 국군을 환영하러 나갔던 사람이 빨갱이 누명을 쓰고 처형되기도 했어.

1951년 2월에는 경상남도 거창에서 민간인을 집단으로 학살하는 사건이 벌어졌어. 국군이 거창군 주민 700명을 골짜기에서 무차별로 총살한 거야. 주민들이 북한 게릴라에게 협력했다고 의심해 벌인 일이었지만, 희생자들은 대부분 순진한 마을 사람들이었어. 특히 그 가운데 40퍼센트가 갓난아기를 포함한 어린아이들이었어. 세 살배기 아이가 어떻게 게릴라에게 식량을 보급했을까? 갓난쟁이 아기가 무슨 빨갱이 사상에 물들었을까? 이념을 둘러싼 싸움은 이렇듯 잔혹했어.

'빨갱이'들을 즉결 심판에 넘기고 처형하는 일이 전쟁 내내 일어났어. 좌익 사상과 전혀 무관한데도 누명을 쓰고 죽은 사람들이 헤아릴 수 없이 많았어. 훗날 '과거사 정리 위원회'는 당시 우리 국군이 주민을 무차별 대량 학살했다는 사실을 인정했어(2010년). 얼마나 많은 학살이 있었는지, 반세기가 지난 오늘날까지도 건설 현장이나 동굴에서

반동분자
사회의 진보를 거스르거나 막는 사람이라는 뜻. 실제로는 공산당을 반대하는 사람을 가리켰다.

중국 군대를 폭격하는 미국 군대 한국 전쟁 때 미국 군대가 맞은편 중국 군대를 폭격하고 있다. 한국 전쟁은 냉전 시대의 대리전이기도 했다.

그때 희생당한 사람들의 유골을 비롯해 고무신, 비녀 같은 소지품이 발견되곤 해. 죽은 자는 말이 없다지만, 이 유해들은 우리에게 말을 거는 것 같아. 다시는 우리 조국 산천에서 그런 억울한 죽음, 동족끼리 죽고 죽이는 비극이 없어야 한다고 말이야.

다 이긴 줄 알았던 전쟁이 중국이 개입하면서 원점으로 돌아가자, 맥아더는 중국 영토로 들어가 전쟁을 하겠다며 미국 정부에 승인을 요청했어. 심지어 만주와 중국 본토에 원자 폭탄을 떨어뜨리겠다는 계획까지 세웠어. 트루먼 대통령은 중국에까지 전쟁의 불똥이 튀면 3차 세계 대전으로 확전될 수 있다며 반대했어. 게다가 1949년에는 소련이 미국에 이어 원자 폭탄 개발에 성공한 상황이었어. 그런데도 맥아더가 계속 전쟁 확대를 주장하자 트루먼 대통령은 그를 해임했어. 당시 맥아더는 대한민국을 공산주의의 침략에서 지켰어. 하지만 그는 자칫 한반도와 이웃 나라들을 더 큰 전쟁으로 몰아넣을 뻔했다는 비판도 받았어.

전쟁이 일어난 지 1년째가 되자 38선을 사이에 두고 교착 상태가 되었어. 아무도 승리하지 못한 채 큰 희생만 치르는 소모전이었어. 모든 참전국들이 전쟁의 피로와 부담을 느끼던 차에, 1951년 7월 개성에서 휴전 회담이 시작되었어.

1952년

1952년, 우리나라는 2대 대통령 선거를 앞두고 있었어. 이승만 대통령은 자기가 또 대통령을 하고 싶었지만, 국회의원들은 이승만을 다시 뽑을 생각이 없었어. 그래서 이승만은 국회의원에 의한 간선제를 전국민이 참여하는 직선제로 헌법을 바꾸려고 했어. 그러나 국회에서 압도적인 차이로 통과되지 못했어. 그러자 이승만은 수사 기관과 깡패를 동원해 국회의원들을 협박하거나 터무니없는 이유로 체포했어. 또 시위대를 만들어 이승만에게 반대하는 의원을 처단하자고 선동했어. 이렇게 공포 분위기를 만들어 놓고 헌법을 바꾸었어. 새로운 헌법에 따라 이승만은 1952년 2대 대통령으로 다시 뽑혔어.

휴전 회담이 시작되었지만 그렇다고 싸움을 멈춘 것은 아니었어. 휴전을 하고 군사 분계선을 긋기 전에 더 많은 땅과 유리한 고지를 차지하려는 치열한 전투가 이어졌어. 야금야금 땅을 뺏고 빼앗기기를 반복했어.

후방에서는 또 다른 전쟁이 벌어지고 있었어. 하루하루 고달픈 삶을 이어 가기 위한 생존의 전쟁이었어. 거적때기로 비와 햇볕을 피하고 솥 하나 걸면 그게 우리 집이었어.

간선제
간접 선거 제도의 줄인 말. 국민이 대표를 뽑아 그들로 하여금 선거를 치르게 하는 제도. 국민이 국회의원을 뽑으면 그 국회의원들이 대통령을 뽑는다.

직선제
직접 선거 제도의 줄인 말. 국민이 직접 투표해서 대표를 선출하는 제도.

161

피란민들은 날품팔이로 하루 벌어 하루 먹고살았어. 몇십만 명에 이르는 불쌍한 전쟁고아들은 구걸에 나섰어. 이 무렵 보릿고개가 등장했어. 가을에 거둔 곡식이 다 떨어지고 보리가 여물지 않아 굶주리는 시기였어. 보리가 날 때까지 나무껍질과 풀뿌리를 먹으며 연명하느라 피란민들의 얼굴은 퉁퉁 붓고 누렇게 떴어.

1952년 미국 대통령 선거에 2차 세계 대전의 영웅 아이젠하워 장군이 출마했어. 그는 한국 전쟁을 끝내겠다는 공약으로 큰 지지를 받아 당선되었어. 취임 직후 한국으로 날아온 아이젠하워 대통령은 협상을 거쳐 전쟁을 종결하겠다는 뜻을 재확인했어. 그 무렵 미국은 점점 격해지는 냉전 분위기로 몸살을 앓고 있었어. 소련의 원자 폭탄 개발, 중국의 공산화, 한국 전쟁으로 공산주의에 대한 미국인들의 공포가 커졌어. 때로 정상적인 생각을 마비시킬 정도였어. 그것을 보여 주는 두 가지 사건이 일어났어.

하나는 '로젠버그 간첩 사건'이야. 1949년 소련은 원자 폭탄 실험에 성공했어. 이 소식에 가장 놀란 것은 미국이었어. '그렇게 빨리 개발할 줄이야!' 미국은 자기 나라의 핵무기 기밀을 소련에 넘겨 준 첩자가 있었을 것이라 의심하고 수사를 시작했어. 그리하여 공산당원인 로젠버그 부부가 체포되어 사형 선고를 받았어. 많은 사람들

냉전의 광기에 희생당한 로젠버그 부부 로젠버그 부부가 뚜렷한 증거도 없이 소련의 스파이로 몰리자, 미국 시민들이 로젠버그 부부의 무죄를 주장하며 시위를 벌이고 있다. 로젠버그 부부는 냉전의 광기에 희생되었다.

은 로젠버그 부부가 집단 광기의 희생자라며 사형을 반대했어. 그럼에도 이들 부부는 1953년 전기의자에서 처형당했어.

다른 하나는 매카시의 '빨갱이 검증 사건'이야. 1950년 2월, 상원 의원 매카시는 미국 외교부에 205명의 공산주의자가 있다고 주장해 미국을 발칵 뒤집어 놓았어. 그렇지만 아무런 근거도 물증도 없었어. 그저 "여기에도 저기에도 빨갱이가 있다. 아니면 말고."라는 식이었어. 매카시의 사상 검증, 일명 '빨갱이 사냥'은 점차 다른 정부 기관과 저명인사들에게까지 확대되었어. 많은 미국인들은 매카시가 제정신이 아니라는 것을 알았지만 감히 반발하지 못했어. 반공주의자인 매카시를 비난했다가는 당장 빨갱이로 몰릴 수 있었기 때문이야. 무명이던 매카시는 벼락 스타 정치인이 됐어. 하지만 매카시 때문에 빨갱이로 낙인찍힌 사람들은 명예와 지위를 잃고 인생을 망쳤어. 수백 명이 감옥에 갇히고 수만 명이 직장에서 해고당했어. 미국 사회의 혼란과 불신은 점점 심해졌어.

갈수록 정도가 심해진 매카시는 육군에도 공산주의자가 있다고 주장하더니, 2차 세계 대전에 참전했던 육군 장성들까지 사상을 검증하겠다며 국회로 불러들였어. 애국심, 반공주의 하면 참전 군인 따라갈 사람이 있겠어? 게다가 당시 미군은 한국에서 공산주의 세력과 한창 싸우는 중이었지. 매카시는 정말 눈에 뵈는 게 없었던 거야. 군을 건드린 것은 사자의 코털을 뽑은 격이었어. 매카시의 사상 검증은 마침내 엄청난 비난과 공격 속에 끝을 맺었어. 그의 삶도 별로 오래가지 못했어. 매카시는 자신을 데리러 온 저승사자를 만나서도 빨갱이 검증을 시도했을까?

1953년

1953년, 북한의 전쟁을 열심히 지원해 주던 스탈린이 죽었어. 이제 소련이 북한을 얼마나 지원해 줄지 불확실해졌어. 중국은 전쟁을 계속하다가는 미국과 전면전을 치르게 될까 두려웠어. 미국도 결판이 나지 않는 전쟁을 더는 끌고 싶지 않았어. 어느 쪽도 이길 수 없는 전쟁에서 희생자만 늘어 갔어. 이런 이유들로 휴전 회담은 속도를 더했어.

이 같은 분위기임에도 이승만 대통령은 휴전에 끝까지 반대하며 '북진 통일'을 외쳤어. 하지만 휴전 회담 당사자가 유엔군 사령관, 북한군 사령관, 중국 의용군 사령관이었기 때문에, 이승만 정부의 의견은 무시되었어. 7월 27일, 100번이 넘는 협상 끝에 드디어 휴전 협정이 체결되었어. 말이 휴전이지 전쟁 선포라도 하는 것처럼 분위기는 험악했어. 하지만 지친 병사들에게는 기쁜 소식이었어. 그날 밤이 되자 총성은 완전히 멎었어. 병사들은 참호 속에서 나와 철모를 벗고 무기를 내려놓았어. 한반도는 38선 대신 휴전선이라는 이름으로 다시 분단되었어. 이번에는 아무도 건널 수 없는 분단선이었어.

이승만 정부는 휴전 이후를 염려했어. 미국이 안전을 보장해 주지 않으면 북한이 언제라도 다시 도발할 수 있다고 생각한 거야. 여러 접촉 끝에 한국과 미국은 '한미 상호 방위 조약'을 맺었어. 이로써 한국이 공격을 받으면 미군이 즉시 개입하게 됐어. 북한은 미국과 전쟁할 마음이 없는 한 한국을 공격할 수 없게 되었지.

북한의 김일성은 '승전 기념식'을 열어 역사상 최초로 미국에 패배를 안겨 주었다고 주장했어. 이승만 대통령은 공산군의 남침을 막고 우리 체제를 지켰으니 대한민국의 승리라고 주장했어. 그렇지만 실제로는 승자도 패자도 없었어. 당시 남북한 인구 2,500만 명 가운데 400만 명 이상이 죽었어. 사랑하는 가족과 생이별한 이산가족은 1천만 명이 넘었어. 그렇게 싸웠는데도 분단선은 그대로 남았어. 그래서 어떤 사람은 "비기기 위해 죽어야 하는 전쟁"이라고 표현했어. 사상가 함석헌은 이렇게 썼어. "전쟁이 지나간 후, 서로 이겼노라 했다. 제 싸움에 서로 이겼노라니 정말은 진 것이 아닌가? 어찌 승전 축하를 할까, 슬피 울어도 부족할 일인데."

한국 전쟁은 수십 개 나라가 참전한 국제 전쟁이기도 했어. 특히 미국·소련·중국 등 강대국들이 충돌한 전쟁이었어. 그래서 학자들은 한국 전쟁을 냉전 시대 강대국들의 대리전으로 보기도 해. 지금까지도 한반도는 세계에서 냉전이 끝나지 않은 유일한 지역으로 남아 있어. 휴전선을 사이에 두고 100만 개의 지뢰와 고압 전선이 깔려 있고, 남북의 200만 병력이 팽팽하게 대치하고 있지. 전쟁을 잠시 쉬는 '휴전' 상황이 그대로 이어지고 있으니 우리는 여전히 긴장 상태야. 언젠가 갈라진 나라를 하나로 만들 때라야 비로소 이 전쟁에 완전한 마침표를 찍을 수 있겠지.

우리 민족의 수난은 언제나 끝이 나려나….

무기 개발 경쟁

◇◇◇◇◇◇◇
1954~1963

한국은
?

세계는
?

한국은		세계는
그의 취미, 헌법 갈아 치우기?	**1954**	**베트남** 프랑스를 무찔렀으나 남북으로 분단
		알제리 프랑스의 어두운 역사. 알제리 독립 전쟁
		미국·소련 갈 데까지 가 보자! 핵무기 개발 경쟁
전쟁 폐허와 가난을 딛고 일어서다	**1955**	**미국** 빛으로 어둠을 몰아내자! 흑인 민권 운동
		오스트리아 미국 편도 소련 편도 아닌 중립
		비동맹 국가들 "너희들끼리 싸워. 우리는 안 싸울래!"
세 번째 이승만 대통령 선출	**1956**	**소련** 더 평등한(?) 돼지들의 세상을 비판하다
		폴란드·헝가리 소련 탱크 소리에 봄날은 가고
자유당의 특기는 자유 깔아뭉개기?	**1957**	**미국·소련** 지구도 좁다. 우주에서도 무기 경쟁
독재자에게 맞선 사람. 조봉암	**1958**	**중국** '대약진' 운동으로 '대후퇴'하다
북한 김일성은 박혁거세와 동급? 김일성 우상화	**1959**	**쿠바** 카스트로와 체 게바라의 사회주의 혁명
		중국 티베트를 중국 땅에 이어 붙이다
시민의 힘으로 독재자를 몰아내다. 4·19 혁명	**1960**	**아프리카** 식민지 시대는 가고
		이스라엘 네 죄를 네가 알렸다? 나치스 전범 체포
시민 혁명의 과실을 베어 먹은 군인들.	**1961**	**동독** 냉전의 장벽을 쌓아 올리다
5·16 쿠데타		**미국** 쿠바 침공
목숨이 아깝다면 펜을 꺾어라. 언론 암흑기		외계인을 찾아서
	1962	**미국·소련** 모두가 숨죽인 시간. 3차 세계 대전 초읽기
박정희, 쿠데타 군인에서 민간인 대통령으로 변신	**1963**	**미국** 결실을 맺어 가는 흑인 민권 운동

인류는 역사상 유례없는 무기 개발 경쟁을 벌였어. 미국과 소련이 3차 세계 대전을 벌인다면 그것은 핵전쟁이야. 두 나라 국민뿐 아니라 인류 전체의 목숨이 오락가락한다는 뜻이지. 핵무기의 파괴력은 상상을 초월했기 때문에 전쟁하고 싶은 마음을 꾹 눌러 참아야 했어. 그런 이유로 핵무기가 재래식 전쟁을 막아 준다고 믿기도 했어. 그렇지만 핵무기는 인류의 종말을 단숨에 불러오는 무기야. 차라리 활과 도끼로 전쟁하던 시절이 그리울 뻔했지.

실제로 쿠바 앞바다에서 미국과 소련은 3차 세계 대전의 초읽기에 들어갔고, 전 세계 사람들은 핵전쟁의 공포에 떨었어. 전쟁 무기를 만드는 대신 우리의 삶을 아름답고 풍요롭게 가꾸는 일을 할 수는 없는 걸까? 냉전은 꼭 겪어야만 했던 걸까? 평화로 가는 길은 과연 어떻게 찾을 수 있을까?

우리나라는 가난을 벗어나는 일이 절박했어. 대다수 국민들이 하루 두 끼도 먹기 힘든 시절이었어. 절대 빈곤의 시대에 국민들을 지치게 한 것은 배고픔만이 아니었어. 이승만 정부는 멋대로 헌법을 갈아 치우고 정치 깡패를 동원하면서 무리한 독재를 이어 갔어. 부정 선거를 계기로 드디어 민주주의를 열망하는 전 국민적인 저항이 일어났어. 4·19 혁명으로 독재를 몰아내고 민주 정권이 수립되는 듯했어. 그러나 박정희가 이끄는 쿠데타 세력이 탱크를 앞세워 권력을 차지했어. 기나긴 군사 정부 시대가 시작되었지.

1954년

세계는? • 베트남 : 프랑스를 무찔렀으나 남북으로 분단
• 알제리 : 프랑스의 어두운 역사. 알제리 독립 전쟁
• 미국·소련 : 갈 데까지 가 보자! 핵무기 개발 경쟁

한국은? 그의 취미, 헌법 갈아 치우기?

1954년 프랑스는 엄청난 희생 끝에 베트남군에게 패했어. 비행기와 탱크를 동원해 싸운 막강한 프랑스군의 요새는 자전거로 물자를 수송하며 재래식 무기로 싸운 베트남군에 맥없이 무너졌어. 이로써 베트남을 다시 식민지로 만들려는 프랑스의 헛된 집착은 좌절되었어.

그러나 베트남은 여전히 통일 국가를 이루지 못했어. 스위스 제네바 회의의 결정(제네바 협정, 1954년)에 따라 베트남은 북쪽의 '베트남 민주 공화국'(북베트남, 사회주의)과 남쪽의 '베트남 공화국'(남베트남, 자본주의)으로 갈라졌어. 한반도처럼 베트남도 같은 민족이 이념 때문에 분단된 거야.

프랑스가 베트남에서 항복하던 그해 알제리도 프랑스에 대항해 독립 전쟁을 일으켰어. 프랑스는 "더는 식민지를 잃을 수 없다!"며 대규모 군대를 보냈어. 아프리카 대륙에서 두 번째로 큰 나라인 알제리는 1830년부터 프랑스의 식민지였어. 프랑스는 알제리에 프랑스인들을 이주시키고 알제리인들을 동화하기 위해 아랍어 대신 프랑스어를 쓰게 했어. 알제리는 프랑스가 특별히 아끼는 식민지였어. 많은 프랑스인들이 알제리를 프랑스의 한 지방으로 여길 정도였어.

8년 뒤인 1962년, 프랑스와 알제리는 휴전을 했어. 알제리인들은 프랑스의 일부로 남느냐 완전히 독립하느냐를 놓고 국민 투표를 했어. 99퍼센트가 독립에 찬성함으로써 알제리는 132년 만에 프랑스의 식민 지배에서 벗어났어. 하지만 엄청난 피의 희생을 치른 뒤였어. 8년 동안 이어진 전쟁에서 알제리인이 100만 명이나 죽었거든. 프랑스군은 반란군을 잡는다면서 많은 알제리 민간인들을 고문하고 학살했어. 오늘날까지 알제리 전쟁은 프랑스의 어두운 역사로 기억되고 있어.

1954년 우리나라에서는 또다시 헌법을 뜯어고쳤어. 초대 대통령에 한해 대통령 연임 제한을 없앤다는 내용이었어. 하지만 이 헌법 개정안은 국회 표결에서 1표 차이로 통과되지 못했어(203명 중 찬성 135표). 그러자 이승만과 자유당은 뚱딴지같은 소리를 했어. "가결 조건인 재적 의원 3분의 2는 135.33333……이다. 사사오입 원칙에 따라 소수점 이하 5 이상은 올리고 4 이하는 버리자. 그렇다면 통과 조건은 136표가 아닌 135표다." 야당 의원들은 강하게 반발했어. 그러나 이승만 대통령은 무리하게 3선을 밀어붙여 독재의 길을 갔어.

소련이 원자 폭탄을 개발하자 미국은 더 센 것을 준비했어. 1954년, 태평양의 한 섬에서 수소 폭탄 실험에 성공한 거야. 히로시마에 떨어진 원자 폭탄보다 1,000배 이상 강력한 수소 폭탄은 대도시 하나를 흔적도 없이 없앨 만큼 위력이 대단했지. 이 실험을 계기로 세계 곳곳에서 반핵 운동이 일어났어. 핵무기 개발을 내버려 두었다간 인류 전체가 몰살할지 모른다는 위기의식이 생겼어.

1955년

세계는? • 미국 : 빛으로 어둠을 몰아내자! 흑인 민권 운동
• 오스트리아 : 미국 편도 소련 편도 아닌 중립
• 비동맹 국가들 : "너희들끼리 싸워. 우리는 안 싸울래!"

한국은? 전쟁 폐허와 가난을 딛고 일어서다

2013년, 미국 최초의 흑인 대통령 오바마는 특별한 성경책에 손을 얹고 대통령 취임 선서를 했어. 이 성경책의 주인은 마틴 루서 킹이었어. 평범한 목사였던 그는 오늘날 미국의 역사적인 인물이 되었어. 그의 삶을 바꾸어 놓은 건 1955년의 한 사건이었어. 당시 미국은 인종 분리법에 따라 화장실, 학교, 식당, 공원 등 모든 공공시설이 백인 전용과 유색 인종 전용으로 나뉘어 있었어.

버스에서도 백인은 앞좌석, 흑인은 뒷좌석에만 앉을 수 있었어. 그런데 어느 흑인 아줌마가 백인용 좌석에 앉았다가 경찰에게 체포되고 벌금을 냈어. 이 사건으로 흑인들의 분노가 폭발했고, 마틴 루서 킹이 주도하는 버스 승차 거부 운동이 벌어졌어. 결국 버스 회사는 인종 차별 규정을 갈아 치웠어. 그리고 미국 대법원은 인종에 따라 버스 좌석을 분리하는 것이 헌법에 어긋난다고 판결했어.

흑인 민권 운동의 지도자로 나선 마틴 루서 킹은 간디처럼 비폭력 시민 저항 운동을 주장하며 거듭되는 체포와 투옥을 겪었어. 그는 이렇게 말했어. "폭력에 또 다른 폭력으로 대응하는 것은 이미 별이 없는 하늘에 더 깊은 어둠을 더하는 것이다. 어둠으로는 어둠을 몰아낼 수

없다. 오직 빛만이 어둠을 몰아낼 수 있다." 모든 인종이 함께 어울리는 미국의 모습을 꿈꾸게 했던 마틴 루서 킹은 지금도 20세기 미국을 대표하는 시대정신으로 기억되고 있어.

전쟁으로 폐허가 된 대한민국은 세계에서 가장 가난한 나라 가운데 하나였어. 우리나라의 물자와 경제를 지탱해 주는 것은 미국의 원조였어. 사탕과 분유부터 미사일과 전투기까지 미국이 실어다 주었어. 우리나라 경제를 '원조 경제'라고 할 정도였지. 미국 경제가 불황을 겪으면 원조가 줄어들어 우리나라 경제도 침체되고 실업자들이 불어났어.

자립 경제를 이루기 위해서는 우리 기업을 키워야 했어. 기업이 있어야 세금을 걷어 공공시설도 세우고 일자리도 생기지. 복구된 공장에서 기계가 돌아가기 시작했어. 그때는 국산품이라고 해 봐야 자전거, 삽, 가발 정도가 전부였으니 우리 스스로 뭔가 만들어 내는 것 자체가 신기하고 놀라운 일이었어. 정부는 기업들에 낮은 이자로 돈을 빌려 주고 각종 혜택도 주었어. 무엇보다 열심히 밀어 준 분야는 밀가루·설

3백 산업
밀가루·설탕·면화가 흰색
이기에 삼백이라고 불렀고,
이를 원료로 한 제분업·방
적업·제당 공업을 삼백 산
업이라고 했다. 중공업이
나 첨단 산업이 발달하기
이전인 1950년대 국가가
크게 밀어 준 사업이다.

영세 중립
강대국으로 둘러싸인 나라
가 자신의 자주 독립과 안
보를 위해 선택하는 외교
정책. 영세 중립을 선언한
나라는 중립을 지키고 주
변 강대국들은 전쟁이나
군사 행동을 하지 않기로
협약을 맺어 평화를 보장
한다.

탕·면화의 3백 산업이었어.

정부가 나서서 특정 기업이나 산업을 지원해 주자 훗날 '재벌'이 나오게 돼. 재벌들은 몇십 개의 기업을 거느리며 사업을 확장했어. 당시 비닐·치약·화장품을 만들던 락희화학공업사(1947년 설립)는 지금의 LG 그룹이 되었어. 또 국수를 팔고 오징어를 수출하던 삼성상회(1948년 설립)는 삼성 그룹의 뿌리였어. 이 두 회사는 오늘날 세계적인 가전제품, 휴대 전화, 반도체를 만드는 회사로 발전했어. 그리고 우리나라 국가 경제와 비슷한 성장 곡선을 그렸어.

오스트리아는 유럽 한가운데에 있는 나라야. 2차 세계 대전이 끝나자 미국·영국·프랑스·소련에 의해 분할 점령되었지. 동부 유럽과 서부 유럽 사이에 끼어 있는 오스트리아를 놓고 냉전의 양대 세력이 신경전을 벌였어. 한반도, 독일, 베트남 등 분할 점령되어 냉전의 양대 세력이 대결하던 나라들은 이념에 따라 반으로 갈라졌어. 오스트리아도 그렇게 되었을까?

오스트리아는 지혜롭게도 냉전에 말려들지 않고 하나의 나라로 남았어. 그리고 1955년 영세 중립을 선언했어. 외국 군대는 모두 철수하고, 오스트리아에 더 이상 간섭할 수 없었어. 오스트리아는 다른 나라를 침략하지 않는 것은 물론, 전쟁이 나도 어느 나라건 편들지 않고 중립을 지키기로 했어. 이로써 오스트리아는 자국의 평화와 함께 유럽 지역의 안정을 보장하게 되었어. 오스트리아의 중립 외교는 냉전을 넘어서는 중요한 본보기의 하나였지. 사실 고종 황제도 1904년에 영세 중립국을 선포한 적이 있어. 비록 실현되지는 못했지만, 강대국들의 싸움판이 되어 버린 한반도의 처지를 따져 보면 고개가 끄떡여지는 정책이지.

오스트리아뿐만이 아니야. 전 세계가 이념으로 똘똘 뭉친 시대를 거부한 아시아와 아프리카의 여러 나라들은 미국과 소련 어느 편에도 속하지 않기로 했어. 이들을 '비동맹 국가'라고 불렀는데, 그동안 강대국들의 식민 지배에 시달려 왔다는 공통점이 있었어. 이들은 강대국들이 이번에는 냉전을 주도해 세계 평화를 위협한다고 걱정했어. 비동맹 국가들은 이제 자신들만의 길을 가기로 한 거야.

1955년 인도네시아 반둥에서 아시아와 아프리카의 비동맹 국가 29개 나라 대표들이 모였어. 그 뒤 비동맹 국가는 100개국 이상으로 계속 늘어났어. 각 나라는 작고 약하지만 이들이 뭉치면 전 세계 인구의 절반 이상을 차지했어. 이들이 하나로 뭉치는 한, 무시할 수 없는 발언권과 영향력을 행사할 수 있었지. 그래서 정치적인 관점에서 세계를 미국과 서유럽 중심의 자본주의 1세계, 소련이 이끄는 공산주의 2세계, 비동맹 국가들의 3세계로 나누기도 했어.

1956년

세계는? • 소련 : 더 평등한(?) 돼지들의 세상을 비판하다
• 폴란드·헝가리 : 소련 탱크 소리에 봄날은 가고

한국은? 세 번째 이승만 대통령 선출

가난한 노동자와 농민이 평등하게 잘 사는 세상을 만들겠다던 공산

주의의 이상은 소련에 없었어. 영국 작가 조지 오웰은 풍자 소설『동물농장』(1945년)에서 스탈린 치하의 소련 공산주의를 비꼬았어. 농장의 여러 동물(러시아 민중)은 농장 주인인 압제자 존스(차르 왕조)를 몰아내고 동물들의 평등한 자치 시대를 열었어. 그런데 나폴레옹(스탈린)이라는 돼지를 지도자로 하는 돼지 무리들(공산당)이 농장 운영을 장악했어. 그리고 사람보다 더 가혹하게 동물들을 억압하고 착취했어. 이 소설의 비유처럼, 낡은 세력을 몰아낸 소련 공산당은 스스로 지배 계급이 되더니 독재와 공포 정치를 재탕했어.

가혹한 독재자 스탈린의 뒤를 이어 흐루쇼프가 소련 지도자가 되었어. 1956년 그는 스탈린 체제를 비판해 세상을 놀라게 했어. 스탈린은 공산주의 세계에서 감히 거역할 수 없는 절대적인 존재였어. 흐루쇼프도 스탈린 밑에서 공포 정치를 했던 사람이야. 그랬던 그가 스탈린을 무자비한 폭군이라 평가하고 스탈린의 개인 우상화를 비판했어. 스탈린 시대에 그런 말을 했다가는 총살감이었겠지만 지금은 소련의 일인자로서 한 말이었어. 나아가 흐루쇼프는 동서 간의 평화로운 공존을 주장하고, 문화와 학문에서 약간의 자유를 허용하기도 했어. 소련의 통제 아래 피곤해하던 동유럽 국가들은 산뜻한 기대감을 느꼈어.

1945년 당시 소련은 폴란드·헝가리·불가리아·루마니아 등 동유럽 나라들을 나치스에서 해방시켰어. 소련군은 '해방군'으로서 열렬한 환영과 꽃다발 세례를 받았지. 그런데 나치스가 패망하고 전쟁이 끝나도 이것들이 집으로 돌아갈 생각을 안 하는 거야. 소련 탱크는 떡하니 도심을 점거해 버렸어. 강도를 쫓아낸 바로 그 사람이 강도로 돌변한 거지. 그 뒤 동유럽에는 소련처럼 권위주의 공산당 정권이 들어섰어. 동

유럽 정권들은 사사건건 소련 공산당의 명령과 지시에 따라야 했고, 때로 반발심과 거부감이 들기도 했어. 그런 상황에서 흐루쇼프가 스탈린을 비판하고 개방적인 모습을 보이자 동유럽 국가들은 변화를 기대하며 술렁였어.

1956년 7월, 폴란드의 철강 노동자 1만 5천 명이 소련과 폴란드 공산당 정부에 반대하는 시위를 벌였어. 결국 소련군이 충돌해 수십 명이 죽었는데, 그 뒤로 공산당 정부의 통제가 조금 느슨해졌지. 폴란드의 경험은 헝가리인들에게 강한 인상을 남겼어. 같은 해 10월, 헝가리인 5만 명이 수도 부다페스트에 모여 소련군의 철수를 요구하고 독립을 선언했어. 시위 군중은 20만 명으로 늘었고 요구 사항을 전달하기 위해 국회로 행진했지. 그러자 헝가리 공산당은 이들을 폭도로 몰아붙였고, 흐루쇼프는 폭력 진압을 명령했어.

참새도 짹 하고 굼벵이도 꿈틀하는 법이야. 소련의 폭력 진압에 맞닥뜨리자 헝가리인들의 시위는 곧 시민 혁명으로 번졌어. "붉은 군대

(소련군)는 집으로 가라.", "우리는 자유로운 비밀 선거를 원한다.", "소련군의 꼭두각시 정권과 그 독재자에게 죽음을"과 같은 푯말을 들었어. 학생들은 소련군 철수와 정권 퇴진을 요구하는 전단을 뿌렸어. 닷새 동안 투쟁이 이어지자 소련군은 부다페스트에서 물러났어.

그러나 잠시뿐이었어. 소련군은 곧 탱크를 1천 대나 끌고 다시 쳐들어왔어. 혁명은 완전히 진압되었어. 시위자들 중에는 공산주의자도 있었고 아닌 사람도 있었어. 하지만 중요한 것은 그런 이념을 뛰어넘는 것이었어. 다른 나라 군대의 강압적인 통제에서 벗어나 자유의 공기를 마시고자 하는 열망이었지. 이렇게 정당하고 순수한 열망을 폭력으로 짓밟은 사건을 보며 소련 체제에 환상을 품었던 사람들마저 환멸을 느끼고 마음을 돌렸어.

파괴된 스탈린 동상과 부다페스트로 들어오는 소련의 탱크 1956년 헝가리 시민들이 공산당 독재와 공포 정치에 반대하며 혁명을 일으켰다. 이때 시민들은 스탈린 동상을 쓰러뜨리고 '살인자'라고 썼다. 그러나 소련은 헝가리 혁명을 탱크로 진압했다.

1956년 우리나라에서는 대통령 선거를 치렀어. 민주당 신익희 후보가 "못 살겠다, 갈아 보자."라는 구호를 내세우며 나섰고, 이승만의 자유당은 "갈아 봤자 더 못 산다."라는 구호로 맞섰어. 신익희의 인기가 대단했기 때문에 최초로 정권 교체가 이루어질 수 있다는 기대가 무르익었어. 그의 연설장에는 독재 정권에 염증을 느낀 수십만 명의 시민들이 모였어. 그런데 선거를 열흘 앞두고 신익희 후보가 심장 마비로 갑자기 세상을 떠났어. 결국 이승만이 또다시 대통령으로 선출되고 말았지.

1957년

세계는? 미국·소련 : 지구도 좁다. 우주에서도 무기 경쟁

한국은? 자유당의 특기는 자유 깔아뭉개기?

미국과 소련은 서로 앞서거니 뒤서거니 새로운 무기를 개발하면서 치열한 군사 경쟁을 계속했어. 미국이 최초의 수소 폭탄을 개발해 우위를 차지한 듯했지만, 소련도 곧장 수소 폭탄 실험에 성공해 이를 따라잡았어. 그리고 1957년에는 소련이 미국을 따돌리고 대륙 간 탄도 미사일을 개발했어. 이 미사일은 바다 건너 5천 킬로미터 이상을 날아가 목표물을 맞힐 수 있었어. 이 미사일에 핵탄두를 얹어 건너편 대륙까지 날려 보내는 데는 30~40분이면 충분했어. 1959년엔 워싱턴과 모스크바에서 각각 버튼 하나로 상대방을 초토화할 수 있게 되었어.

냉전의 두 축인 미국과 소련 사이에서 무기 경쟁은 한 치의 양보도 없었어. 바쁜 호떡집에서 호떡 찍어 내듯 빠른 속도로 더 강력한 무기들이 생산되었어. 이것은 더 이상 두 나라만의 군사 대결 문제가 아니었어. 이 경쟁으로 지구 문명과 자연계 전체를 수십 번 멸망시킬 만큼의 무기들이 쌓였기 때문이지.

1957년 소련은 인류 최초의 인공위성을 지구 궤도에 올려놓았어. 이 인공위성 스푸트니크 1호는 인류 문명의 범위를 지구 바깥으로 확장시켰어. 그러고 나서 한 달 만에 소련은 라이카라는 개를 태운 스푸트니크 2호도 발사했어. 미국은 무기 경쟁에서 우위를 뜻하는 소련의 인공위성 개발에 경악하고 '미국 항공 우주국'(NASA)을 세워 우주 개발을 서둘렀어.

남북한은 미국과 소련 못지않게 치열한 체제 경쟁을 벌였어. 남한은 '자유 대한'을 강조했어. 그때만 해도 북한보다 산업과 경제 면에서 뒤떨어졌던 남한이 우위를 내세울 수 있는 것은 자유와 민주주의 체제였어. 귀순한 북한 사람들이 하는 첫마디는 "자유를 찾아 따뜻한 남한으로 내려왔습네다."였어. 정부 여당의 이름은 '자유당'이었고 동네 간판에는 자유 이발소, 자유 정육점, 자유 식품 등 자유라는 말이 흔히 쓰였어. 그러면 실상은 어땠을까? 자유는 제한적이었고 민주주의는 억압받았어.

정치에 깡패를 쓰는 것만 봐도 그랬어. 앞서 직선제 개헌(1952년) 때 야당 국회의원들을 협박한 정치 깡패들이 또다시 등장했어. 1957년 서울 장충단 공원에서 시민 20만 명이 모인 야당 시국 강연회가 열렸어. 자유당 독재를 규탄하는 이 자리를 자유당의 사주를 받은 깡패들이 습

격해 난동을 부렸어. 독재를 정당화할 길은 없고 말로 설득할 여지도 없으니 남은 방법은 폭력뿐이었던 거지. 이러한 억압과 폭력은 자유당 정부를 향한 국민들의 반발만 일으켰어.

1958년

세계는? 중국 : '대약진' 운동으로 '대후퇴'하다

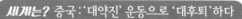
한국은? 독재자에게 맞선 사람, 조봉암

1950년대 초 중국은 소련을 모델 삼아 산업화를 추진했어. 중국은 소련이 보내 준 전문가들과 자금의 도움을 받아 공장을 가동하고 협동

농장을 운영했어. 그러나 소련이 차츰 지원을 중단하자 생산량이 줄어들고 물자 부족과 기아 사태가 벌어졌어. 마오쩌둥은 1958년 대약진 운동을 벌였어. 산업 생산성을 높이고 경제 발전을 이룬다는 계획이었어. 자급자족, 평등 사회를 목표로 농촌에서는 농업 집단화가 시작되었어. 각 사람의 직업, 교육, 개성의 차이를 무시한 집단생활이 강요되었어. 산업에 필요한 철 생산을 늘린다며 집집마다 뒷마당에 화로를 설치하고는 솥과 농기구를 거두어들여 녹였어.

결과는 참담했어. 집단 농장과 공장의 생산성은 저조했어. 뒷마당 화로에서 어설프게 만든 강철의 질도 형편없었어. 이 쓸모없는 철을 만들자고 온 산의 나무들을 땔감용으로 베었어. 또 마오쩌둥은 참새, 파리 같은 '해충'을 잡아야 농업 생산량이 늘어난다며 초등학생도 알고 있는 생태계와 먹이 사슬조차 모르는 소리를 했어. 그 한마디에 모든 인민들이 나서서 참새와 파리의 씨를 말렸어. 휑한 들과 산에는 흉년이 들고 자연재해가 일어났어. 그 결과 농업 생산량이 형편없이 떨어지고 대규모 기근이 덮쳤어. 이 기간 동안 굶어 죽은 사람은 모두 3천만 명이 넘는 것으로 추산되고 있어. 중국은 '대약진'의 뜻과는 정반대로 후퇴했고 마오쩌둥은 사임했어(1959년).

1958년 우리나라는 진보당 사건으로 떠들썩했어. 수사 기관이 진보당의 책임자들을 체포했어. 진보당의 핵심 정책인 평화 통일이 북한이 사용하는 말과 똑같다는 걸 문제 삼은 거야. 민족끼리 싸우지 말고 평화롭게 통일하자는 말이 뭐가 문제일까? 결국 법원에서도 무죄 판결을 내렸어. 그러자 이번에는 진보당 지도자 조봉암을 간첩 혐의로 체포했어. 독립운동가 출신으로 한때 사회주의자이기도 했던 조봉암은 초대 정부에서 활동하던 중 1956년 대통령 선거에 출마해서 무려 185만 표를 얻어 2위를 했어. 부정 선거가 판을 치던 시절에 얻은 표라는 점을 고려하면 엄청난 인기였어. 이승만의 장기 집권에 위협이 될 수 있는 정치적 반대 세력으로 떠오른 거야.

　그 시절 우리나라에는 정치 경쟁자들에게 덮어 놓고 '빨갱이' 이미지를 덮어 씌우는 버릇이 있었어. 수사 기관은 사실을 조작하고, 언론은 그게 진실인 양 보도했어. 조봉암은 결국 간첩이라는 누명을 쓰고 1959년 사형대에 올랐어. 대통령 후보까지 지낸 유력 정치인이 억울하게 사형을 당했지만 신문은 별일 아닌 듯 작게 보도했어. 그가 죽어야 했던 이유는 이승만의 경쟁자라는 한 가지 사실 때문이었어. 세월이 흘러 2011년, 대법원은 조봉암에게 무죄를 선고했어. 뒤늦게 명예는 회복했지만 우리 역사는 중요한 정치가 한 사람을 잃었지.

세계는?　•쿠바 : 카스트로와 체 게바라의 사회주의 혁명
　　　　　•중국 : 티베트를 중국 땅에 이어 붙이다

한국은?　북한 : 김일성은 박혁거세와 동급? 김일성 우상화

　중앙아메리카의 쿠바에서는 1952년 바티스타가 쿠데타를 일으켜 대통령 자리에 올랐어. 미국의 지원을 받던 바티스타 정부는 부패한 독재 정권이 되어 갔어. 혁명가 피델 카스트로는 바티스타 정부에 대

항해 싸웠어. 그 과정에서 체 게바라가 카스트로의 군사 고문이자 게릴라 지도자로 활약했어. 아르헨티나에서 태어난 체 게바라는 의학 공부를 마치고 안정된 삶을 택하는 대신 혁명 운동에 뛰어들었어.

무장봉기를 일으켜 바티스타 정부를 무너뜨린 카스트로와 체 게바라는 1959년 1월 1일 쿠바의 수도 아바나에 입성했어. 카스트로는 산업을 국유화하고 토지를 재분배했어. 또 미국인들이 소유했던 농장과 회사들은 국가가 관리하기로 했어. 미국이 지원하는 부패한 독재 정권 밑에서 단맛을 보던 사람들은 보트나 뗏목을 타고 미국으로 도망쳤어. 미국은 쿠바와 즉시 외교 관계를 끊었어. 앞마당에 공산주의 국가가 들어서자 심기가 불편해진 미국 정부는 카스트로를 암살하거나 정권을 붕괴시키려고 했어. 또 경제 제재를 가해 외국 공산품이나 기술을 들여갈 수 없게 만들었어.

체 게바라 체 게바라는 미국이 지원하는 쿠바의 독재자 바티스타를 물리치고 혁명에 성공했다. 그는 권력을 쥘 수도 있었지만, 자기가 꿈꾸는 이상을 실현하기 위해 험난한 길을 걸었다.

체 게바라는 카스트로 정권에서 권력을 누릴 수도 있었지만 다른 나라에 혁명을 전파하겠다며 떠났어. 결국 볼리비아에서 공산 게릴라를 돕다가 체포되어 최후를 맞았지. 고위직과 명예를 박차고 자신의 이상이 이끄는 삶을 추구한 체 게바라는 오늘날까지 혁명·저항·해방의 상징으로 남아 있어. 그리고 그의 얼굴이 새겨진 티셔츠나 포스터와 함께 세계 곳곳에서 체 게바라의 인기는 아직도 시들지 않고 있지. 한편, 그의 혁명 동지였던 카스트로는 이때부터 2008년까지 쿠바를 통치했어.

'세상의 끝'이라 불리는 티베트는 중국 남서부에 위치한 독립 국가였어. 티베트인들은 고유의 민족 정체성과 종교(라마교)를 간직해 왔어. 그런데 1950년 중국 군대가 국경을 넘어와 티베트를 합병했어. 1959년 중국의 통치에 반대하는 티베트인들이 거리로 나와 시위를 벌였어. 그러자 중국 군대는 티베트를 본격적으로 침공해 중국에 반대하는 사람들을 무력으로 진압했어. 그 과정에서 많은 티베트인들이 죽고, 티베트의 종교 지도자 달라이 라마는 인도로 망명했지.

달라이 라마는 유엔에 호소하기도 하고 미국 대통령을 비롯한 여러 나라 지도자들을 만나면서 티베트의 주장을 알리고 있어. 티베트 자치를 위한 비폭력 운동의 공로를 인정받아 노벨 평화상을 받았어(1989년). 티베트는 독립이 아닌 자치를 요구하고 있지만, 중국은 그것마저

'절대 불가'라는 태도를 고수하고 있어. 중국은 군대나 경찰을 보내 티베트인들의 시위를 강력하게 탄압하는 한편, 한족을 티베트로 이주시키고 중국과 티베트의 수도 라싸를 잇는 철도를 설치하는 등 동화 정책을 펴고 있어. 하지만 티베트 자치 운동의 불씨는 꺼지지 않고 남아 있어.

북한에서는 김일성 1인 독재 체제가 굳어지고 있었어. 김일성의 권력에 도전하거나 독재를 비판하는 사람들은 나라 밖으로 쫓겨나거나 제거당했어. 동서양의 절대 왕권 시대에도 신하는 임금의 잘못을 비판하거나 반대 의견을 낼 수 있었어. 임금이 돌이킬 수 없을 만큼 잘못하면 혁명을 일으켜 임금을 몰아내기도 했지. 그러나 김일성은 아무도 비판하거나 반대할 수 없는 존재가 되었어. 또한 김일성 개인 우상화와 신격화도 갈수록 심해졌어. 온갖 찬양과 선전이 쏟아졌는데, 그중에는 김일성이 항일 무장 투쟁 시절 "솔방울로 수류탄을 만들고 가랑잎으로 압록강을 건넜다."는 뜬금없는 고대 영웅 설화도 있었어.

1960년

세계는? • 아프리카 : 식민지 시대는 가고
• 이스라엘 : 네 죄를 네가 알렸다? 나치스 전범 체포

한국은? 시민의 힘으로 독재자를 몰아내다. 4·19 혁명

지난 몇 세기 동안 아프리카의 역사는 수난의 역사였어. 17~18세기

에 아프리카인들은 쇠사슬로 꽁꽁 묶인 채 노예 수송선에 실려 유럽과 아메리카 대륙으로 팔려 갔어. 이어 19~20세기에 아프리카는 유럽 강대국들의 식민지가 되었어. 유럽 여러 나라들은 금·다이아몬드·구리 등의 광물과 상아·고무·코코아 같은 아프리카의 자원들을 쓸어 갔어.

20세기 초 아프리카에서도 민족주의와 반식민주의가 일어났어. 식민 지배와 세계 대전을 겪으면서 부족 중심으로 살아온 아프리카인들에게도 민족과 국가 관념이 싹튼 거야. 2차 세계 대전 이후에도 유럽 국가들은 식민지를 꿀단지로 간직하고 싶어 했지만 시대의 저항을 이겨 낼 수 없었어. 드디어 아프리카 17개국이 오랜 식민 통치를 벗어나 독립한 1960년은 '아프리카의 해'로 불렸어.

그러나 프랑스·영국 등 옛 식민지 강대국들은 자국의 이익을 위해 여전히 아프리카의 정치나 경제 문제에 깊이 개입했어. 아프리카의 자원을 탐냈기 때문이야. 지금까지도 아프리카 사람들은 자원을 둘러싼 이권 다툼, 정치적 불안정, 부정부패, 고질적인 가난과 질병 등의 문제 때문에 어려움을 겪고 있어. 또 이곳은 세계적인 불평등의 문제를 한눈에 보여 주는 지역이기도 해. 그렇지만 그동안 다른 세계보다 발전할 기회가 적었던 만큼 앞으로 성장할 잠재력도 무궁무진한 곳이야. 그래서 아프리카를 마지막 남은 '기회의 땅'이라고 하지.

1960년, 이스라엘 정보기관은 아르헨티나에 숨어 살던 나치스 전범 아이히만을 납치해 이스라엘의 전범 재판에 세웠어. 그는 유대인들을 죽음의 수용소로 실어 나른 나치스 장교였어. 평범한 인상의 아이히만은 법정에서 이렇게 항변했어. "나는 단지 명령을 따랐을 뿐이다. 법규에 따라 국가에 충성했다." 한마디로 자신은 '충실한 공무 집행'을 했

아이히만

나는 아무 생각이 없다. 왜냐하면, 아무 생각이 없기 때문이다.

을 뿐이라는 거였지. 사람을 죽이라는 명령도 따라야 할까? 한나 아렌트라는 학자는 그런 아이히만을 보며 '악의 평범함'에 대해 말했어. 평범한 사람을 악의 공모자로 만든 건 비판적 사고가 없기 때문이라는 거야. 명령에 무조건 복종하는 게 얼마나 위험한 일인지 일깨워 주는 말이지. 인간이라면 어떤 명령을 따를 때 그것이 어떤 결과를 낳을지 생각할 줄 알아야 해.

역사는 영웅들이 만드는 것일까? 고구려의 을지문덕 장군은 살수 대첩(612년)에서 수나라 군사 30만 명을 수장시켰어. 그런데 역사에는 장군의 이름만 남고 그 전쟁터에서 쓰러져 간 병사들의 이름은 기록되지 않아. 그 장군이 기상천외한 지략에 기절초풍할 담력을 갖춘, 역사상 둘도 없는 명장이었다고 치자. 휘하에 병사들이 없었다면 자기가 무슨 킹콩이나 고질라가 아닌 다음에야 몇십 만이나 되는 적병을 혼자서 어떻게 물리쳤겠어. 역사를 만드는 힘은 탁월한 지도자만이 아니라 묵묵히 싸우는 백성들에게서도 나온다는 사실을 기억해야 해.

시민들이 역사의 '단역'이 아니라 '주연 배우'임을 보여 주는 사건이 우리나라에서 일어났어. 1960년 3월 15일, 우리나라에서는 대통령과 부통령 선거가 최악의 부정 선거로 치러졌어. 마치 '부정 선거란 이렇게 하는 것'이라는 모범 답안을 보여 주는 듯했지. 예를 들면, 기권하는 사람의 수를 예상해서 이승만의 자유당을 찍은 것처럼 표를 만들어 투표함에 미리 넣었어. 투표함 바꿔치기는 기본이었어. 개표할 때 감시하는 사람을 돈으로 매수하거나 정치 깡패들을 동원해 내쫓은 다음 제멋대로 표를 조작하기도 했어.

보다 못한 마산 시민들이 "부정 선거 다시 하라."고 외치며 시위에 나섰어. 경찰의 발포로 수십 명이 죽거나 다쳤지만 군중은 돌을 던지며 계속 저항했어. 시위가 잠잠해지던 4월 10일, 오른쪽 눈에 최루탄이 박힌 처참한 시신이 마산 앞바다에 떠올랐어. 부정 선거 규탄 시위에 나갔다가 실종되어 엄마가 애타게 찾던 고등학생 김주열의 시신이었어. 김주열의 죽음은 마산 시위에 다시금 불을 당겼어. 마산 시위는 전국으로 번졌어. 이제 시위 구호는 "부정 선거 규탄"에서 "이승만은 물러가라!"로 바뀌었어.

4월 19일, "민주주의 사수하자."라는 손팻말을 들고 수십만 명의 사람들이 일제히 거리로 쏟아져 나왔어. 시위대는 부산, 대구, 전주, 제주 등 전국에서 동시에 일어나 거대한 물결을 이루었어. 다급해진 경찰이 시위대를 향해 총을 쏘는 바람에 이날 하루에만 전국에서 115명이 죽고 700여 명이 부상당했어. 계엄령이 선포되고 거리에 탱크가 깔렸지만 시위는 꾸준히 이어졌어. 궁지에 몰린 이승만은 대통령직에서 물러나 하와이로 망명했어.

오늘날 대한민국 헌법 전문에는 다음과 같이 쓰여 있어. "우리 대한국민은 3·1 운동으로 건립된 대한민국 임시 정부의 법통과 불의에 항거한 4·19 민주 이념을 계승하고……." 이처럼 4·19 혁명은 시민의 힘으로 독재 권력을 교체하고 민주주의를 회복한 자랑스러운 사건이었어. 이로써 나라의 주인은 국민이고 권력은 국민에게서 나온다는 민주주의 원칙을 확인했지. 이전까지 그러한 시민 혁명은 프랑스라든가

계엄령
정부가 제대로 기능할 수 없다고 판단되는 비상사태 때 일시적으로 군대가 개입하여 경비 임무를 맡게끔 하는 명령. 우리나라에서는 독재 권력을 유지하는 데 악용되곤 했다.

영국 역사에서나 읽었지만 이제 대한민국의 역사에도 쓰인 거야. 우리가 헌법을 만들고 민주주의를 도입한 지 겨우 10여 년 만의 일이었어. 이 4·19 혁명은 2차 세계 대전 이후 제3세계 국가에서 일어난 최초의 민주주의 혁명이기도 했어.

1961년

세계는? •동독: 냉전의 장벽을 쌓아 올리다
•미국: 쿠바 침공
외계인을 찾아서

한국은? 시민 혁명의 과실을 베어 먹은 군인들. 5·16 쿠데타
목숨이 아깝다면 펜을 꺾어라. 언론 암흑기

독재 정권이 물러난 뒤 한국에서는 새로운 정부가 구성되었어. 사람들이 새로운 정부에 거는 기대는 당연히 컸어. 시민들은 지금까지 억눌러 온 다양한 요구 사항과 주장을 들고 거리로 나섰어. "데모를 너무 자주 한다. 데모를 그만하자."는 내용의 데모도 했어. 그런데 1961년 5월 16일, 새 정부가 뭔가 해 볼 새도 없이 군인들이 쿠데타를 일으켰어 (5·16 쿠데타). 탱크를 앞세우고 서울로 몰려온 3천여 명의 병력은 서울 시청과 방송국을 시작으로 수도를 장악했어. 그리고 전국에 계엄령을 내렸어.

쿠데타군을 지휘한 사람은 박정희 소장이었어. 그는 이 쿠데타를

'군사 혁명'이라고 불렀어. 공산당과 대치하는 상황에서 무능한 정치인에게 나라를 맡길 수 없어 직접 나섰다고 주장했어. 하지만 이 쿠데타는 합법적인 정부와 헌법에 의한 민주주의 질서를 송두리째 파괴하는 것이었어.

박정희는 이렇게 군대를 이끌고 국가 권력을 손에 넣었어. 군사 정부의 시작이었지. 부당하게 권력을 빼앗았다는 비판 여론을 의식해서 2년 동안 나라를 개혁한 뒤 선거로 민간 지도자를 뽑아 권력을 넘기겠다고 약속했어. 얼마 뒤 미국으로 날아가 케네디 대통령을 만난 자리에서도 박정희는 그렇게 약속했어.

5·16 쿠데타는 4·19 혁명을 통해 쟁취한 민주주의를 무너뜨리고, 그 뒤 약 30년 동안 이어지는 억압적인 군사 정권을 낳았어. 5·16 쿠데타로 대한민국을 공산주의자의 위협에서 구하고 산업화를 이루었다고 주장하는 이들이 있어. 그러나 경제 개발은 군사 정권만이 할 수 있

는 일이 아니야. 또 전 국민이 반공주의로 똘똘 뭉친 대한민국이 갑자기 공산화될 리도 없었어.

5·16 쿠데타는 헌법 질서를 어지럽힌 행위이고, 우리 역사에서 다시는 일어나서는 안 되는 사건이었어. 설령 쿠데타 이후 이어진 경제 개발을 긍정적으로 바라본다 해도, 그것 때문에 쿠데타를 미화하거나 정당화할 수는 없어. 민주주의는 절차와 과정이 중요하기 때문이지. 민주주의 원칙과 질서가 아무 때나 걷어차 버려도 좋은 것이라면 우리는 지금도 허구한 날 '부패하고 무능력한' 정권 갈아 치우기를 반복해야 할 거야.

앞서 1959년 이승만 정부는 경향신문이 이런저런 허위 보도를 했다며 폐간 명령을 내렸어. 하지만 진짜 이유는 경향신문이 정부 비판 기사를 실었기 때문이었어. 이러한 언론 탄압은 군사 정권 아래에서 더 살벌해졌어. 4·19 혁명이 일어난 뒤 자유와 민주주의의 분위기를 타고 창간한 민족일보는 진보 언론으로 시민들에게 큰 호응을 받았어. 권력을 장악해 가던 군사 정부는 이러한 언론의 존재가 눈에 거슬렸어. 군사 정부는 민족일보를 강제로 폐간하더니 민족일보 사장마저 사형대로 보냈어. 민족일보가 공산당 자금으로 발행된다는 터무니없는 허위 사실을 뒤집어씌운 거야(2008년 법원 재심으로 무죄 판결). 언론의 암흑기가 시작되었어.

1961년, 소련은 동베를린과 서베를린 사이에 콘크리트와 철조망으로 40킬로미터의 장벽을 설치하라고 동독 정부에 지시했어. 동독인들이 경제적으로 풍요롭고 자유로운 서베를린으로 탈출하는 것을 막기 위해서였어. 이 베를린 장벽은 한반도의 휴전선과 함께 냉전의 상징이 되었어.

같은 해 미국 중앙 정보국(CIA)은 쿠바에서 도망친 반공주의자들을 쿠바로 침투시켜 카스트로의 공산주의 정부를 무너뜨리려고 했어. 그러나 카스트로를 제거하는 것은 여드름을 짜내는 것처럼 만만한 일이 아니었어. 쿠바 해안에 상륙한 2천 명의 반군은 카스트로 군대에게 꼼짝 못하고 전멸했어.

1961년은 미국에서 '외계 지적 생명체 탐사'(SETI)가 시작된 해이기도 해. 즉 과학 기술을 활용해 우주에서 외계인을 찾기로 한 거야. 태양에서 가장 가까운 별조차 빛의 속도로 간다 해도 4년이 넘게 걸려야 닿을 수 있어. 지금 인류의 기술로는 7만 년을 가야 하는 거리야. 이 큰 우주를 직접 돌아다니며 찾을 수 없으니, 전파 망원경을 세워 외계 생명체의 전파 신호를 찾기로 했어. 이러한 노력은 과학적인 호기심을 넘어 '우리는 누구인가?'라는 오래된 질문의 답을 찾으려는 시도이기도 했어.

1962년

세계는? 미국·소련 : 모두가 숨죽인 시간, 3차 세계 대전 초읽기

1962년, 냉전 시대 최대의 위기가 찾아왔어. 소련이 미국의 앞마당 쿠바에 미사일 기지를 짓기 시작한 거야. 미국이 소련의 앞마당 터키에 핵무기를 배치한 것과 쿠바 침략을 지원한 것에 대한 맞대응이었

미국과 소련의 핵미사일 대결 미국이 터키에 핵미사일을 배치하자, 소련은 그에 대한 대응으로 쿠바에 핵무기를 배치하려 했다. 왼쪽은 미국이 터키에 배치한 미사일이고, 오른쪽은 미사일을 싣고 쿠바로 가는 소련 화물선을 미군 비행기가 감시하는 모습이다.

어. 미국이 철수를 요구했지만 소련은 전혀 아랑곳 않고 미사일과 자재를 실은 함선을 쿠바로 보냈어. 그러자 미국의 전함들이 쿠바 해안으로 모이고 핵무기를 실은 폭격기들이 쌩쌩 날아다녔어. 케네디 대통령은 핵무기를 비상 경계 상태로 돌려놓았어. 바다 밑에서는 미국과 소련 잠수함들이 마주하고 핵탄두를 쏠까 말까 하는 중이었어.

미국과 소련 모두 한 발짝도 물러서지 않았어. 전 세계가 숨죽이며 지켜보는 가운데 공포의 초읽기가 시작되었어. 미국은 소련 선박이 선을 넘으면 발포하겠다고 경고했어. 소련 선박은 그 선을 향해 서서히 다가왔어. 미국이 한 방 쏘고 소련이 반격하면 전쟁은 시작되는 거였어. 이 전쟁은 핵무기가 사용되는 3차 세계 대전이 될지도 몰랐어. 피말리는 긴장은 13일 동안이나 이어졌어. 미국 국방 장관조차 '다음 주에도 내가 과연 살아남아 있을까?' 하고 두려움을 느낄 정도였지.

드디어 소련의 흐루쇼프는 케네디에게 다음과 같이 제안했어. "쿠바를 다시는 침공하지 않을 것과 터키에 배치한 미국 미사일을 철수하기로 약속하면 쿠바에 설치한 미사일도 철수하겠다." 미국이 'OK' 하자 소련은 그제야 철수했어. 온 세계가 안도의 한숨을 내쉬었어. 어느 역사학자가 "인류 역사에서 가장 위험했던 순간"이라고 표현한 '쿠바 미사일 위기'는 그렇게 끝났어.

그렇지만 핵전쟁의 위험이 완전히 사라진 것은 아니었어. 미국과 소련에 이어 영국·프랑스·중국이 1960년대 초반 핵무기 개발에 모두 성공했어. 핵무기 지식은 계속 다른 나라로 퍼졌어. 스파이가 핵무기 설계도를 빼돌리기도 했고 동맹국에서 핵무기 기술을 넘겨받기도 했어. 그 결과 이스라엘, 인도, 파키스탄이 줄줄이 핵 보유국이 되었어. 이처럼 핵무기가 확산되자 인류가 핵무기로 최후를 맞게 되리라는 공포가 퍼졌어.

1963년

세계는? 미국: 결실을 맺어 가는 흑인 민권 운동

한국은? 박정희, 쿠데타 군인에서 민간인 대통령으로 변신

"부패하고 무능한 정부를 두고 볼 수 없어 행동에 나섰다. 질서를 바로잡고 선거를 통해 권력을 민간 정치인에게 넘기겠다." 세계 어디서나 쿠데타 세력이 하는 말은 다 저렇게 비슷해. 하지만 까딱하면 죽을 수도 있는 위험을 무릅쓰고 쿠데타를 일으킬 때는 다 그만한 야심이

있기 마련이지. 고양이가 생선 가게에 들어가 "바닥 청소만 하고 생선에는 손도 안 대겠소."라고 말하면 누가 곧이듣겠어.

군사 정권을 반대하는 시위가 벌어졌어. 그러자 군사 정권은 '정치 활동 정화법'이라는 희한한 법을 만들어서 수천 명의 반대 세력을 정치에 참여하지 못하도록 꽁꽁 묶어 놓았어. 그런 다음 정당을 조직해 박정희를 대통령 후보로 내세웠어. 1963년 10월 대통령 선거에서 박정희가 윤보선 후보를 누르고 당선되었어. 군사 정권은 겉모습만 살짝 바꾼 채 이어졌어. 군복을 입은 박정희가 양복을 입은 박정희에게 권력을 넘기는 쇼를 한 거야.

그 무렵 대한민국은 찢어지게 가난한 나라였어. 집집마다 주렁주렁 달린 자식들(평균 출산율 5명)을 먹이는 게 보통 일이 아니었어. 먹고살기 위한 국민운동이 벌어졌어. 쌀 아껴 먹기 운동, 보리 혼식 운동, 친구랑 도시락 나눠 먹기 운동도 있었어. 쥐잡기 운동도 있었는데, 쥐들이 아까운 쌀을 훔쳐 먹기 때문이었지. 어린이들은 쥐를 잡은 증거로 학교에 쥐 꼬리를 제출했어. 같은 해인 1963년에는 모자라는 쌀 대신 밀가루를 먹자는 취지에 발맞추어 우리나라 최초의 라면인 삼양 라면이 나왔어.

링컨이 노예 해방을 선언한 지 100년이 지난 1963년 미국에서는 흑인 민권 운동이 한창이었어. 민권법을 지지하는 20만 명의 시위대 앞에서 킹 목사가 유명한 연설을 했어. 언젠가 미국에서 모든 인종이 피부색 구분 없이 평등과 자유를 누릴 것이라는 내용이었어. "나에게는 꿈이 있습니다. 언젠가 나의 어린 자식들 네 명이 피부색이 아니라 자신들의 인품으로 판단되는 나라에서 살게 되리라는 꿈 말입니다." 이러한 노력은 이듬해 민권법의 통과로 이어졌어. 아프리카 노예의 후손들은 미국 역사상 처음으로 다른 인종과 동등한 사회적 존재로 받아들여졌어. 교육, 고용, 선거에서 대놓고 흑인들을 차별하던 관습은 이제 불법이 되었어.

베트남 전쟁과 반전 운동

◇◇◇◇◇◇◇

1964~1969

컴온!!

I WANT YOU
FOR U.S.ARMY

한국은 ?		세계는 ?
가난, 그리고 노동자 수출	**1964**	**미국** 무기 공장의 일손이 바빠지다. 베트남 전쟁
		일본 경제 대국을 향해 날아오르다
20년 만에 다시 이웃으로, 한일 협정 체결	**1965**	**미국** 누구를 위한 전쟁인가? 베트남 전쟁 반대 시위
자유세계의 은혜를 갚다? 베트남 전쟁 참여		**베트남** 또다시 외세에 맞서다
북한 사회주의 국가의 개인숭배. 모순 어법의 예	**1966**	**중국** 곰탕에 곰이 없고, 문화 대혁명에 문화 없다
국가 전복은 아무나 하나? 동백림 간첩단 사건	**1967**	**이스라엘** 6일 전쟁으로 영토 확대
갈등을 만들어 각자 이득을 챙기는 남과 북	**1968**	**프랑스** 모든 금지를 금지하라! 68 혁명
		체코 소련군은 집에 가라! 프라하의 봄
박정희, 헌법 고치고 대통령 3선을 향해	**1969**	**미국** 아무 죄 없는 캄보디아 민간인까지 학살
		그곳은 황량할 뿐. 인류 최초의 달 탐사
		베트남 미국이 물러날 때까지 끝까지 싸우자!

베트남은 프랑스의 오랜 식민 통치에서 벗어나 사회주의 정부를 세우려고
했어. 그런데 미국은 베트남에 군사 개입을 했어. 당장 미국 내에서 정당성 없
는 전쟁에 대한 반대 여론과 시위가 들끓었어. "국가가 밤낮 전쟁하는 기관인
가?", "국가가 왜 국민을 동원해 전쟁을 하는가?" 미국의 반전 시위는 다른 세
계로 옮겨 갔고, 전쟁에 반대하는 것뿐만 아니라 국가의 권위와 역할에 대해 근
본적인 회의까지 품는 계기가 되었어.

그러한 반대에도 불구하고 전쟁은 확대되었고 더 많은 사람들을 끌어들였
어. 한국 전쟁과 마찬가지로 베트남 전쟁은 이념의 충돌이었고 강대국들이 개
입한 전쟁이었어. 겉으로는 미국과 베트남의 대결이었지만, 소련과 중국이 사
회주의 북베트남을 지원하고 미국의 우방국인 한국·타이완·필리핀·오스트
레일리아 등이 자본주의 남베트남을 돕기 위해 참여한 국제전이었어.

우리나라는 미국 다음으로 많은 병력을 베트남에 보냈어. 이 무렵 남과 북
은 무장 공비 침투 사건과 청와대 습격 사건 등으로 날카롭게 대립하고 있었어.
한반도에서도 반공주의와 공산주의의 대치 상황은 날로 치열해졌지. 이런 상황
을 남북한 정권은 각각 국민을 결집해 체제 경쟁을 벌이고 권력을 탄탄히 다지
는 데 이용하기도 했어.

1964년

미국은 새로운 전쟁의 수렁에 빠져들었어. 1954년 프랑스군은 호치민의 군대에 패배해 물러갔어. 호치민의 북베트남은 베트남 전체를 통일하려고 했어. 미국은 긴장했어. 베트남이 공산화하면 태국·캄보디아·라오스 등 동남아시아 전체로 공산주의가 확대될지도 모른다고 본거야. 그동안 프랑스군에 군사 원조를 해 왔던 미국은 이제 남베트남의 친미 정권(대통령 : 응오딘지엠)을 지원했어.

그러나 응오딘지엠은 민주주의의 수호자가 되기에는 너무나 부패하고 무능했어. 그는 미국의 경제 원조를 빼돌리고 정부 고위직을 친구와 친척들에게 나눠 주었어. 미국이 아무리 원조해 줘도 밑 빠진 독에 물 붓기였어. 자기 나라의 앞날에 대해 미국 정부보다도 무관심했어. 남베트남 군대도 정상이 아니었어. 미국이 아무리 좋은 군사 장비를 쥐여 줘 봐야 번번이 베트콩에게 무너졌어. 심지어 미국 무기를 암시장에 내다 팔기까지 했어.

1964년 11월에는 존슨이 재선을 노리는 대통령 선거가 있었어. 공산주의에 단호하게 대처하지 못하는 인상을 주면 선거에서 표를 얻기 힘들었어. 반면에 전쟁을 선포하면 대통령의 인기는 쭉쭉 올라가게 마련이었지. 그러던 1964년 8월, 미국 구축함이 북베트남의 통킹만에서 얼쩡거리다가 북베트남의 공격을 받았다고 주장했어. 북베트남은 그런 사실이 없다고 부인했지만, 미국 의회는 '통킹만 결의'라는 이름의 전쟁안을 통과시켰어. 미군이 어디 가서 얻어터지고 왔다는 것만큼 확실한 전쟁의 명분은 없었어. 그래서인지 미국은 종종 전쟁판에 뛰어들기 전에 일단 한 대 맞고 시작하는 버릇이 있었어.

북베트남은 미국에 맞서기로 했어. 상대가 아무리 강대국이라도 물러서지 않았어. 북베트남을 돕기 위해 소련제 미사일과 중국의 무기들이 속속 하노이에 도착했어. 미국의 결심도 확고했어. 이 결심이 진짜로 무엇을 뜻하는지 미국 정부는 잘 알고 있었어. 자기 나라의 귀한 젊은이들을 누가 적인지 아군인지조차 알 수 없는 낯선 밀림 속에서 잃어버리는 것이었어.

미국이 새로운 전쟁에 발을 디딜 즈음 일본은 좋은 시절을 보내고 있었어. 패전으로 허덕이는 일본을 미국은 아낌없이 지원했어. 미국은 일본을 재건해 아시아 자본주의 진영을 방어하는 핵심 국가로 만들고자 했어. 특히 한국 전쟁은 일본 경제가 성장하는 좋은 기회였어. 유엔군에 전쟁 물자를 수출하면서 일본 산업은 크게 성장했어.

1964년에 열린 도쿄 올림픽은 일본 경제의 성공을 알리는 자리였어. 일본은 전자 제품으로 세계를 휩쓸면서 미국에 이은 세계 2위 경제 대국으로 성장해 갔어. 미국이나 유럽 제품을 철저히 모방하는 것에서 시작했지만 얼마 후에는 더 나은 것을 내놓았어. 꼼꼼한 제조 능력으로 쌓아 올린 일제(Made in Japan)의 명성은 전 세계에서 인정받았지.

우리나라는 여전히 가난했어. 1964년 박정희 대통령은 서독을 방문해 여러 산업을 일으키는 데 쓸 차관을 얻어 왔어. 앞서 1963년부터는 서독에 광부와 간호사를 파견했어. 광부들은 지하 1킬로미터 갱도에서 석탄을 캤고 간호사들은 고된 병원 일을 도맡았어. 이렇게 번 돈을 거의 전부 가족에게 보냈어. 이들이 서독에서 벌어 한국으로 보낸 외화는 경제 개발에 큰 보탬이 되었어. 외국 노동자들이 돈을 벌러 한국으로 오는 요즘과는 반대되는 풍경이었지.

1965년

1945년 해방 이후 한국과 일본의 외교와 경제 관계는 모두 단절되었어. 그러나 지리적으로 가장 가까운 이웃 나라끼리 담을 쌓고 지내는 데는 한계가 있었어. 두 나라 정부는 외교 관계를 다시 트기로 비밀리에 합의했어. 일본은 그 대가로 한국에 원조와 차관을 주기로 약속했어. 1964년에 이러한 사실이 알려지자 학생과 시민들이 식민 지배에 대한 일본의 사죄 없이 외교 관계를 맺는 것에 반대하는 시위를 벌였어. 시위가 격렬해지자 정부는 계엄령을 선포하고 군대를 동원해 진압했어.

시민들과 야당의 반대에도 정부는 밀어붙였어. 결국 1965년 6월 한

일 협정이 체결되어 외교 관계가 다시 시작되었어. 일본은 5억 달러의 무상 원조와 차관을 주면서 이것을 식민지 피해 보상금이 아니라 독립 축하금이라고 불렀어. 강도가 피해자에게 피해 보상금을 주면서 "강도 의 손에서 풀려난 것을 축하해요." 하는 셈이었지.

학생과 시민들은 다시 거리로 나와 한일 회담 반대 시위를 벌였어. 36년에 걸친 가혹한 식민 통치와 수탈이 이렇게 간단히 마무리될 수는 없다고 생각했어. 그러나 일본은 한반도를 합법적으로 지배했으며, 따 라서 피해 보상 할 이유도 없다고 주장했어. 이렇게 과거사를 반성하 기는커녕 '합법적 지배' 운운하는 소리에 시위 군중은 더욱 분노했어. "굴욕적인 외교다. 푼돈 얼마 받자고 민족의 자존심을 팔아먹었다."고 비판했지.

1965년 3월, 미국 폭격기들이 북베트남을 공격하기 시작했어. 공습

을 쏟아부은 미국은 대화와 협상을 제안했지만 북베트남은 더 맹렬하게 남베트남으로 침투했어. 미국의 전쟁 예산과 파병 미군의 수는 점점 늘어났어. 병력을 늘리기 위해 미국 정부는 징병제를 실시했어. 전쟁에 반대하는 청년들을 전쟁터에 보내 싸우게 하자 학생들의 반발이 빗발쳤어. "내가 왜 미워해야 하는지 알지도 못하는 사람을 어째서 죽여야 하는가?" 오랜 식민 시대를 끝내고 통일 국가가 되려는 베트남인들의 정당한 의지를 방해하는 불의한 전쟁이라고 생각한 거야.

호치민이 이끄는 북베트남 정부에게 이 전쟁은 제국주의에 맞서는 독립 전쟁이었어. 10세기부터 이어진 중국 왕조들의 정복 시도에 맞선 전쟁, 19세기 프랑스에 대항한 독립 투쟁, 1941년 베트남을 점령한 일본과의 전쟁, 1945년 다시 베트남을 침략한 프랑스와의 전쟁, 그리고

베트남 전쟁 반대 시위 미국이 베트남에서 전쟁을 벌이자, 전쟁을 반대하는 시위가 일어났다. 시위에 참여한 여인이 평화를 기원하는 간절한 표정으로 꽃을 들고서 총을 든 군인들 앞으로 다가서는 모습이다.

이번에는 미국이었어. 상대만 바뀌었을 뿐 외세와의 싸움이라는 상황은 똑같았어.

미국 정부는 이 전쟁을 공산주의 대 자유주의의 전쟁으로 규정하려 했어. 공산주의의 확산을 막는 것은 냉전 시대 미국의 가장 기본적인 외교 정책이었지. 우리나라가 베트남 전쟁을 보는 시각도 마찬가지였어. 미국의 존슨 대통령이 한국군 파병을 요청하자 박정희 대통령은 전투 부대를 보냈어. 한국 전쟁 때 피를 흘려 준 미국의 은혜를 갚고 북베트남 공산주의를 꺾는다는 이유였어.

참전한 한국군들도 공산주의의 위협에서 자유 민주주의 베트남을 지키러 간다고 믿었어. 또한 50달러가량의 월급은 목숨 값치고는 보잘것없었지만 가난한 시절에는 큰 의미가 있었어. 쪼들리는 집안 살림에 생활비를 보태거나 부모님께 송아지 한 마리 사 드리고 싶어서 참전한 젊은이들도 많았어. 병사들의 달러 월급과 미군에 군수 용품을 수출해서 벌어들인 달러는 경제 개발의 씨앗으로 쓰였어.

한국군을 파병해 미국의 체면을 세워 준 박정희 대통령은 존슨 대통령이 보낸 특별 전용기를 타고 미국을 방문해 최고 국빈 대우를 받았어. 하지만 국제 사회에서 우리나라는 미국의 명분 없는 전쟁에 용병을 보냈다며 따가운 눈총을 받았어.

우리나라에서도 베트남 전쟁에 반대하는 시위가 일어났지만 미국만큼은 아니었어. 그때는 언론과 표현의 자유가 박탈당한 시기였어. 김수영 시인은 이때 불의에 저항하지 못하고 침묵하던 지식인의 처지에서 깊은 자기반성의 시를 썼어.

왜 나는 조그마한 일에만 분개하는가 (……)

언론의 자유를 요구하고, 월남(베트남) 파병에 반대하는

자유를 이행하지 못하고

20원을 받으러 세 번씩 네 번씩

찾아오는 야경꾼들만 증오하고 있는가

—〈어느 날 고궁을 나오면서〉(1965년)

1966년

세계는? 중국 : 곰탕에 곰이 없고, 문화 대혁명에 문화 없다

한국은? 북한 : 사회주의 국가의 개인숭배, 모순 어법의 예

중국의 대약진 운동(1958~1962년)은 처참하게 실패했어. 굶어 죽은 사람은 헤아릴 수조차 없었어. 이제 마오쩌둥이 물러나고 공산당의 새로운 지도자가 실용적인 기술과 지식에 중점을 두어 중국을 개혁하고 경제를 회복하려 했어. 특히 덩샤오핑은 경제 발전에는 물질적 보상이 필요하다는 자본주의적인 생각을 하는 사람이었어.

그렇지만 마오쩌둥은 가만히 물러나 있지 않았어. 그는 자신이 권력에서 밀려나는 것을 두려워했어. 마오쩌둥은 개혁 세력이 자본주의에 물들어 순수한 공산주의 혁명을 망친다고 주장했어. '문화 대혁명'이라는 이름으로 순수한 공산주의를 강조하고, 그에 반하는 사상·문화·사람들을 공격하게 했어.

덩샤오핑은 자본주의 사상을 지닌 '인민의 적'으로 몰려 외떨어진 공장에서 기계공으로 살아갔어. 제거 대상은 보통 사람들에게까지 확대되었어. 홍위병이라는 이름으로 동원된 어린 학생들은 마오쩌둥을 숭배하고, 마오쩌둥의 생각과 어긋난 사람들을 비판하고 공격했어. 홍위병의 빨간 완장은 마음대로 폭력을 써도 좋다는 허가증이나 마찬가지였어. 사람들은 광기에 빠진 홍위병들의 구타에 시달리고 집을 수색당하고 맞아 죽기까지 했어. 이러한 폭력이 '혁명'이라는 이름 아래 얼마든지 허용되었고 마오쩌둥은 이것을 부추겼어.

서구의 예술·교육·학문과 도시의 문화는 모두 금지되고 파괴되었어. 외국과 관계가 단절되고, 교육받은 도시 사람들은 시골로 추방당했어. 마오쩌둥은 이렇게 하면 도시와 시골의 격차가 사라져 평등한 세상이 된다는 엉뚱한 생각을 했어.

문화 대혁명은 1976년까지 10년 동안이나 이어졌어. 수백만 명이 고문, 강탈, 감금, 강제 이주, 살해를 당했어. 문화 대혁명에는 '문화'도 '혁명'도 없었어. 권력을 향한 권력자 한 사람의 집착이 불러온 야만적 폭력과 학살, 문화 파괴만이 있었을 뿐이야. 자본주의 색채를 벗겨 낸다는 미명 아래 모든 사람을 서로 적으로 만들고 사회를 증오가 가득한 곳이 되게 했어.

문화 대혁명은 중국의 경제도 뒷걸음치게 만들었어. 이때는 세계 경제가 호황기를 맞아 여러 나라들이 초고속 경제 성장을 이루었어. 중국은 그 기회를 놓치고 낙후한 나라로 남았어. 문화 혁명 이후 마오쩌둥은 혁명가에서 폭군의 이미지를 얻었어. 하지만 천안문 광장에는 아직도 마오쩌둥의 초상화가 걸려 있어. 중국인들에게 숱한 재앙을 안겨 주었지만 마오쩌둥은 여전히 공산 국가 중국의 정체성을 확립한 지도자로 존경받고 있지.

앞서 보았듯이 스탈린이 사망한 뒤 소련은 스탈린식 1인 독재 권력과 개인숭배를 비판하고 이를 극복하려고 노력했어. 개인숭배는 사회주의와 어긋나기 때문이지. 그런데 스탈린식 공산주의를 모델로 삼아 온 북한에서는 이러한 비판이 싹트는 대신 '주체사상'이라는 것을 만들어 김일성 유일 체제를 강화했어.

북한은 사회주의로는 설명이 안 되는 체제였고 소련 체제와도 어긋났어. 그러자 사회주의 이론을 북한에 맞게 변형시킨 것이라며 주체사상을 내놓았어. 주체사상은 "사람이 모든 세계를 지배하는 주인이고 모든 것을 결정한다."고 말해. 언뜻 철학이나 인본주의 사상처럼 보이기도 하지. 그러나 "김일성이 만물의 주인이고 모든 것을 결정한다."는 현실을 그대로 말하기 멋쩍으니까 철학 이론처럼 포장한 것이었어. 북한 인민은 오직 수령에 대한 절대 충성만을 강요당했어. 1967년 북한은 주체사상을 공식화하고 유일한 통치 이념으로 삼았어. 주체사상이라는 이름으로 김일성 우상화와 신격화는 더 강조되었어.

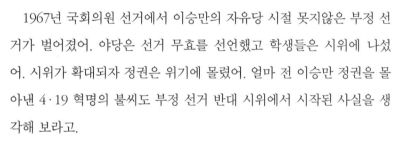

1967년

세계는? 이스라엘 : 6일 전쟁으로 영토 확대

한국은? 국가 전복은 아무나 하나? 동백림 간첩단 사건

1967년 국회의원 선거에서 이승만의 자유당 시절 못지않은 부정 선거가 벌어졌어. 야당은 선거 무효를 선언했고 학생들은 시위에 나섰어. 시위가 확대되자 정권은 위기에 몰렸어. 얼마 전 이승만 정권을 몰아낸 4·19 혁명의 불씨도 부정 선거 반대 시위에서 시작된 사실을 생각해 보라고.

그러던 중 중앙정보부는 동백림(동베를린) 간첩단 사건을 발표했어. 독일·프랑스의 한국 유학생과 예술가들이 북한을 위해 간첩 활동을 했다는 거야. 간첩으로 지목된 사람들은 음악가·시인·광부·유학생 등이었어. 이들이 얼마나 대단한 국가 기밀을 안다는 것인지, 심지어 국가를 뒤집어엎으려 했다니 지나가던 소가 웃을 일이었어. 국가는 커녕 동네 포장마차 하나 엎지 못할 인물들이었지. 그런 이들에게 '국가 전복'이라는 터무니없는 죄를 뒤집어씌웠어. 떠들썩한 간첩 사건으로 부정 선거 반대 시위를 잠재우고 싶었던 거야.

중앙정보부는 이들을 속이거나 납치해서 한국으로 데려왔어. 악명 높은 남산 취조실에 끌려간 이들은 위협과 강압에 못 이겨 간첩 행위를 했다고 억지로 시인했어. 이 일은 곧 국제 문제가 되었어. 아무리 자국민이라도 다른 나라에서 납치하는 것은 국제법에 어긋나는 주권 침해이고, 상대국을 존중하지 않는 행위야. 서독은 한국 정부에 강력히 항의하고 차관을 중단하겠다고 압박했어. 인권 후진국이라는 국제적인 비난도 빗발쳤어. 다행히 이러한 압력 덕분에 억울하게 잡혀갔던 사람들이 풀려났어. 그러나 박정희 정권은 이런 간첩 사건 조작으로 위기를 넘겼어.

1967년 이스라엘과 주변 아랍 국가들 사이에 전쟁이 일어났어(6일 전쟁). 아랍 여러 나라들은 이스라엘 국가의 존재를 인정하지 않은 채 이스라엘을 압박해 왔어. 긴장이 높아지자 이스라엘은 이집트, 요르단, 시리아를 차례차례 기습적으로 선제공격했어. 전쟁은 엿새 만에 이스라엘의 승리로 끝났어. 이스라엘은 원래 땅의 6배나 되는 영토를 점령했어.

이스라엘 사람들은 2천 년 만에 다시 세운 나라를 지키기 위해 사생결단으로 싸웠어. 더구나 막강한 군사력을 갖춘 이스라엘은 미국의 군사 원조와 외교적 지원까지 받고 있었어. 갓 전학 온 중학생이 하는 짓이 밉상이라 얻어맞게 생겼는데, 알고 보니 복싱 체육관 다니는 대학생 형이 있었던 거지!

미국의 서남아시아 외교 정책은 이스라엘의 이익에 유리하게끔 맞추어져 있었어. 국제 사회에서도 미국은 이스라엘의 대변자처럼 행동했어. 이스라엘이 종종 깡패 같은 행동을 해서 국제 사회가 비난하거나 제재하려고 하면 미국이 나서서 가로막았어. 그 배경에는 미국의 정치와 경제를 좌지우지하는 유대인들의 영향력이 있어. 유대계의 지지 없이 미국에서 정치를 하거나 미국 대통령으로 선출되기란 불가능하다고 말할 정도지. 오늘날 아랍 국가들과 미국 사이에 앙금이 생긴 근본 원인도 이처럼 이스라엘에 일방적으로 기울어져 있는 미국의 외교 정책 때문이야.

1968년

미국과 소련이 베트남 전쟁에 자원과 인력을 집중하는 사이, 남북한의 갈등은 최악으로 치달았어. 1968년 1월 21일, 북한 특수 부대 31명이 휴전선을 넘어 서울에 침투했어. 남한 군대가 허술했는지 아니면 북한 부대의 발이 빨랐는지, 일주일 만에 산을 타고 서울까지 왔어. 이들의 임무는 청와대를 습격해 박정희 대통령을 살해하는 것이었어. 청와대 코앞까지 왔다가 결국 정체가 드러나 대부분 사살되고 1명이 생포되었어.

이틀 만인 1월 23일, 미국 군함 푸에블로호가 북한에 나포되는 사건이 있었어. 북한 영해를 침범했다는 이유였어. 미국은 "공해(누구나 자유롭게 항해할 수 있는 바다)상에서 납치당했다."며 항공모함 세 척을 들이대고 북한을 압박했어. 한반도는 긴장에 휩싸였어. 그러나 베트남 전쟁으로 이미 지쳐 있던 미국은 북한 영해를 침범한 사실을 시인하고 사죄했어. 남의 나라에 사죄한 것은 미국 역사상 처음 있는 일이었어. 하지만 북한이 푸에블로호 승무원들을 풀어 주자마자 미국은 '퉤퉤' 하며 사죄를 취소했어.

10월에는 울진·삼척에 북한 유격대 120명이 침투했어. 국군의 소탕 작전으로 대부분 사살되었지만, 그 과정에서 유격대에 희생된 민간인들도 있었어. 강원도 두메산골에 살던 이승복 어린이도 희생자 가운데 하나였어. 이승복은 집에 들이닥친 북한 유격대를 보고 "나는 공산당이 싫어요."라고 말했다가 죽음을 당했어. 그 뒤 학교마다 반공의 상징으로 이승복 동상이 세워졌어. 하지만 눈에서 레이저를 뿜는 엑스맨도 아니고 겨우 아홉 살짜리 어린이가 어떻게 총을 든 사람 앞에서 저런 말을 했을까? 언론에서 부풀린 이야기가 아닌지 논란이 일기도 했어.

이러한 사건들로 북한을 향한 적개심은 최고조에 달했어. 우리 텔레비전 방송은 북한을 가리켜 호시탐탐 도발을 일삼는 '이리 떼'라고 불렀어. 북한도 지지 않고 틈만 나면 "제국주의 미국을 몰아내고 남조선 혁명을 일으키자."며 미국을 '승냥이 떼'라고 욕했어. 이렇게 서로를 갯과 육식 동물로 묘사해 가며 욕을 퍼붓는 동안 남북 관계는 평행선을 달렸어. 남한 정권과 북한 정권은 이런 긴장을 이용해서 국민을 증오심으로 단결시켜 자신의 권력을 강화했어.

1968년은 세계적으로 저항과 혁명의 바람이 불던 시기였어. 체코슬로바키아에서는 민주 자유화 운동이 일어났어. 1968년 1월, 체코슬로바키아 공산당 지도자가 된 둡체크는 민주주의 개혁을 시작했어. '인간의 얼굴을 한 사회주의'를 외치며 시민들에게 더 많은 정치적·사회적 자유를 허용했어. 비판이 허용되지 않던 사회에 말할 수 있는 권리가 주어졌어. 검열이 폐지되고 공산당 이외의 정당들이 다시 활동하면서 다양한 목소리가 보장되는 의회 제도가 회복되었지. 체코 국민들은 이러한 숨통 트이는 변화를 '프라하의 봄'이라 부르며 환영했어.

그러나 소련의 지도자 브레즈네프는 이러한 개혁이 사회주의를 부정하는 것이라고 보았어. 그는 소련 군대를 보내 체코를 침공했어. 프라하 거리에 모인 시민들은 "외국 군대는 집에나 가라."고 외쳤어. 그러자 소련군이 기관총을 난사했어. 수십 명이 죽고 시위대는 흩어졌어. 둡체크와 개혁파는 모두 쫓겨나고 칙칙한 옛 공산당 정권이 다시 들어섰어. 체코슬로바키아인들은 억압적인 공산 체제의 허구성을 깨달았지. 시민들의 자유를 탱크로 짓이기는 사회주의 종주국 소련의 이미지는 추락했어.

68 혁명의 시위대 2차 세계 대전 이후에 자란 젊은 세대는 기존의 모든 가치와 권위에 저항했다. 68 혁명은 정치 혁명인 동시에 문화 혁명이기도 했다.

1968년 프랑스 파리에서는 사회 저항 운동이 일어났어(68 혁명). 대학생들이 시위를 벌이자 1천만 노동자의 총파업으로 번졌어. 학생과 시민들은 오래된 가치, 전통, 종교, 권위가 지배하는 사회 질서에 반발했어. 권위주의적인 국가는 사사건건 국민들을 통제하고 자연스러운 욕망마저 금지했어. 국가는 마치 전쟁을 하는 기관인 양 젊은이들을 데려다가 전쟁터에서 죽였어. 시위대는 평등과 인권, 억압받지 않는 삶, 반전 평화 등을 주장했어. 이러한 목소리는 프랑스를 넘어 서유럽 전체로 확대되었고, 많은 이들의 호응을 얻었어. 기성 문화에 반항하는 젊은이들은 체 게바라 같은 혁명가를 우상으로 삼기도 했어.

1969년

세계는? • 미국 : 아무 죄 없는 캄보디아 민간인까지 학살
그곳은 황량할 뿐. 인류 최초의 달 탐사
• 베트남 : 미국이 물러날 때까지 끝까지 싸우자!

한국은? 박정희, 헌법 고치고 대통령 3선을 향해

1969년 박정희 대통령은 3선 연임을 위해 헌법을 고치기로 했어. 그러자 전국에서 개헌 반대 시위가 벌어졌어. 야당 의원들도 반대 투쟁에 나섰어. 김영삼 의원은 박정희 대통령이 없어도 우리나라는 계속 전진할 수 있다며 3선 개헌을 비판했다가 테러를 당하기도 했어. 3선 개헌안은 결국 야당 의원들을 따돌린 채 새벽 2시에 날치기 통과되었어.

사회 곳곳의 부패와 비리는 여전했어. 정치인은 대기업에 이권을, 대기업은 정치인에게 정치 자금을 주면서 공생했어. 사카린 밀수 사건(1966년)이 대표적인 사례야. 삼성이 정권에 정치 자금을 주기로 하고 사카린을 밀수입하다가 적발되었어. 세관과 경찰은 엄격하게 처벌하지 않고 사건을 얼렁뚱땅 넘겼어. 1970년, 김지하 시인은 이러한 시대상을 풍자하는 〈오적〉이라는 시를 발표했어. 부정부패로 비난받던 권력층을 을사오적에 빗대어 오적이라 부르며 비꼰 내용이었지.

오적이라 하는 것은 재벌, 국회의원, 고급 공무원, 장성, 장·차관이란 다섯 짐승, 시방 동빙고동에서 도둑 시합 열고 있소. / 으흠, 거 어디서 많이 듣던 이름이다. 정녕 그게 짐승이냐? / 그라문이라우, 짐승도 아주 흉악한 짐승이지라우.

—〈오적〉 중에서(1970년)

세계 대전을 두 차례나 승리로 이끌었던 미국이 지금은 베트남을 상대로 쩔쩔매고 있었어. 베트콩(베트남 민족 해방 전선)은 밀림 속에 숨어 있다가 미군에게 공격을 퍼붓고 다시 밀림 속으로 유령처럼 사라졌어. 베트콩들은 갈래갈래 두더지처럼 파 놓은 지하 터널을 통해 베트남 전체를 휘저으며 게릴라전을 펼쳤어. 미국은 세금까지 올려 가며 전쟁 비용을 댔지만 역부족이었어. "최후의 양키(미국인을 얕잡아 부르는 말)가 물러날 때까지 끝까지 싸우자." 1969년 북베트남 지도자 호치민이 남긴 유언이었어.

훗날 베트남이 통일되었을 때 사람들은 그를 기리기 위해 도시 이름을 사이공에서 호치민으로 바꾸었어. 호치민은 민족 해방의 상징으로 베트남인들에게 존경받고 있어. 특히 그는 최고 권력자가 된 후에도 평생을 민족을 생각하며 청빈하고 소탈하게 살았어. 권력을 얻으면 그것으로 안락함, 사치, 더 큰 권력을 누리려는 어떤 혁명 지도자들과는 확실히 다른 모습을 보여 주었지.

민간인 학살 사건들이 알려지면서 미국에서는 반전 시위가 더욱 달아올랐어. 베트남 미라이 마을에서는 500여 명의 민간인이 학살당했어. 미군들은 마을 사람들이 베트콩을 몰래 돕고 있다며 무차별 사격을 가했어. 댓잎 지붕에 불을 붙이고 집 안에 수류탄을 던졌어. 미래의 베트콩이라며 어린이와 아기들에게까지 총을 쏘았어. 그 마을에서 살아남은 거라곤 병아리뿐이었어.

민간인 학살은 옆 나라까지 옮겨 갔어. 1969년, 미군은 캄보디아를 공습하기 시작했어. 캄보디아로 이동한 북베트남군을 공격한다는 이유였지. 그런데 미군 폭격기는 논밭에서 일하거나 집에 있던 캄보디아 농민들에게 무차별 폭격을 퍼부었어. 죄 없는 캄보디아인들이 15만 명이나 희생당했어. 이 엄청난 재앙을 기획한 미 국무장관 키신저는 몇 년 뒤 베트남 전쟁 종결 협상을 잘했다는 공로로 노벨 평화상(1973년)을 받았어. 폭약 제조 업체가 주는 공로상이라면 모를까, 평화상을 주다니 참 희한한 일이었지.

"우리는 달에 가기로 했습니다." 1962년 미국의 우주 비행사가 지구 궤도를 15분 동안 여행하는 데 성공하자 자신감을 얻은 케네디는 이렇게 선언했어. 케네디는 옛날에 바다를 지배한 나라가 대륙을 지배했듯, 이제는 우주를 지배하는 나라가 지구를 지배한다고 생각했어. 1969년 7월 16일, 미국의 아폴로 11호가 드디어 달에 착륙했어. 우주 비행사 암스트롱이 달에 착륙해 성조기를 꽂는 장면은 전 세계에 생방송으로 중계되었어. 우리 조상들은 달에서 토끼가 방아를 찧고 있다고 상상했는데, 이렇게 직접 확인해 보니 달은 황량하고 숨 막히는 고요함으로 뒤덮인 곳이었어. 인류가 달을 정복했다고 선언했지만 달에 화장실 하나 지어 놓지 못하고서 정복했다고 말하는 건 좀 과장이었어. 눈도장, 발 도장 찍고 왔다는 게 더 정확한 표현이겠지.

화해의 시대

1970~1978

	한국은?		세계는?	
우리는 기계가 아니다! 성장의 그늘	○	**1970**	○	**서독** 나치스의 잘못을 사죄합니다
박정희 대통령의 무한 도전?	○	**1971**	○	**프랑스·독일** 핵무기 없는 세상을 위해. 반핵 운동
				미국·중국 우리, 화해할까요?
평화 통일 분위기 띄웠다가 독재 권력 강화	○	**1972**	○	**미국·중국** 닉슨과 마오쩌둥의 만남
				필리핀 부패한다면 마르코스처럼
빨갱이 사냥과 체육관 선거	○	**1973**	○	**칠레** 지구 반대편에서 찾은 닮은꼴? 반공 독재
				국제 사회 기름통을 지켜라! 1차 석유 파동
대통령이 기자들을 쫓아내다. 언론 탄압	○	**1974**	○	**미국** 기자들이 대통령을 쫓아내다. 워터게이트 사건
		1975	○	**미국** 상처뿐인 늪에서 기어 나오다. 베트남 전쟁 끝
				캄보디아 악몽 같은 기억. 킬링필드
		1976	○	**중국** 쥐 잘 잡는 고양이가 최고! 시장 경제 도입
				부탄 돈보다 행복이 먼저인 나라
산업 수출국으로 발돋움. 발밑에는 값싼 노동자들이	○	**1977**		
박정희, 인권과 담 쌓고 카터와 신경전	○	**1978**	○	**미국** 인권 대통령 카터 취임

냉전은 결국 아무도 이길 수 없는 싸움이라는 인식이 싹트기 시작했어. 냉전의 끝없는 대결은 양쪽 모두에게 엄청난 예산과 국력을 소모하게 했어. 핵무기 시대의 전쟁은 승자도 패자도 없이 모두 자멸하게 만드는 위험한 도박이었어. 무력으로 상대를 압도해 평화를 지킬 수 있다는 믿음도 시들해졌어. 결국 두 세계는 대결과 긴장 상태를 해소하기로 했어. 한국 전쟁에서 맞붙은 이래 원수로 지내 온 미국과 중국이 정상 회담을 열고 화해의 길을 찾았어.

이러한 흐름에 맞추어 남한과 북한도 남북 공동 성명을 발표하며 손을 잡았어. 그러나 화해하는 척만 했을 뿐이었어. 남북의 대치 상황은 전혀 누그러지지 않았고 오히려 권력 강화에 이용되었어. 유신 헌법으로 박정희 대통령의 독재 권력은 더욱 강화되었어. 그럼에도 민주주의와 자유를 요구하는 시민들의 움직임은 꾸준히 이어졌어. 북한에서는 김일성 유일 체제가 단단히 자리 잡았어. 북한 주민들은 시민 이전에 인간으로서 자유와 권리도 빼앗겼어. 세계는 냉전의 골을 빠져나오려 하는데 한반도에서는 그 출구가 보이지 않았어.

1970년

1970년, 서울과 부산을 잇는 경부 고속 도로가 개통되었어. 2년 반 만에 뚝딱 완성한 이 고속 도로는 빠른 경제 성장의 상징과도 같았어. 이 고속 성장의 시기에 우리나라 사람들은 무엇이든 '하면 된다.', '빨리빨리 해치우자.'는 근성을 길렀어. 매사에 느릿느릿한 조선 시대 양반들은 '쌍것들'이나 방정맞게 서두른다고 생각했지만, 이제는 양반 쌍것 할 것 없이 다들 바삐 움직였어.

화려한 경제 성장을 떠받친 것은 노동자들이었어. 노동자들은 낮은 임금과 열악한 노동 환경에서도 성실하게 일했어. 기업이 성장하고 나라가 잘살면 개인도 잘살게 되리라고 믿었지. 하지만 노동자들의 삶의 조건은 여전히 각박했고, 산업화의 열매가 그들에게는 돌아가지 않았어. 1970년 11월, 노동자들의 이러한 팍팍한 현실을 돌아보게 한 사건이 일어났어. 서울 청계천 평화 시장에서 전태일이라는 청년이 자기 몸에 석유를 들이붓고 불을 붙인 거야. 그는 "근로 기준법을 지켜라. 우리는 기계가 아니다."라고 외치며 쓰러졌어.

그 무렵 평화 시장은 우리나라 사람들이 입는 옷의 대부분을 만드는 곳이었어. 2만 명이 넘는 노동자들이 이곳에서 일했는데, 대부분 가난과 배고픔을 해결하고자 온 사람들이었어. 노동 환경은 비참했어. 15세 남짓한 어린 여공들이 재봉틀을 돌리는 봉제 공장은 천장이 너무

근로 기준법
사회적으로 약자인 노동자의 기본적인 생활을 보장하고 균형 잡힌 경제 발전을 목적으로 하여 노동 시간, 임금, 휴가 등을 정해 놓은 법.

낮아서 허리를 펼 수도 없었고, 햇빛도 바람도 들어오지 않았어. 쉬는 날도 없이 하루 14시간 동안 일하고 받는 일당은 겨우 커피 한 잔 값 정도였어. 소녀들은 자기가 혹사당하고 있다는 사실조차 모르고 일했어. 계절이 바뀌고 낮밤이 바뀌어도 기계처럼 재봉틀을 돌리고 또 돌려야 했어.

전태일은 가난 때문에 초등학교를 중퇴하고 피복 공장에서 일하는 재단사였어. 그는 한 여공이 폐병에 걸린 뒤 아무 보상도 받지 못하고 쫓겨난 것을 계기로 비참한 현실을 바꾸기 위해 나섰어. 그는 업주들이 노동자들을 착취한다며 정부에 도움을 요청했어. 이미 있는 법(근로 기준법)에 따라 노동자들을 대우해 달라는 것이었어. 하지만 아무 변화가 없자 전태일은 자기 몸에 불을 붙였어. 자기 목숨과 맞바꾸어 노동자의 현실을 세상에 알린 거야.

"독일에는 서로 다르지 않은 두 개의 국가가 존재한다." 1969년 서독 총리가 된 빌리 브란트는 최초로 동독을 인정했어. 그리고 동유럽의 공산권 국가들과도 관계를 개선했어. 1970년 드디어 동서독 회담이 열렸고 동베를린과 서베를린의 왕래, 우편, 통신 교류가 활발해졌어. 그해 12월 폴란드를 방문한 빌리 브란트는 바르샤바의 유대인 희생자 추모비에 들렀어. 그리고 추모비 앞에 갑자기 무릎을 꿇고

나치스의 잘못을 사죄하는 빌리 브란트 서독 총리 빌리 브란트가 유대인 희생자 추모비 앞에서 무릎을 꿇고 사죄하여 전 세계에 감동과 교훈을 주었다. 역사의 상처를 치유하기 위해 어떻게 행동해야 하는지 보여 준 좋은 사례다.

는 한참 동안 고개를 숙였어. 나치스 독일이 저지른 폴란드 유대인 학살을 사죄하고 참회하는 행동이었어. 이 진심 어린 사죄는 많은 사람들을 숙연하게 했어.

정치인의 어떤 화려한 말과 수사보다도 강렬한 이 행동을 폴란드인들은 평화와 화해의 몸짓으로 받아들였어. 그 뒤 빌리 브란트는 이스라엘에 가서도 "나치스가 유대인에게 저지른 만행을 사죄합니다."라고 말했어. 빌리 브란트도 2차 세계 대전 때 나치스의 핍박을 받았던 사람이야. 그런데 독일 수상으로서 과거와 현재의 모든 독일인을 대표해 사과했어. 물론 한 번의 행동으로 나치스 독일이 저지른 무시무시한 범죄들이 단번에 잊히진 않겠지. 하지만 적어도 세계인들은 이제 독일이 정상으로 돌아왔고, 화해와 공존이 가능한 나라임을 알게 된 거야.

1971년

세계는? • 프랑스·독일 : 핵무기 없는 세상을 위해. 반핵 운동
• 미국·중국 : 우리, 화해할까요?

한국은? 박정희 대통령의 무한 도전?

1971년, 프랑스와 독일에서는 핵 실험과 핵 발전소 건설에 반대하는 시위가 벌어졌어. 1950년대에 벌어진 최초의 반핵 운동은 방사능의 위험을 가장 잘 아는 과학자들이 시작했는데, 이제 일반 시민들이 생존권과 건강을 지키기 위해 반핵 운동에 나선 거야. 핵 실험은 땅과 바다를 가리지 않았어. 핵 실험으로 생긴 방사능 낙진은 물고기와 풀을 오염시켰고 먹이 사슬을 타고 사람 몸속에까지 도달했어. 그러나 과학자들이 아무리 위험성을 경고하고 시민들이 걱정해도 각 나라 정부들은 핵무기를 손에 넣기 위해 안달이었어.

1970년 한국의 대통령 선거는 현직 대통령 박정희와 야당의 젊은 지도자 김대중의 맞대결이었어. 박정희 대통령은 "이번 한 번만 뽑아 달라. 이번이 진짜 마지막이다."라고 호소했어. 김대중 후보는 "이번에 정권 교체를 이루지 못하면 박정희 대통령이 영원히 집권할 것이다."라고 말했어. 때마침 수사 기관은 간첩 사건을 발표했어. 일본에서 유학 온 형제 간첩단이 북한의 지령을 받아 대한민국 정부를 뒤엎으려 했다는 거야. 간첩 행위를 했다는 증거는 하나도 없었어. 하지만 두 형제가 무시무시한 고문을 받은 증거는 있었어. 이렇게 분위기를 험악하게 몰아간 뒤 김대중에게 빨갱이 이미지를 덮어씌웠어. 언론을 조작하고 거짓 소문을 퍼뜨리니 실제로 그렇게 믿는 사람들이 생겨났어.

결국 박정희 대통령은 3선 대통령으로 당선되었어(박정희 634만 표, 김대중 539만 표). 그렇지만 현직 대통령에게 절대적으로 유리한 조건에서 치른 선거라는 점을 감안할 때 박정희 정권을 바짝 긴장하게 하는 선거 결과였지. 대통령 선거 이후에도 민주화 시위가 계속되자

이번에도 내가 또 대통령 할래.

왕이 되려는 거야?

멍! 멍!

박정희

수사 기관은 민주화 운동이 북한의 조종을 받는 빨갱이들의 행동이라 며 탄압했어. 대학에는 군대가 주둔했고, 시위자들은 끊임없이 체포되 었어.

꽁꽁 얼어붙은 우리나라와 달리 국제 사회의 흐름은 바뀌고 있었어. 냉랭한 원수 사이였던 미국과 중국은 관계 개선에 나섰어. 미국은 타 이완 대신 중국을 인정했어. 그 결과 1971년 중국은 타이완 정부를 대 신해 유엔 가입국이 되고 상임 이사국 자리까지 차지했어. 또 중국 탁 구 팀이 미국 탁구 팀을 베이징에 초청한 것을 계기로 중국은 미국 대 통령을 초청했어(핑퐁 외교).

한편, 미국은 베트남 전쟁의 수렁에서 어떻게 빠져나올지 고민이었 어. 북베트남은 더 거센 공격을 퍼부었지만 미국은 반전 여론 때문에 전쟁에 소극적이었고 미군들은 전쟁할 마음을 아주 잃어버렸어. 누구 를 위해, 어떤 가치와 목적을 위해 싸워야 하는지 잘 몰랐거든. 그래서 전투에 나가라는 지시에 따르지 않는 '전투 거부' 부대가 생겨나기 시 작했어. 전투를 거부하는 부대라니, 뜀뛰기를 거부하는 개구리나 노래 하기를 거부하는 뻐꾸기만큼이나 어이없는 일이지. 그렇지만 많은 병 사들에게 더 어이없는 상황은 지금의 전쟁 자체였어.

1972년

1972년 2월, 닉슨 미국 대통령이 중국으로 날아가 마오쩌둥 주석을 만났어. 도저히 화해할 수 없을 것 같던 두 국가의 정상이 악수를 나누었어. 닉슨의 이러한 외교를 '데탕트'라고 불렀어. 프랑스어로 '휴식, 긴장 완화'라는 뜻이야. 몇 해 뒤인 1979년 미국은 중국과 국교를 맺었어.

1972년 5월, 우리로서는 닉슨과 마오쩌둥의 만남보다 더 충격적인 만남이 있었어. 이후락 중앙정보부장이 평양에 가서 김일성 주석을 만난 거야. 중앙정보부장이라면 김일성을 악마로 여기면서 공산주의자 잡아들이는 일로 먹고사는 사람이었어. 처음에 그는 사자 굴에 들어간 토끼처럼 벌벌 떨었지만 이내 김일성의 환대를 받았어. 이러한 사전 접촉을 하고 얼마 뒤, 중앙정보부장은 남북이 사상과 이념의 차이를 뛰어넘어 하나의 민족으로 단결하고 조국 통일을 위해 노력하기로 했다고 발표했어(7·4 남북 공동 성명).

중앙정보부장이 김일성을 만나 통일을 이야기했다니! 사람들은 깜짝 놀랐어. 그 무렵 남북 관계는 최악이었고, 통일은커녕 전쟁이 일어나지 않는 것만 해도 다행인 시절이었거든. 그런데 갑자기 남북이 통일의 원칙에 합의하다니. 사람들은 기대에 부풀고, 전국이 축제 분위기에 싸였지.

하지만 반전이 기다리고 있었어. 그해 10월, 박정희 대통령은 국회를 해산하고 계엄령을 선포했어. 그리고 10월 17일, 민주적인 절차 따위는 가볍게 무시하고 '유신 헌법'이라는 새 헌법을 선포해 대통령 연임 제한을 없앴어. 죽을 때까지 대통령을 하겠다는 의미였지. 대통령은 또 긴급 조치 권한을 쥐고 언제든지 헌법의 효력을 정지시킬 수 있게 되었어. 스파이더맨이 끈끈이 거미줄로 중력을 초월했다면, 이제 대통령은 유신 헌법으로 법을 초월한 거야.

유신 헌법의 내용은 국민들의 정치적 반대를 힘으로 꽁꽁 틀어막아 1인 장기 집권을 강화하는 데 집중되어 있었어. 유신 체제가 지속되는 동안 민주주의의 기본 원리인 인권과 자유는 완벽하게 무시당했어. 애국심과 반공이라는 허울 좋은 구실로 국민은 감시·통제·처벌의 대상이 되었어. 1922년 이탈리아에서 시작되어 유럽을 휩쓴 파시즘의 그림자가 일제 강점기를 거쳐 1970년대 우리 사회를 맴돌았지.

북한도 남북 공동 성명 직후 '사회주의 헌법'을 만들어 김일성 유일 체제를 강화했어. 북한이 선전했던 '인민이 주인 되는 사회주의' 따위는 없었어. 나라 전체가 김일성 동상과 초상화, 상징물로 빼곡 채워졌고, 무슨 일을 하든 '위대하신 수령'을 위한 것이었어. 해맑은 아이들은 삐악삐악 병아리 같은 목소리로 '경애하는 아버지 수령님'을 찬양했어. 이 기괴한 체제에서 인간 고유의 비판적 사고 능력이나 말할 자유는 허용되지 않았어.

긴급 조치
국민의 자유와 권리를 제한하거나 정부·국회·법원의 활동을 제한하는 특별 조치. 독재 권력을 유지하고 국민의 저항을 억누르기 위해 악용되었다.

조금이라도 삐딱한 사람에게는 오로지 두 가지 가능성, 즉 정치범 수용소 또는 처형만이 주어졌어.

이처럼 남북 공동 성명은 결과적으로 양쪽 독재 체제를 강화하는 데 이용되었어. 남한에서는 유신 개헌을 위한 명분이 되고, 북한에서는 김일성 독재를 견고히 다지는 수단이 된 거야. 그러나 형식적으로나마 남과 북이 평화 통일의 원칙에 공식 합의했다는 점에서 역사적인 의의가 있었어.

필리핀에서도 독재 체제가 강화되었어. 마르코스 대통령은 3선을 금지하는 헌법에 따라 대통령직에서 물러나야 했어. 그렇지만 1972년 계엄령을 선포하고 헌법을 폐지했어. 독재에 반대하는 시민들과 정치적 반대자들은 줄줄이 체포해 감옥에 집어넣었어. 가장 눈엣가시는 유력한 정치인인 아키노였어. 그는 사형 선고를 받고 미국으로 망명했다가 돌아오는 길에 마닐라 공항에서 암살당했어.

1960년대까지만 해도 필리핀은 아시아의 떠오르는 개발 도상국이었어. 아시아에서 일본 다음으로 잘사는 나라였고 가난한 대한민국에 원조를 해 주기도 했어. 하지만 1965년 마르코스가 대통령이 되고부터 상황이 바뀌었어. 무능한 데다가 뇌물과 부패로 찌든 그가 20년 넘게 필리핀을 통치하는 동안 필리핀 경제는 끝없이 추락했어. 마르코스는 반대자들을 다 몰아낸 뒤 1973년 대통령의 연임 제한을 없앴어. 무덤에 들어갈 때까지 대통령을 하겠다는 선언과도 같았어. 마르코스 일가와 친구들은 알짜배기 산업을 꿰차고 이권을 나눠 먹었어.

1973년

1970년, 칠레에 사회주의 정부(대통령: 아옌데)가 들어섰어. 사회주의 정부가 선거를 통해 집권하기는 세계 최초였어. 아옌데 정부는 산업을 국유화하고 토지 개혁을 실시해 토지를 농민에게 나누어 주었어. 굶주림과 영양실조로 고통받는 어린이들을 위해 우유를 제공하는 복지 정책에 힘을 쓰기도 했지. 미국이 소유했던 구리 광산은 국가가 관리했어. 그러자 미국은 아옌데 정부를 몰아내기로 하고 쿠데타 세력을 지원했어. 칠레에는 구리가 매우 많아서 미국이 짭짤하게 이익을 챙기고 있었거든.

1973년, 육군 참모 총장 피노체트의 쿠데타군은 전투기와 탱크를 동원해 대통령궁을 공격했어. 아옌데 대통령은 끝까지 대통령궁을 지키다가 목숨을 잃었어. 피노체트는 자신에게 저항하는 이들을 운동장에 모아 놓고 총살했어. 또 비밀경찰을 만들어 반대자를 철저히 탄압하고 외국까지 추적해서 살해했어. 칠레에 폭압적인 독재가 시작되자 시민들은 민주화를 요구하고 나섰어. 피노체트는 폭력과 학살로 응답했어. 3천 명 넘는 사람들이 죽거나 실종되고 4만여 명이 감금과 고문을 당했어. 피노체트는 '빨갱이 소탕'이라는 구실로 인권을 잔혹하게 유린했어.

226

17년에 걸친 피노체트의 독재 이후 칠레에서는 민주주의가 회복되었지만, 독재 정권 심판과 과거사 청산은 아직 끝나지 않았어. 한편에는 피노체트 시절에 향수를 느끼는 사람들이 있어. 그가 민주주의를 후퇴시키고 인권을 탄압한 것은 사실이지만 공산주의에서 나라를 지켰다는 거야. 그러나 선거로 집권한 민주 정부를 무너뜨리고 국민들을 고문·살해한 정권은 어떤 이유로도 정당화될 수 없어. 우리나라에서 박정희 정권 시대를 바라보는 두 가지 시각과 비슷하지.

피노체트와 아옌데 위 사진은 쿠데타에 성공한 직후 피노체트의 모습이다. 아래 사진은 칠레 헌법 광장 앞에 있는 아옌데의 동상. 아옌데는 비록 총칼에 무너졌지만, 칠레 사람들의 마음속에 오래도록 살아 있다.

20세기 초반 서남아시아에서 원유 생산이 시작된 이래 그 이익의 대부분을 가져간 것은 영국과 프랑스의 석유 회사들이었어. 이들은 생산 판매를 독점하고 가격까지 결정했어. 원유의 진짜 주인인 아랍 국가들은 1960년 '석유 수출국 기구'(OPEC)를 세우고 석유에 대한 주도권을 되찾기 시작했어. 그러던 1973년, 이스라엘과 이집트가 전쟁을 벌이자 산유국들은 일제히 생산량을 줄이고 석유 가격을 올렸어. 석유 가격이 가파르게 오르면서 세계 경제가 혼란에 빠졌어(1차 석유 파동). 아랍 산유국들은 이스라엘과 친한 나라에는 기름을 팔지 않겠다고 뻗대기도 했어. 자원은 곧 무기가 되었고, 아랍 산유국들의 정치 영향력은 강해졌어.

석유에 절대적으로 의존하던 세계 경제는 큰 타격을 받았어. 석유가 한 방울도 나지 않아 100퍼센트 수입하는 우리나라는 더 큰 타격을 받왔지. 주유소는 기름통을 들고 몰려든 사람들로 난리였어. 물가는 무섭게 뛰었고 국가 경제는 적자가 났어. 하지만 사우디아라비아, 오만, 바레인, 카타르, 아랍 에미리트, 쿠웨이트 같은 산유국들은 석유를 팔아서 번 돈으로 최대의 호황기를 맞이했어.

중동 산유국들은 이렇게 번 돈을 도로·항만·공항·수로 등 국가 기간산업에 투자했어. 이때를 놓치지 않고 우리나라 건설 업체들은 사우디아라비아를 시작으로 해서 여러 산유국으로 몰려갔어. 그리고 미국·영국·프랑스 업체들보다 낮은 공사비와 한국인의 장기인 '빨리빨리'로 명성을 쌓으면서 코리아 붐을 일으켰어. 한국 건설 노동자들은 낮에는 사막의 더위 속을 뛰어다니고 밤에는 횃불을 밝히고 공사를 했어. 남들이 보기에 '사람이 아닌 듯' 쉬지 않고 일했어. 이렇게 열심히 일한 건설 노동자들 덕에 석유 파동 위기를 극복할 수 있었어.

한편, 유신 반대 운동이 우리나라를 달구고 있었어. 유신을 반대하는 사람은 수시로 체포·고문을 당했고 목숨까지 내놓아야 했어. 유력 정치인과 대학 교수도 예외는 아니었어. 1973년 8월, 중앙정보부는 미국과 일본에서 유신 반대 운동을 하던 김대중을 일본에서 납치했어. 김대중은 꽁꽁 묶여 바다에 던져지기 직전 미국 정부가 끼어들어 구사일생으로 살아났지. 유신 정권을 비판한 서울대학교 법과 대학의 어느 교수는 중앙정보부에 끌려가 고문을 받다가 살해되었어. 중앙정보부는 그를 간첩이라고 조작했지.

명문 법대 교수까지 '빨갱이 간첩'으로 조작되는 세상에서 힘없는 서민들이야 말할 것도 없었어. 유신 헌법 비판해도 빨갱이, 노동조합 편 들어도 빨갱이, 민주화 운동을 해도 빨갱이, 미국 욕해도 빨갱이, 언

론 자유 요구해도 빨갱이, 왠지 밉상이어도 빨갱이였어. 빨갱이가 아
니라고 우기는 사람은 스스로 인정할 때까지 고문을 해서 기어코 빨갱
이를 만들었어.

체육관에 모여 배구나 권투 경기만 한다고 생각하면 오해야. 이 무
렵에는 체육관에서 대통령도 뽑았거든. 유신 헌법에 따라 이제 대통령
은 간접 선거로 뽑게 되었어. 체육관에 모인 통일주체국민회의 의원들
이 박정희 대통령을 유일한 후보로 놓고 찬반 투표를 했어. 1973년 '체
육관 선거'로 불리는 이 선거를 거쳐 박정희는 다시 대통령에 취임했
어. 체육관 밖에서는 민주화 세력의 저항이 일어나고 있었어. 민주 인
사들은 유신 헌법을 폐지하고 민주 헌법을 만들자며 국민 서명 운동을
벌였어.

1974년

박정희는 긴급 조치로 유신 체제를 강화했어. 긴급 조치 1, 2호는 유신 헌법에 반대하거나 헌법 개정을 주장하면 영장 없이 체포하고 구속한다는 내용이었어. 무심코 정권을 비판하는 말 한마디 던졌다가 수사 기관에 끌려가는 일이 일상적으로 벌어졌어. 집회나 시위는 금지되었고 대학교에는 군대가 주둔했어. 그럼에도 유신 체제를 반대하는 시위는 계속되었어. 그러자 수사 당국은 1974년 4월 간첩 사건을 발표했어. 인민 혁명당(인혁당)이라는 반정부 단체가 북한의 지령을 받아 대한민국을 뒤엎으려는 음모를 꾸몄다는 거야.

인혁당은 존재하지도 않는 조직이었어. 그런데 교사, 기자, 사업가 등 평범한 시민들이 인혁당 활동을 한 혐의로 체포되었어. 이들은 물고문, 전기 고문에 못 이겨 간첩이라고 자백했어. 이 억지 자백 말고는 아무런 증거가 없었지. 그런데도 군사 재판소는 8명에게 사형을 선고했어. 그리고 24시간이 채 안 되어 사형을 집행했어. 일제가 안중근 의사를 사형할 때도 형식적으로나마 여섯 차례의 재판 심리를 받게 했어. 하지만 우리나라 군사 재판소는 일제만도 못한 엉터리 재판을 해 놓고 이들을 교수대로 보냈어.

인혁당 사건을 조작한 이유는 무엇일까? 희생당한 이들은 유신 체제에 반대하고 민주주의를 요구했던 사람들이야. 이들을 간첩으로 몰아서 유신 반대 운동의 배후에 공산주의자가 있는 것처럼 믿게 하면 민주화 운동 세력 전체를 탄압할 수 있었어. 2007년 대법원은 국가 권력이 시민을 불법 체포하고 가혹하게 고문했으며 증거를 조작했다는 사실을 인정하고, 이 사건에 대해 무죄 판결을 내렸어. 법의 이름으로 무고한 사람을 죽인 이 사건은 오늘날 '사법 살인'으로 일컬어지고 있어.

유신 헌법과 긴급 조치로 전체주의 사회가 된 우리나라의 국민들은 소소한 사생활까지 사사건건 통제받았어. 정부는 퇴폐풍조를 막는다며 남자의 옆머리가 귀를 덮는 것을 금지했어(장발 단속). 여자들의 치마 길이가 무릎 위 20센티미터를 넘는 것도 금지했어(미니스커트 단속). 경찰이 거리를 지나가던 남자들의 머리카락을 뭉텅뭉텅 자르거나 여자들을 세워 놓고 줄자로 치마 길이를 재는 것은 일상적인 풍경이었어. 또 청년들이 통기타를 치는 것마저 퇴폐적이라는 이유로 금지해서 야유회 가던 젊은이들은 통기타를 압수당하기도 했어. 경찰이 마약이 아니라 통기타를 압수하다니 희한한 일이지.

언론인과 지식인들은 말할 자유를 빼앗겼어. 권력의 잘못을 감시하고 들추어내는 것이 언론의 역할인지라 권력은 온갖 수단을 이용해 이들을 길들이고 억압했어. 그 무렵 우리나라 각 언론사에는 중앙정보부 요원들이 파견되었어. 기자들의 원고를 검열하고 편집에도 꼬치꼬치 간섭했어. 정부에 비판적인 내용을 보도하는 '삐딱한' 기자들은 끌려가서 조사를 받았어. 참다못한 동아일보 기자들은 1974년 유신 독재를 비판하고 자유로운 언론을 요구하며 집단행동에 나섰어(자유 언론 실천 선언). 그러자 정부는 동아일보 광고주들에게 압력을 넣어 광고를 모조리 끊게 했어. 굴복당한 동아일보사는 100명이 넘는 기자와 언론인들

전체주의
개인의 모든 활동은 민족이나 국가의 발전을 위해서만 존재한다는 생각 아래 개인의 자유와 인권을 억압하는 사상. 이탈리아의 파시즘과 독일의 나치즘이 대표적이다.

을 강제로 해직했어.

언론 자유를 보장받는 미국에서는 정반대의 일이 벌어졌어. 쫓겨난 것은 기자가 아니라 대통령이었지. 1972년, 워터게이트 빌딩의 민주당 사무실에서 서류를 뒤지다가 붙잡힌 사람들이 있었어. 이들은 공화당 닉슨 대통령의 재선을 돕기 위해 정보를 캐던 중이었어. 이 사건의 배후에 닉슨 대통령이 있고, 이 일을 숨기라고 직접 지시했다는 사실이 드러났어(워터게이트 사건). 뿐만 아니라 대통령 집무실에서 일상적으로 도청을 한 사실도 폭로되었어. 의회와 법원이 잇따라 대통령에게 불리한 결정을 내리고 여론의 비난이 거세지자, 1974년 7월 닉슨은 결국 대통령직을 사임했어. 여론이 특히 안 좋았던 이유는 도청 행위 자체보다도 대통령이 거짓말을 했다는 사실 때문이었어. '거짓말하면 나쁜 어린이'라는 덕목은 우리가 유치원부터 배우는 것이지만 대통령을 물러나게 할 만큼 큰 사안이기도 하지.

1975년

세계는? •미국 : 상처뿐인 늪에서 기어 나오다. 베트남 전쟁 끝
•캄보디아 : 악몽 같은 기억. 킬링필드

미군 헬리콥터가 남베트남의 수도 사이공에 있는 미국인들을 피신시켰어. 1975년 4월 30일, 마지막으로 미 해병대가 미국 대사관을 떠나고 사이공은 함락되었어. 미국이 최초로 패배한 전쟁은 이렇게 끝났어.

미국은 이 전쟁을 두고두고 최악의 실수로 꼽았어. 잘못된 결정 탓에 5만 명이 훨씬 넘는 미군이 전사했어. 가장 큰 피해자는 물론 베트남 사람들이었어. 200만 명에 가까운 베트남 사람이 전사하거나 전쟁의 피해로 사망했어. 또 수치로는 결코 헤아릴 수 없는 베트남인들의 고통과 슬픔이 있었어.

대한민국은 55만 명의 국군을 파병했는데, 이 가운데 5천 명 이상이 전사했어. '더러운 전쟁'으로 평가받는 이 전쟁에서 우리는 베트남 사람들에게 많은 잘못을 저질렀어. 한국군은 미군을 도와 베트남을 황폐하게 만든 전투를 치렀고 어린이·여성·노인 등 수천 명의 민간인을 학살하는 범죄를 저질렀어. 오늘날 베트남 곳곳에는 한국군에게 희생당한 이들의 위령비가 세워져 있어.

1, 2차 세계 대전을 승리로 이끈 초강대국 미국과 갓 독립한 가난한 나라 베트남의 전쟁은 애당초 상대가 되지 않는 싸움이었어. 국가 대표 격투기 선수가 동네 중학생하고 맞붙은 셈이었지. 그런데 코피가 터진 쪽은 격투기 선수였던 거야. 강인하고 자부심 강한 베트남인들은 어떤 강대국도 굴복시킬 수 없는 민족임을 다시 한 번 증명했어. 하지만 긴긴 전쟁에 베트남 국토는 황폐해지고 말았어. 오랫동안 베트남은 가난에 찌든 나라로 남게 되었어.

지금은 여행지로도 유명한 평화로운 나라 캄보디아가 암흑천지이던 때가 있었어. 앞서 1969년 베트남 전쟁 중에 미군이 캄

도대체 누구를 위한 전쟁이었나?

보디아로 들어간 북베트남군을 공습했다고 했었지. 그때 북베트남군과 손잡은 것이 폴 포트가 이끄는 크메르 루즈라는 캄보디아의 공산당 조직이었어. 1975년 베트남 전체가 공산화한 틈을 타서 폴 포트는 왕정을 무너뜨리고 수도 프놈펜을 장악한 뒤 권력을 잡았어. 그는 전에 없던 공산주의 농업 사회를 만들기로 하고 마오쩌둥의 문화 대혁명을 참조했어. 정상적인 사고 능력을 갖춘 사람들은 남들의 실수를 보면서 '나는 저러지 말아야지.' 하고 반면교사로 삼는데, 폴 포트는 마오쩌둥의 실책을 따라 했을 뿐 아니라 한층 더 어처구니없는 짓을 저질렀지.

폴 포트는 사회를 정화한다며 도시 사람들을 맨발로 내쫓아 시골로 보냈어. 교수, 학자, 의사, 기술자 할 것 없이 모두 집단 농장에서 농사를 지었어. 어린아이들도 부모와 떨어져 공동생활을 했어. 화폐가 폐지되고 개인 소유, 사업 활동이 사라졌어. 텔레비전, 라디오, 신문도 중단되고 종교와 교육도 금지되었어. 서구의 문화와 문물은 흔적도 없이 지워 버렸어. 외국과 교류를 끊으면서 외국인들은 모조리 쫓겨났지.

캄보디아 전역에서 죽음의 행렬이 이어졌어. 처형 대상은 부자, 승려, 군인, 경찰, 공무원, 의사, 변호사, 교사, 지식인 등이었어. 안경을 쓰거나 손이 고우면 지식인으로 간주돼 처형당했어. 폴 포트에게 충성하기를 거부하는 사람도 처형당했어. 처형을 면한 사람들은 굶어 죽지 않을 만큼만 먹으며 온종일 강제 노동에 시달렸어. 사람들은 과로, 영양 부족, 질병, 고문과 처형으로 죽어 갔어. 그 수가 캄보디아 전 국민의 25퍼센트(200만 명)나 되었어. 이들이 일하던 논과 밭은 '킬링필드'(죽음의 들판)라고 불렸어.

이 기괴하고 끔찍한 실험은 1979년 크메르 루즈 정권이 베트남의 공격을 받아 무너지고 나서야 끝났어. 킬링필드의 악몽은 오늘날까지 캄보디아는 물론 인류 역사에서 다시는 일어나서는 안 될 참극으로 기억되고 있어.

1976년

세계는? • 중국: 쥐 잘 잡는 고양이가 최고! 시장 경제 도입
• 부탄: 돈보다 행복이 먼저인 나라

역사의 중요한 시기에는 시대의 전환점을 만드는 지도자들이 나타나곤 해. 덩샤오핑도 그중 하나였어. 중국은 10년에 걸친 문화 대혁명으로 모든 게 파탄 나 있었어. 덩샤오핑은 중국의 낙후한 현실을 바꾸기 위해 사유 재산을 인정하고 자본주의식 경영을 도입했어. 덩샤오핑은 여전히 공산주의자였지만 경제 부문에서만 자본주의 시장 경제를 받아들인 거야.

마오쩌둥 지지자들은 덩샤오핑의 경제 개혁이 자본주의적인 방식이라며 비판했어. 덩샤오핑은 "검은 고양이든 흰 고양이든, 쥐 잘 잡는 고양이가 좋은 고양이다."라고 받아쳤어. 인민들이 굶주려 죽어 가는 판에 공산주의 순수성이 어쩌고 하는 불필요한 이념 논쟁은 집어치우고 중국 경제를 발전시키는 데만 집중하자는 것이었지.

시장 경제를 도입한 뒤 중국은 과연 엄청나게 성장했어. 남는 농산물을 시장에 팔 수 있게 하자 생산량이 크게 늘고 농산물 시장이 전문화되었어. 또 외국과 교역을 허용하자 경제가 크게 성장하고 가난한 어촌이 현대적인 대도시로 탈바꿈했어. '잠자는 거인' 중국이 눈을 뜨고 기지개를 편 거야.

그런데 '모두가 잘 사는 나라'를 다르게 실현하려는 나라가 있었어. 중국의 왼쪽 아래에 자리 잡은, 인구 80만의 작은 나라 부탄이야. "국내 총행복(GNH)이 국내 총생산(GNP)보다 더 중요하다." 1976년 부탄의 4대 국왕 왕추크는 '국내 총행복'이라는 새로운 개념을 발표했어. 국민의 행복을 국가 정책의 최우선 과제로 삼는다는 것이었어. 건강, 교육, 정신적인 만족, 자연 보호, 전통 문화 보전 등 대부분 돈을 버는 것과는 거리가 있는 일들이었지. 땅을 개간하고 목재를 수출하고 관광 산업을 일으키면 외화를 벌 수 있다는 사실을 모르는 게 아니지만, 부탄은 정반대의 길을 선택했어.

그때 세계에서는 국내 총생산으로 상징되는 국가 생산력과 산업 성장이 지상 목표였어. 하지만 세계는 무절제한 산업화에 따른 환경 파괴를 경험했고 부의 양극화와 불평등 문제에 주목하게 되었어. 생산과 소득이 늘어난다고 해서 반드시 행복이 커지지 않는다는 사실도 깨달았어. 그러자 남들 눈에는 가난해 보여도 국민의 90퍼센트 이상이 행복하다고 느끼는 유별난 행복 사회 부탄이 관심을 받고 있어.

돈보다 행복이 먼저인 부탄 사람들 민족의상을 입고 축제를 즐기는 부탄 사람들의 모습이다.

1977년

한국은? 산업 수출국으로 발돋움. 발밑에는 값싼 노동자들이

1977년 12월, 우리나라의 해외 수출액은 100억 달러를 넘어섰어. 1964년 1억 달러에서 13년 만에 100배로 늘어난 거야. 지금 기준으로는 100억 달러가 대단해 보이지 않겠지만, 당시 이 수출액을 넘긴 나라는 아시아에서 일본 말고는 우리나라밖에 없었어. 싸고 풍부한 노동력을 바탕으로 대량 생산된 중국제 상품이 넘쳐나는 요즘처럼, 그때는 한국제 상품이 외국 시장을 파고들었어. 1976년에는 현대 자동차가 '포니'라는 국산 자동차를 생산해 세계 여러 나라에 수출했어. 신발·가발·합판·장난감을 수출하는 나라가 첨단 산업 기술의 결정체인 자동차를 만드는 것은 불가능하다던 목소리가 쏙 들어갔어.

나라가 점점 부강해지는 한편으로 산업화에 가려진 소외 계층이 있었어. 하루 벌어 하루 먹고사는 도시 빈민들의 삶은 특히 고달팠어. 조세희의 소설 『난장이가 쏘아올린 작은 공』(1976년)은 그 시절 가난하고 힘없는 사람의 상징과도 같은 철거민 가족의 이야기를 담고 있어. 개발의 시대였던 그때는 전국 곳곳이 공사판이었어. 개발이 진행될 때마다 달동네와 판자촌에 살던 가난한 사람들은 포크레인을 앞세운 철거반에게 가차 없이 쫓겨나 집을 잃었어.

이제 우리 어디서 살어?

1978년

1978년, 장충 체육관에서 대통령 선거가 치러졌어. 이번에도 대통령 후보는 박정희 한 사람이었어. 2,578명 중 2,577명이 박정희 후보에게 표를 던졌어. 99.9퍼센트의 찬성이었지. 후보자가 딱 한 사람 나와 100 퍼센트의 찬성을 받는 북한의 선거를 보며 우리는 "장난해? 저럴 거면 선거는 뭐하러 하나?"고 비웃었어. 그런데 당시 우리나라의 선거 결과가 보여 주는 차이는 0.1퍼센트에 지나지 않았어.

대통령 선거에 이은 국회의원 선거에서는 야당인 신민당이 박정희 대통령의 공화당을 앞질렀어. 신민당 대표였던 김영삼 의원은 이 선거 결과가 국민들이 정권 교체를 원한다는 신호라고 생각했어. 실제로 많은 국민들은 유신 정권에 지쳐 가고 있었어. 긴급 조치 해제와 유신 헌법 개정 요구는 계속되었어.

유신 정권에 대한 미국의 압박도 시작되었어. 전전해인 1976년, 미국 대통령 선거에서 솔직하고 성실한 이미지를 풍기는 지미 카터가 당선되었어. 그는 워터게이트 사건으로 거짓말쟁이 대통령이 된 닉슨에게 실망한 미국인들 앞에서 "나는 여러분에게 결코 거짓말을 하지 않겠다."고 약속해 신뢰를 얻었어. 카터 행정부의 주요 관심사는 전 세계 인류의 인권 보호였어. 미국은 우간다·에티오피아·아르헨티나 등 독재 정부에 개혁을 요구했어. 인권 침해 국가에 미국의 경제 원조를 줄이겠다고 으름장을 놓기도 했어. 우리나라 정부에도 예외는 아니었지.

　카터 대통령은 정치범, 양심수 등 한국의 인권 문제를 꼬치꼬치 캐고 비판했어. 인권 문제를 개선하지 않으면 주한 미군을 철수하겠다고도 발표했어. 박정희 대통령은 압박감을 느꼈지만 미국이 뭐라 해도 유신 체제를 바꿀 생각은 없었어. 그럴수록 박정희와 카터의 관계는 점점 불편해졌어.

막바지 냉전 시대

한국은
?

세계는
?

부마 항쟁, 박정희 대통령 서거, 12·12 쿠데타	**1979**	**소련** 오지랖 소련군, 아프가니스탄 침공
역사의 패륜, 광주 시민에게 총구를 들이대다	**1980**	
군사 정권 2막 오르다, 5공화국	**1981**	**모리나티** 어느 시대에 살다 왔니? 노예 제도 폐지
		미국 인류의 새로운 적, 에이즈 바이러스 발견
청년들은 왜 미국 문화원에 불을 질렀나?	**1982**	**아르헨티나·영국** 섬을 향한 사랑과 전쟁
대한항공 여객기 격추 사건, 아웅산 테러 사건	**1983**	**미국·소련** 무기 개발 경쟁 2라운드
		영국 아이들 우유까지 빼앗다, 대처리즘
	1984	**에티오피아** 먹는 법을 잊어버린 아이들
		일본 역사 인식, 태평양 전쟁 한가운데 표류 중?
"또 만나요!"라고 인사할 수 없는 사람들, 이산가족	**1985**	**소련** 개혁·개방으로 역사의 핸들을 확 틀다
현대판 대홍수? 금강산댐 사건	**1986**	**베트남** 중국과 소련을 따르다, 시장 경제 채택
		우크라이나 유령 도시의 탄생, 원자력 발전소 폭발
		필리핀 시민의 힘으로 독재자를 내몰다
최루탄, 넥타이 부대, 그리고 6월 민주 항쟁	**1987**	**코스타리카** 함께 평화의 길을 찾다, 아리아스 플랜
손에 손 잡고 88 서울 올림픽	**1988**	**미얀마** 군부 독재 물러가라!

1970년대 따뜻한 화해 분위기가 무르익나 싶었는데, 1980년대 초에 차가운 냉전 바람이 다시 불었어. 미국과 소련은 평화보다는 냉전으로 얻을 눈앞의 이익에 더 관심이 많았던 거야. 냉전 질서로 자신을 따르라고 주변 나라들을 윽박지르고, 냉전 상황을 이용해 부당하게 여러 나라에 개입하곤 했어. 그러다가 소련의 새 지도자 고르바초프가 개혁과 개방의 길을 열면서 미국과 소련은 다시금 화해와 공존을 시도했어. 두 나라 정상은 대화를 통해 핵무기를 줄이기로 합의했어. 견고했던 냉전의 벽에 금이 가자 자유와 개방의 분위기가 다른 세계로 퍼져 나갔어.

우리 사회는 박정희 대통령의 갑작스러운 사망으로 독재 권력이 무너지면서 민주 정부를 향한 기대에 들떴어. 하지만 국민들의 이러한 의사를 무시한 정치 군인들이 반란을 일으켜 권력을 장악했어. 그 뒤 사람만 바꿔 군사 정권을 계속 이어 가려는 시도가 있었지만 국민들의 반대에 부딪혔어. 평범한 시민들과 학생들이 거리로 쏟아져 나와 독재를 반대하고 민주주의를 요구했어. 전국적인 민주화 항쟁의 결과 국민의 손으로 대통령을 뽑는 직선제를 얻어 냈어. 이로써 우리나라의 민주주의는 크게 발돋움했어.

1979년

세계는? 소련 : 오지랖 소련군, 아프가니스탄 침공

한국은? 부마 항쟁, 박정희 대통령 서거, 12·12 쿠데타

1979년 8월, YH 무역이라는 가발 회사가 부당하게 회사 문을 닫았어. 월급을 떼이고 오갈 데 없어진 여성 노동자들이 야당인 신민당 당사에서 시위를 벌였어. 경찰이 폭력으로 진압하는 과정에서 노동자들뿐 아니라 국회의원과 기자들까지 마구잡이로 구타당했어. 분노한 신민당 총재 김영삼은 '박정희 타도 운동'을 선언하고 뉴욕 타임스와 인터뷰를 하며 유신 체제를 비판했어. 이것이 대통령의 심기를 건드린 탓에 김영삼은 국회에서 제명당했어.

아무리 권위주의 독재 시대라 해도 야당 당사를 뒤엎고 야당 대표를 국회에서 내쫓아 버린 것은 있을 수 없는 일이었어. 10월 16일, 부산에서 유신 철폐, 야당 탄압 중지를 요구하는 시위가 일어났어. 정부는 군대를 보내 시위자들을 잡아들였지만 시위는 마산으로 번졌어(부마 항쟁). 성난 시민들은 "독재 타도"를 외쳤고, 파출소·경찰서·도청·세무서·방송국 등을 불태우거나 파괴하기까지 했어. 부마 항쟁은 1970년대 반독재 투쟁의 절정이었지.

중앙정보부장 김재규는 부마 항쟁을 시민 전체의 저항으로 보았어. 강경하게 진압하면 더 큰 반발을 불러와 4·19 혁명 같은 전 국민적인 저항이 일어날 수 있다고 생각했지. 하지만 대통령 경호실장 차지철은 사회 불만 세력의 폭동에 지나지 않으므로 탱크를 동원해 뭉개 버리면 된다고 보았어. 대통령은 중앙정보부가 무섭게 하지 않아 사태가 나빠졌다고 질책했어. 이러한 갈등 속에서 김재규는 10월 26일 만찬 도중 권총으로 차지철과 대통령을 차례로 쏘았어(10·26 사태). 이튿날 '박정희 대통령 피격 서거'라는 신문 보도를 받아 본 국민들은 깜짝 놀랐어. 유신 정권이 하루아침에 역사에서 사라지게 될 줄은 상상도 못했기 때문이지.

박정희 대통령은 민주주의와 헌법을 파괴하고 인권과 자유를 억압한 독재자였어. 쿠데타로 집권한 뒤 헌법을 3차례나 고쳐 18년 동안 대통령을 연임하고, 끝내는 종신 집권 체제를 만들었어. 그 과정에서 민주주의와 자유를 주장하던 시민들이 고문·감금·살해당했어. 하지만 어떻게든 가난을 몰아내고 경제 성장을 이루었어. 그 방법으로서 국가 주도의 수출과 공업화는 핵심을 잘 찌른 정책이었어.

물론 지도자 한 사람 덕분에 우리가 잘살게 된 건 아니야. 그 많은 재봉틀은 다 누가 돌렸을까? 나사와 볼트는 누가 조이고, 용접은 누구 손으로 했을까? 가난 속에서도 밤낮으로 부지런히 일한 국민들의 희생이 없었다면 경제 발전은 불가능했어. 따라서 '누구 덕에 이만큼 살게 되었을까요?'에 대한 답은 '열심히 일한 우리 국민들'이야.

유신 정권이 막을 내리자 감옥에 있던 민주화 운동 인사들이 풀려났어. 야당 지도자들은 직접 선거를 통해 대통령을 뽑자고 논의했어. 그러나 이 '서울의 봄'은 오래가지 않았어. 전두환 소장을 중심으로 한 정치 군인들이 12월 12일 반란을 일으킨 탓이지(12·12 쿠데타). 휴전선과 서울을 지키던 부대들이 자신들의 상관이자 육군 참모 총장인 정승화 대장을 체포하고 군사 반란에 반대하는 선배 장군들을 군에서 내쫓았어. 국가 안보 개념도 없고 위아래도 없는 이 이상한 군인들은 이렇게 해서 군대를 통솔하는 권력을 쥐었어.

우리나라에서 12·12 쿠데타가 일어나고 2주 뒤 소련이 아프가니스탄을 침공했어. 공산주의에 저항하는 이슬람 반군을 내쫓고 소련과 친한 정권을 세우기 위해서였어. 미국은 소련을 강하게 비난하며 이슬람 반군을 지원했어. 무기도 건네고 군사 교육도 시켰지. 미국과 그 우방 국가들(우리나라 포함)은 아프간 침공에 반대하는 표시로 소련에 대한 수출을 중지하고, 1980년 모스크바 올림픽에도 불참했어. 소련과 그 위성 국가들은 1984년 LA 올림픽에 불참함으로써 이에 화답했어. 소련과 미국은 늘 서로 주고받는 게 정확한 관계였단다.

1980년

한국은? 역사의 패륜, 광주 시민에게 총구를 들이대다

유신 정권이 막을 내렸지만 민주화 일정은 계속 늦추어졌어. 군대를 장악한 전두환이 정권을 잡으려고 기회를 엿보고 있었어. 5월 15일, 군사 독재가 계속될지 모른다는 위기감 속에 10만 명의 학생과 시민이 서울역 앞에서 "계엄령 해제하고 민주화 절차를 진행하라.", "전두환은 물러나라."고 외치며 시위를 벌였어. 그러자 전두환은 본색을 드러냈어. 마침내 국가 권력을 빼앗아 계엄령을 전국으로 확대하고 국회 의사당을 봉쇄한 거야. 김대중 등 민주화 운동 세력 수백 명이 체포되었

어. 각 대학에 휴교령이 내려지고 군대가 주둔했어.

동작 그만! 권력은 내 차지야.

5월 18일, 휴교령에 반발한 전남대학교 학생들이 시위에 나섰어. 계엄군이 학생들을 무자비한 폭력으로 진압하자, 분노한 광주 시민들이 시위에 동참했어. 학생 시위는 곧 시민 항쟁으로 확대되었지(5·18 민주화 운동). 쿠데타 세력은 시위가 다른 도시로 번지는 것을 막기 위해 광주를 철저히 고립시켰어. 도로와 전화를 끊었고, 언론도 통제했어. 그리고 5월 20일, 계엄군은 전남도청 앞에 모여 있던 시민들에게 총을 쏘았어.

국군의 발포에 놀라고 분개한 광주 시민들은 경찰서와 예비군 무기고에서 총과 탄약을 꺼내 왔어. 이 '시민군'들은 계엄군을 밀어내고 전남도청을 접수했어. 그렇지만 쿠데타 세력은 광주 시민들이 북한의 사주를 받아 폭동을 일으켰다며 유언비어를 퍼뜨렸어. 언론도 그렇게 받아썼어. 계속되는 시민군과 계엄군의 싸움에서 부상자와 사망자가 차고 넘쳤어. 마침내 시민군 가운데 일부는 무기를 내려놓았어. 하지만 나머지 200여 명의 시민군은 끝까지 저항하다가 5월 27일 새벽 공수부대에 의해 진압되었어.

군대를 동원해 시민에게 총을 쏜 역사의 죄악을 가리기 위해 쿠데타 세력은 광주 시민들을 대한민국을 부정한 폭도, 빨갱이라고

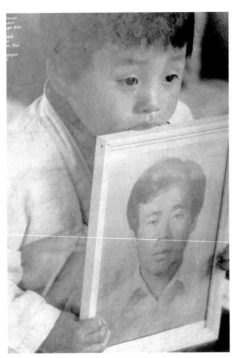

아버지를 잃고 슬퍼하는 아이 5·18 민주화 운동 당시 계엄군에게 희생당한 아버지의 영정 사진을 안고 있는 5살 아이의 모습이다.

불렀어. 그러나 광주 시민들이 부정한 것은 대한민국이 아니라 민주주의를 짓밟고 정권을 찬탈한 한 줌의 쿠데타 세력이었어.

광주 시민들의 저항에 놀란 전두환은 사회적으로 공포스러운 분위기를 만들었어. 삼청 교육대는 깡패를 소탕한다는 이유로 군부대에 설치한 기관이었어. 전국에서 무차별로 잡혀 온 사람들은 이곳에서 인간 이하의 취급을 받으며 구타와 가혹 행위를 당했어. 수백 명이 쥐도 새도 모르게 죽었어. 또한 민주화 세력의 구심점이던 김대중을 무너뜨리기 위해 '김대중 내란 음모 사건'을 꾸몄어. 광주에서 벌어진 시위가 대한민국 정부를 무너뜨리려고 김대중이 선동한 폭동이라는 거야. 이 조작된 혐의로 김대중은 사형 판결을 받았어. 그리고 수십 개의 신문·방송·통신사 등을 강제로 통합하고 폐업시켰어. 바른말 하는 언론인들이 쫓겨나자 언론은 권력을 비판·감시하는 기능을 상실해 갔어.

1981년

1981년, 전두환이 임기 7년의 대통령으로 취임했어. 5공화국의 시작이자 군사 정권의 2막이 오른 거지. 권력에 길든 언론은 전두환 대통령을 찬양했어. 공영 방송에서 "우리나라에 전두환 대통령을 내려주신 하늘에 감사한다."는 말이 나올 정도였어. 그러나 곳곳의 민주화운동 세력은 전두환 대통령을 '군사 반란의 수괴' 또는 '광주의 살인마'라 부르며 저항을 멈추지 않았어.

"쎄울, 꼬레아." 1981년 9월, 올림픽 위원회(IOC)는 1988년 24회 올림픽 개최지를 발표했어. 한국 올림픽 유치단은 기쁨과 감격의 함성을 질렀어. 역대 올림픽 개최지가 대부분 선진국이었기 때문에, 올림픽 개최는 나라의 위상을 끌어올릴 수 있는 좋은 기회였어. 그렇지만 우리나라 형편에 올림픽같이 큰 국제 행사를 치르다가 재정 파탄으로 나라가 망할 거라고 걱정하는 사람들도 많았어. 또 총칼로 권력을 잡은 전두환이 정권의 정당성을 얻고자 무리하게 추진한 행사라는 비판적인 시각도 있었어.

미국에서는 치명적인 바이러스가 발견되었어. 이 바이러스에 감염되면 몸에 붉은 반점이 생기고 면역력이 약해져 감기에 걸리기만 해도 목숨을 잃었어. 미국 과학자들은 이 신종 질환을 '후천성 면역 결핍증'

(AIDS)이라고 이름 붙였어. 아프리카 침팬지의 몸속에 있던 바이러스가 사람에게 옮겨 가 일으킨 것이었어. 이 바이러스는 아프리카와 서남아시아의 가난한 나라들을 중심으로 급속히 확산되었어. 특히 사하라 이남의 아프리카에서는 전 세계 에이즈 환자의 거의 70퍼센트가 생겨났지. 스와질랜드·보츠와나 같은 나라에서는 성인의 4분의 1 이상이 에이즈에 감염된 상태야. 에이즈 바이러스가 감기 바이러스보다도 흔하다고 볼 수 있지.

에이즈 치료약 발매 $: 매우 비쌈

지난 30여 년 동안 전 세계에서 7천만 명이 에이즈에 감염되었고 그중 절반인 3,500만 명이 목숨을 잃었어. 어떤 무력 분쟁이나 자연재해보다 더 많은 인구가 에이즈 때문에 목숨을 잃은 거야. 최근 국제 사회의 적극적인 대응으로 에이즈 감염률은 조금씩 줄고 있어. 또 신약도 꾸준히 개발되었어. 그러나 하루에 1달러도 못 버는 가난한 지역의 환자들에게 이런 약은 아직 그림의 떡이야. 에이즈 퇴치는 20세기 인류 사회 전체의 가장 큰 숙제 가운데 하나가 되었어.

1981년, 서아프리카의 모리타니는 노예 제도를 폐지한 지구상의 마지막 국가가 되었어. 1881년에 했어야 할 일을 이제야 했어. 이 나라에서는 경제적으로 더 부유하고 피부색도 더 하얀 흑인이 더 까만 흑인 종족을 노예로 삼았어. 노예는 주인을 위해 집안일을 돌보고, 밭을 갈고, 가축을 길렀어. 주인은 자기 재산인 노예를 마치 냉장고나 세탁기처럼 다른 사람에게 선물로 주거나 팔기도 했어. 공식적인 법률로는 금지되었지만 노예 제도는 지금까지 모리타니의 관습으로 남아 있어. 340만 인구 가운데 10~20퍼센트가 아직도 노예 상태로 살아가고 있어. 모리타니의 끝없는 사막(사하라) 밖에 전혀 다른 세상이 있다는 사실을 모른 채 말이야.

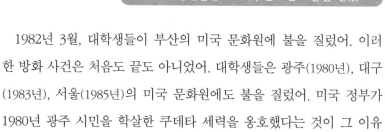

1982년

세계는? 아르헨티나·영국 : 섬을 향한 사랑과 전쟁

한국은? 청년들은 왜 미국 문화원에 불을 질렀나?

1982년 3월, 대학생들이 부산의 미국 문화원에 불을 질렀어. 이러한 방화 사건은 처음도 끝도 아니었어. 대학생들은 광주(1980년), 대구(1983년), 서울(1985년)의 미국 문화원에도 불을 질렀어. 미국 정부가 1980년 광주 시민을 학살한 쿠데타 세력을 옹호했다는 것이 그 이유였어.

학생들은 왜 이렇게 생각했을까? 한국군을 군사 작전에 동원하는 권한(작전 지휘권)은 주한 미군 사령관에게 있어. 공수 부대가 출동해 광주 시민을 진압할 때 미군 모르게 할 수는 없었다는 거야. 따라서 미군이 시민 학살을 적극적으로 도운 건 아니더라도 그렇게 하도록 내버려 둔 책임이 있다는 거지. 체포된 학생들은 미국 정부의 공개 사과를 요구했어.

당시 우리나라에서 미국을 비판하거나 반대하는 것은 절대 금기였어. 한국 전쟁 때 북한의 침략을 물리쳐 준 것도 미국이었어. 그 뒤 한국에 미군을 주둔시켜 북한의 도발을 막아 준 것도 미국이었어. 가난한 우리나라를 원조해 경제 발전의 기반을 마련해 준 것도 미국이었어. 물론 이것은 미국이 한민족을 특별히 예뻐해서가 아니라 미국의 국익이나 세계 전략과 일치했기 때문이었어. 그럼에도 미국을 반대하거나 비판하는 것은 곧 북한에 동조하는 것이라는 인식이 우리 사회를 지배했어.

그러나 미국은 빗나간 대외 정책 때문에 다른 약소국들에서 많은 비난을 받았어. 가장 흔한 비판은 미국이 쿠데타와 독재 정권을 승인하고 지지했다는 거야. 인권을 탄압하는 정권이라도 미국을 따르기만 하면 미국 정부는 지원에 나섰어. 직접 군사 개입을 하거나 앞서 1973년 칠레의 사례에서 보았듯 쿠데타를 사주하기도 했어. 과테말라·니카라과·엘살바도르·파나마 등 남아메리카 여러 나라에서 비슷한 일이 일어났어. 미국의 이러한 한계와 잘못을 비판적으로 바라볼 수 있어야 해.

전두환 정부는 정치에 대한 국민들의 관심을 끄고 싶어 했어. 1982년부터 야간(밤 12시~새벽 4시) 통행금지가 해제되었어. 도시의 밤이 화려해지고 유흥 문화가 생겨났어. 그리고 프로 야구를 시작했어. 국민들이 정치 대신 야구 이야기를 했으면 하는 바람이 담긴 것이었어. 국민들의 눈과 귀가 정치보다 스크린에 쏠리도록 영화 산업도 활발해졌어. 물론 그렇다고 해서 민주화 요구에 대한 감시·통제가 느슨해진 것은 아니었어. 대학에는 전투복을 입은 전경들이 깔려 있었고 사복 경찰들은 학생들을 감시했어.

1982년 아르헨티나와 영국이 전쟁을 벌였어(포클랜드 전쟁). 아르헨티나 옆에 있는 포클랜드 섬(아르헨티나식 이름은 '말비나스')의 영유권을 놓고 두 나라가 피 터지게 싸웠어. 이 섬은 본래 아르헨티나 땅이었는데, 관리가 소홀한 틈에 1833년 영국이 차지했어. 1세기 넘게 영국령 섬으로 있던 것을 아르헨티나 군부 정권이 다시 기습 점령했어. 깜짝 이벤트로 국민들 인기도 얻고 정권의 정당성도 과시하고 일석이조였지. 그러자 영국은 즉각 반격에 나섰고, 전쟁은 영국의 압도적인 승리로 끝났어.

1983년

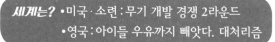

세계는? •미국·소련 : 무기 개발 경쟁 2라운드
•영국 : 아이들 우유까지 빼앗다. 대처리즘

한국은? 대한항공 여객기 격추 사건, 아웅산 테러 사건

"정말 그럴 수가……." 우리나라 어느 일간지 1면 기사의 제목이었어. 1983년 9월 1일, 뉴욕 케네디 공항을 떠나 김포 공항으로 오던 대한항공 여객기가 소련 전투기에 의해 격추되었어(269명 사망). 항로를 벗어나 소련 영공으로 접어들자마자 벌어진 일이었어. 민간 항공기를 전투기가 공격해 격추한 건 야만적인 사건이야. 소련은 이 항공기를 정찰기로 판단해 격추했다고 했지만, 미국은 소련이 고의로 격추했다며 비난했어. 우리나라 방방곡곡에서 소련을 규탄하는 집회가 열렸어. 미국 등 여러 나라들은 소련 여객기의 운항을 금지하는 등 보복 조치

를 했어. 반소 감정이 퍼졌어.

여객기 승객들은 미국과 소련이 이끄는 냉전의 애꿎은 희생자였어. 그 무렵 미국과 소련 사이의 긴장은 최고조로 달아오르고 있었어. 1980년 카터를 누르고 대통령이 된 레이건은 소련에 대해 날을 세우며 대결 분위기를 몰아갔어. 레이건은 소련을 '악의 제국'이라고 부르며 적대적인 태도를 드러내고, 소련을 군사적으로 압도하기 위한 '전략 방위 구상'을 세웠어. 우주 공간에 무기를 띄워 놓고 소련이 쏜 대륙 간 탄도탄을 공중에서 명중시킨다는 계획이었어.

소련은 눈 하나 깜짝하지 않았어. 그리고 4만 개가 넘는 핵무기를 계속 찍어 내는 것으로 응답했어. 만두를 그렇게 빚으라고 해도 못 빚을 거야. 1950년대 냉전 초기의 군사 경쟁이 다시 시작된 듯한 분위기였어. 그러던 중 소련은 미국이 소련 영공에 비행기를 보내 정찰 활동

전략 방위 구상을 발표하는 레이건 미국과 소련의 무기 개발 경쟁이 과열되면서 두 나라는 엄청난 비용을 최첨단 무기 개발에 사용했다. 미국이 전략 방위 구상을 발표하자, 두 나라는 더욱 날카롭게 대립했다.

을 하는 것을 포착했어. 그리고 끝내 미국의 우방 국가인 한국의 여객기가 미국을 위해 첩보 활동을 한다는 의심까지 품은 거야.

이 사건의 충격이 채 가시기도 전인 10월 9일에는 북한의 테러 사건이 일어났어. 버마(지금의 미얀마)를 방문한 전두환 대통령 일행이 아웅산 묘지를 참배하러 갔어. 사전에 정보를 입수한 북한 특수 부대는 대통령을 암살하기 위해 지붕에 미리 설치해 둔 폭탄을 터뜨렸어. 전두환 대통령은 차가 밀려 조금 늦게 도착하는 바람에 무사했지만, 부총리를 비롯해 외무부 장관, 상공부 장관 등 우리나라 정부의 핵심 각료들과 일행 등 17명이 희생되었어.

북한의 악랄한 테러로 국가의 중요한 인재들을 한꺼번에 잃은 우리 국민들은 침통해했어. 김일성은 자기가 시킨 일이 아니라고 말했어. 최고 지도자가 지시했든 밑에서 알아서 했든 간에 북한 정권은 뒷골목의 폭력 조직이나 벌일 법한 범죄를 저지른 것이었어. 북한 정권은 전 세계에서 폭풍 비난을 받고 더 심각한 국제적 고립 상태로 빠져들었어.

영국의 대처 수상은 1983년 선거에서 큰 승리를 거두면서 두 번째 임기를 시작했어. 1979년 대처가 첫 번째 임기를 시작했을 때 영국 경제는 큰 어려움에 빠져 있었어. 생산성은 떨어지는데 임금은 자꾸 올라 인플레이션이 생겼어. 영국의 유명한 복지 제도 '요람에서 무덤까지'를 유지하기 위해 정부는 없는 돈을 쥐어짜야 했어. 일을 하지 않고 사회 복지에 기대어 사는 사람들도 생겨났어. 대처는 '영국병'이라고 일컬어진 이러한 문제들을 해결하기 위해 철저한 자유 시장 경제를 강조했어.

대처가 싫어하는 말은 '공짜로 드려요!'였어. 식료품 가게의 딸로 태

이제는 너희들이 직접 벌어서 먹어.

평등만이 진리

MILK

어나 특별한 배경 없이 자신의 노력으로 수상이 된 대처는 누가 떠먹여 주는 것을 바라지 말고 스스로 노력해서 보상받는 사회를 추구했어. 교육부 장관 시절에는 아이들에게 무상으로 주던 우유를 유상으로 바꾸어 '우유 도둑'이라는 소리까지 들었어.

대처는 국영 기업의 민영화를 시작으로 해서 세금과 정부 지출을 줄이고 규제를 풀었으며 복지 예산을 크게 줄였어. 이러한 정책으로 대처는 영국 경제에 활력을 주었다는 평가와 함께 가난한 노동자 계층을 더 가난하게 만들었다는 비판도 받았어.

1984년

세계는? • 에티오피아 : 먹는 법을 잊어버린 아이들
• 일본 : 역사 인식, 태평양 전쟁 한가운데 표류 중?

두 눈은 퀭하고 배는 축구공처럼 부풀었어. 파리가 얼굴에 달라붙어도 쫓을 기력조차 없었어. 어떤 아이들은 밥을 줘도 먹지 못했어. 너무 오래 굶다 보니 미각을 잃어버린 거야. 1984년, 아프리카에 위치한 에티오피아에 대기근이 덮쳤어. 무려 100만 명이 굶어 죽었어. 영양실조로 쇠꼬챙이처럼 마른 아이들이 텔레비전에 보도되면서 에티오피아

기근은 전 세계의 주목을 받았어. 굶주림은 육체뿐만 아니라 영혼에까지 상처를 남기는 고통이라는 것을 알게 해 주었어.

에티오피아의 기근 소식은 인류 사회에 윤리적인 고민을 던져 주었어. 같은 하늘 아래 사는데 어떤 동네는 음식이 남아돌고 다른 동네는 굶어 죽는 상황이었어. 세계적인 차원에서 볼 때 기아의 원인은 식량 부족 때문이 아니었어. 과학 기술의 혁신으로 인류는 농법, 비료, 농기계를 발달시켜 식량 생산을 획기적으로 늘렸어. 2013년 유엔 통계에 따르면 전 지구적으로 120억 명이 먹을 수 있는 식량이 생산되고 있어. 세계 인구가 70억 명이니 모두 배 터지게 먹고도 남을 양이지. 그런데도 전 세계 인구 가운데 10억 명이 만성 기아에 시달리고 5초에 1명 꼴로 굶어 죽고 있는 거야.

"양국 간에 불행한 역사가 있었던 것은 유감입니다." 1984년 전두환 대통령을 만난 히로히토 일왕은 과거 역사에 대해 이렇게 말했어. 자전거 도둑도 저렇게 성의 없이 사과하지는 않을 거야. 히로히토는 우리 민족에게 씻을 수 없는 고통을 안겨 준 일제 군국주의의 최고 책임자였어. 2차 세계 대전 때 일제의 전쟁 범죄는 나치스와 함께 쌍벽을 이루었지만, 지난 역사를 대하는 방식은 하늘과 땅 차이였어. 독일은 전범 재판으로 나치스의 잘못을 단죄하고, 다시는 그런 일이 반복되지 않도록 아이들에게 나치스의 만행을 가르쳤어. 또 앞서 1970년에 보았듯 빌리 브란트 서독 총리는 진심 어린 행동으로 사죄했어. 브란트뿐 아니라 역대 독일 총리들은 틈만 나면 과거사를 사죄했어.

그러나 일본은 침략 역사를 반성하기는커녕 오히려 미화하고 왜곡했어. 2차 세계 대전의 전쟁 범죄자들은 일본에서 영웅으로 칭송받았어. 지금도 일본 총리와 정치인들은 아시아인들을 고통으로 몰아넣은 태평양 전쟁 범죄자들의 명부를 보관한 야스쿠니 신사에 참배하고 있어. 또 일부 정치인들은 옛 군국주의 시대를 그리워하며 평화 헌법 개정을 주장하기도 해. 일본은 1945년 제정된 평화 헌법에 따라 군대를 보유하지 않고 영원히 전쟁을 포기하기로 되어 있거든. 오직 방어만을 위한 전쟁을 할 수 있지. 그런데 이 헌법을 고쳐서 해외에서도 전쟁할 수 있는 군대를 만들자는 거야.

역사를 바라보는 비뚤어진 시각은 일본 역사 교육에서도 찾아볼 수 있어. 일본에서는 과거 제국주의 전쟁을 반성하는 것을 '자학 사관'이라며 무시하고 일제의 침략과 만행을 정당화하는 역사를 가르치고 있어. 일제가 한반도와 중국, 동남아시아를 침략했다는 기본적인 사실조차 부정하고 있지. 침략이 아니라 '진출'이고 사람들을 압제한 것이 아니라 '해방'시켰다는 거야. 한국을 지배한 것도 무력 강점에 의한 것이 아니라 대한 제국 정부가 "와서 근대화 좀 시켜 주세요." 하고 요청하는 바람에 합법적으로 했다는 거야.

이처럼 잘못된 역사관을 가진 일본인들은 아이들이 '자랑스러운 나라'를 배워야 한다고 주장하곤 해. 하지만 모든 역사에는 오점이 있게 마련이야. 영광의 역사는 영광스럽게 가르치고, 치욕의 역사는 반성하도록 가르치면 되는 거야. 잘못을 잘못으로 인정해야만 그것을 거울삼아 더 나은 미래를 만들 수 있어. 오늘날까지도 침략의 역사를 반성하지 않고 있는 일본은 다른 아시아 국가들에게 신뢰와 존경을 얻지 못하고 있어. 과거를 뉘우치고 이웃 나라와 화해할 때 비로소 더 성숙하고 자랑스러운 나라가 된다는 사실을 왜 모르는 걸까?

1985_년

역사는 수많은 민중의 땀과 피, 희생으로 발전해 왔어. 그렇지만 지도자가 어떤 인물인지에 따라 나라의 운명이 갈리기도 했어. 어떤 시기에 특별한 지도자의 영향력은 세계사의 흐름을 바꾸기까지 했지. 1985년 소련 공산당 서기장에 취임한 미하일 고르바초프가 바로 그런 지도자의 보기일 거야.

그동안 소련은 미국과 겨루는 세계 최고 강대국의 위상을 지켜 왔어. 하지만 세계 경제가 성장을 거듭할 때 소련 경제는 계속 추락했어. 오직 우주 항공 기술과 무기 산업만이 미국과 나란히 경쟁하며 세계 최고의 자리를 지켰어. 그렇지만 소련 사람들이 인공위성이나 탄도 미사일을 뜯어 먹으며 살 수는 없었지.

소련에서 생산한 상품의 질은 수준 이하였어. 그나마도 만성적인 공급 부족에 시달렸어. 공산당 정부의 지상 최대 목표는 국민들의 삶의 질을 개선하는 게 아니라 최고의 군대를 갖추는 것이었어. 사람들은 비누 같은 간단한 생활용품이나 빵을 배급 받기 위해 추운 겨울 칼바람을 맞으며 긴 줄을 서야 했어.

공산주의자들은 이윤을 얻기 위해 생산하는 것이 사회 불평등의 뿌리이자 죄악이라고 생각했어. 하지만 국가가 생산·분배 등 모든 것을 결정하니 사람들은 열심히 일해서 보상받고자 하는 욕구를 잃어버렸어. 그 결과는 형편없이 낮은 생산성으로 나타났어. 생산성이 낮으니 각 사람에게 분배되는 몫도 적었어. 그래서 정부는 '월급을 주는 척'만 하고 노동자들은 '일하는 척'만 한다는 말이 나왔어.

뻣뻣한 이념과 냉전 논리에 사로잡힌 옛 시대 인물들이 퇴장하고 나서 등장한 고르바초프는 새로운 세대에 속한 지도자였어. 그는 각 개인에게 동기를 부여하지 못하는 계획 경제를 소련이 뒤떨어진 원인으로 보았어. 앞서 1976년에 등장한 중국의 덩샤오핑과 똑같은 문제의식이 있었던 거야. 하지만 둘은 차이점도 있어. 덩샤오핑이 공산당 1당 독재는 그대로 두고 경제만 시장 경제 체제로 바꾼 것과 달리 고르바초프는 정치와 경제를 모두 개혁했어.

고르바초프의 정책은 개방(글라스노스트)과 개혁(페레스트로이카) 두 단어로 요약되었어. 그는 개방 정책을 통해 언론과 표현의 자유를 허용했어. 언론·출판·예술에 대한 검열과 통제가 사라지고 비판의 자유가 생겨나기 시작했어. 반체제 인사도 풀어 주었어. 또 개혁 정책에 따라 공산주의자가 아닌 사람도 선거를 거쳐 국회의원이 되었어. 공산당 혼자 지지고 볶던 시대가 끝나고 소련 의회는 자유로운 토론을 했어. 가장 큰 변화는 사유 재산을 인정하기 시작한 거였어. 집단 농장이 폐지되고 농민과 기업들이 시장에서 자유롭게 거래했어. 이제 시장 경쟁을 통해 개인의 부를 늘릴 수 있었어.

외교 면에서도 변화가 일어났어. 고르바초프는 서구와 관계를 개선해 나갔어. 그는 레이건과 군축 회담을 열어 단거리 미사일, 대륙 간 탄도 미사일을 눈에 띄게 줄였어. 레이건의 눈에 소련은 더 이상 '악의 제국'이 아니었어.

"오마니!" 북한에서 온 아들이 35년 만에 만난 남한의 어머니를 목 놓아 불렀어. 1985년 9월, 최초의 남북 이산가족 상봉이 이루어졌어. 남북한의 이산가족 50명이 가족을 만나기 위해 휴전선을 넘어 남으로 오고 또 북으로 갔어. 하지만 이내 찾아온 작별의 순간에 적당한 인사말을 찾을 수 없었어. 분단으로 가로막힌 현실에서 "편지할게.", "전화할게.", "또 만나." 등 그 어떤 약속도 할 수 없었기 때문이지. 서울역에서 평양행 KTX를 타는 친구를 배웅하며 "도착하면 전화해."라고 인사할 수 있는 날이 과연 언제쯤 올까?

온 국민을 가슴 저미게 했던 이산가족 상봉은 아쉽게도 일회성으로 끝나고 2000년이 돼서야 다시 시작되었어. 나라의 분단으로 부모와 자식, 부부, 형제 관계가 영원히 단절되어 소식조차 모르게 된 비극은 세계적으로 유례를 찾기 힘든 일이란다.

1986년

베트남의 발전 모델은 소련이었어. 그러나 소련은 경제적으로 실패를 겪은 뒤 개혁·개방으로 돌아섰어. 소련의 지원은 줄어들었고 미국의 경제 제재는 베트남의 발전을 가로막았어. 마침내 베트남도 중국과 소련을 따라 자유 시장 경제의 길을 가기로 했어. 베트남어로 '회복'이라는 뜻의 도이모이(Doi Moi) 정책이 시작된 배경이야.

도이모이 정책에 따라 국가는 자원과 기업을 더는 독점하지 않고 기업이 자유롭게 사업 활동을 하게 했어. 사유 재산도 허락했지. 농민들은 수익성이 좋은 농작물을 직접 골라 재배하고 가격과 생산량도 결정했어. 그 결과 생산성이 크게 높아졌어. 식량 부족에 시달리던 베트남은 세계적인 쌀 수출국이 되었어. 또 경제를 개방해서 외국인의 투자를 끌어들이고 베트남 전쟁 후 외교가 끊겼던 미국과도 경제 협력을 시작했어. 이렇게 하여 베트남은 농업 국가에서 제조업 국가로 탈바꿈했어.

우리나라에서는 민주화 열기가 점점 달아오르고 있었어. 대학생들은 경찰과 대치하며 군사 정권 반대 시위를 벌였어. 그런데 1986년 10월, 정부는 북한이 군사 도발을 위해 휴전선 근처에 금강산댐을 짓고 있다고 발표했어. 댐을 무너뜨려 서울과 수도권을 물바다로 만들고 남침할지 모른다는 설명이었지. 63빌딩 중턱까지 물에 잠긴다는 말에 온 국민이 불안에 떨었어. 정부가 내놓은 해결책은 북한의 물 폭탄 공격에 대비하기 위한 댐(평화의 댐)을 짓는 것이었어. 이 댐의 건설을 위해 유치원생부터 증조할머니까지 온 국민이 쌈짓돈을 털어 성금을 냈어.

하지만 조사 결과 금강산댐의 위협은 말도 안 되게 부풀려진 것으로 드러났어. 63빌딩을 물에 잠기게 하려면 세계적인 규모의 대홍수가 일어나야 하고, 만약 그럴 경우 올바른 대책은 댐이 아니라 '노아의 방주'를 만드는 것이었어. 또 북한은 금강산댐의 목적이 전력 생산이라고 밝혔어. 그러자 정부가 전 국민을 상대로 사기를 쳤다는 비판이 나왔어. 민주화 열기에 찬물을 끼얹기 위해 있지도 않은 위협으로 반공주의와 안보 위기를 조장했다는 거야.

1986년 4월, 우크라이나에서 체르노빌 원자력 발전소가 폭발하는 대재앙이 일어났어. 버튼 하나를 잘못 누르는 바람에 일어난 사고였어. 체르노빌은 순식간에 죽음의 땅이 되었고, 유럽 하늘을 뒤덮은 방사성 물질은 바람과 물을 타고 더 멀리 퍼졌어. 수만 명이 방사선에 노출되어 죽고, 또 다른 수만 명은 방사선 노출에 따른 암과 희귀병에 걸려 죽었어. 방사선은 유전자를 망가뜨려 아직 태어나지 않은 자손에게까지 나쁜 영향을 끼쳤어.

한때 원자력 발전은 비용이 싸고 효율이 높아 석유를 대체할 에너지로 환영받았는데, 체르노빌 사고가 이런 생각을 바꿔 놓았어. 100퍼센트 안전한 핵 발전소는 없었고, 단 한 번의 사고는 수천 년 동안 회복할 수 없는 재앙으로 이어졌어. 체르노빌은 여전히 아무도 살 수 없는

원자력 발전소 폭발 이후의 체르노빌 원자력 발전소 폭발로 체르노빌은 죽음의 땅이 되었다. 150만 명이 넘는 사람들이 방사선에 노출되었고, 사고 지점에서 반경 30킬로미터 이내 지역은 사람이 살 수 없는 곳으로 선포되었다.

유령 도시로 남아 있어. 도시 전체와 숲은 지금도 방사선을 뿜어내고 있지. 체르노빌이 다시 아이들이 뛰놀고 콩을 심을 수 있는 땅이 되려면 1천 년쯤 걸릴 거라는 예측이 나오고 있어.

1986년 필리핀 대통령 선거에서 마르코스와 아키노가 대결했어. 마르코스의 독재에 맞서 싸우던 남편 아키노가 살해당한 뒤 코라손 아키노는 평범한 가정주부의 삶을 버리고 정치에 뛰어들었어. 아키노는 선거에서 필리핀 국민들의 절대적인 지지를 받았어. 하지만 마르코스가 부정 선거로 또다시 대통령에 당선되었어.

분노한 시민들은 행동에 나섰어. 민주주의를 되찾기 위한 대규모 시위가 벌어졌어. 결국 마르코스는 쫓겨나 하와이로 망명하고 아키노가 대통령에 취임했어. 아시아 최초의 여성 대통령이었지. 시민들의 힘으로 독재자를 내쫓고 민주 정부를 세운 필리핀인들에게 세계가 찬사를 보냈어. 아키노 대통령이 가장 먼저 한 일은 마르코스가 종신 독재를 하기 위해 만든 헌법을 폐지한 것이었어. 그는 대통령 연임을 하지 않고 깨끗이 물러났다가, 훗날 2010년 필리핀 대통령 선거에서 아들 아키노의 당선을 밀어 주었어. 두 사람은 세계 최초의 '엄마와 아들' 대통령이었어.

1987년

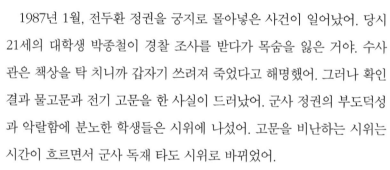

세계는? 코스타리카 : 함께 평화의 길을 찾다. 아리아스 플랜

한국은? 최루탄, 넥타이 부대, 그리고 6월 민주 항쟁

1987년 1월, 전두환 정권을 궁지로 몰아넣은 사건이 일어났어. 당시 21세의 대학생 박종철이 경찰 조사를 받다가 목숨을 잃은 거야. 수사관은 책상을 탁 치니까 갑자기 쓰러져 죽었다고 해명했어. 그러나 확인 결과 물고문과 전기 고문을 한 사실이 드러났어. 군사 정권의 부도덕성과 악랄함에 분노한 학생들은 시위에 나섰어. 고문을 비난하는 시위는 시간이 흐르면서 군사 독재 타도 시위로 바뀌었어.

군사 정권을 끝내려면 헌법을 개정해서 대통령 선출 방식을 직선제(전 국민의 투표로 대통령을 뽑는 방식)로 바꾸어야 했어. 그러지 않으면 또 전두환 대통령이 지명한 군인 후임자가 대통령이 되어 군사 정권이 이어질 상황이었어. 그래서 직선제는 민주화를 바라는 국민들이 오랫동안 품어 온 열망이었어. 그런데 1987년 4월, 전두환 대통령은 헌법을 개정할 시간이 없다며 후임자에게 정부를 넘기겠다고 발표했어.

시민들은 반발했고 직선제 개헌을 주장하는 시위가 벌어졌어. 군사 정권은 최루탄으로 맞섰어. 그러던 6월 9일, 연세대학교 앞에서 시위하던 대학생 이한열이 최루탄을 맞고 피를 흘리며 쓰러졌어(7월 5일 사망). 이 사건은 온 국민을 다시 충격과 분노로 몰아넣었어. 그럼에도 6월 10일, 전두환 대통령은 국민들의 저항에는 아랑곳 않고 노태우를 대통령 후보로 지명했어. 노태우는 전두환과 함께 12·12 쿠데타를 일으킨 주역이었어. 이제 그동안 거리로 나서지 않던 시민들까지 학생들의 시위 대열에 합세했어. 재래시장의 상인들과 넥타이 차림의 직장인들까지 거리로 나와 직선제와 민주화를 요구했어. 시민과 학생들은 한목소리로 "최루탄을 쏘지 말라!", "군사 독재 물러가라!" 하고 외쳤어. 서울·부산·광주 등 전국 22개 도시에서 40만 명이 시위에 참가했어(6월 항쟁).

전국에서 많은 시민들이 들고일어나자 당황한 전두환 정부는 버릇대로 군대를 동원해 시위를 진압하려고 했어. 군대는 출동 명령을 받고 대기했어. 하지만 서울 올림픽을 앞두고 개최 도시에서 벌어진 민주화 시위에 전 세계의 이목이 집중되었어. 세계 주요 언론은 이 소식을 톱뉴스로 다루었어. 미국 의회와 레이건 대통령도 일제히 나서서 문제를 대화로 해결하라는 메시지를 전두환 정부에 보냈어. 무엇보다 중요했던 것은, 성숙하고 일치된 국민들의 민주 의식이 이미 무력의 위협을 뛰어넘을 만큼 강했다는 사실이지.

6월 29일, 노태우 후보는 결국 직선제 개헌을 선언했어(6·29 선언). 시민들의 힘에 무릎 꿇은 항복 선언이었어. 시민 항쟁으로 헌법을 개정해 국민의 손으로 국가 지도자를 뽑게 됨으로써 우리의 민주주의는 한 발짝 성큼 나아갔어.

1987년 노벨 평화상 수상자는 코스타리카의 대통령 오스카르 아리아스였어. 앞서 1948년에 보았듯이 코스타리카는 군대를 폐지한 나라야. 평화와 민주주의의 나라에서 태어나고 자란 덕분일까? 1986년 대통령이 된 그는 코스타리카뿐 아니라 중남미 전체의 평화를 목표로 움직였어. 그 무렵 중남미는 정부군과 반군의 내전, 국경 분쟁으로 엄청난 혼란을 겪고 있었어. 이러한 혼란을 부추기는 것은 냉전 질서와 미국·소련의 개입이었어.

아리아스 대통령은 이웃 국가인 과테말라·엘살바도르·온두라스·니카라과 지도자들을 모아 놓고 냉전의 틈바구니에 시달리는 중남미에서 냉전 질서를 끝내고 평화를 만들자고 제안했어. 그리고 내전 종식, 민주적인 선거, 군대 축소, 언론 자유 보장 등 지역의 평화를 위한 구체적인 생각을 내놓았어. 5개국 정상은 아리아스의 평화 협정에 서명했어. 곧 니카라과 내전이 끝나고 10년간 계속되었던 엘살바도르의 내전도 끝나면서 중남미 지역은 차츰 냉전 상황에서 벗어나기 시작했어. 이처럼 아리아스의 평화 협정은 전쟁으로 얼룩졌던 중남미 지역에 평화를 정착시켰어.

우리 한반도가 위치한 동북아시아는 4대 강대국, 즉 미국·중국·러시아·일본이 만나는 지점이야. 군사적 긴장과 영토 분쟁이 끊이지 않고 있으며, 마지막 냉전의 땅이기도 하지. 중남미 국가들이 그랬던 것처럼 동북아시아도 함께 뭉쳐서 지역의 평화를 위한 합의를 이뤄 내야 해. 이때 평화를 위한 합의의 당사자이자 중재자로서 우리나라의 역할이 중요해. 한반도의 평화와 동북아시아 지역의 평화는 청바지와 지퍼처럼 떼려야 뗄 수 없는 관계이기 때문이지. 한반도 통일의 열쇠도 동북아의 평화로 가는 길목 어딘가에 있을지 몰라.

1988년

세계는? 미얀마 : 군부 독재 물러가라!

한국은? 손에 손 잡고 88 서울 올림픽

"손에 손 잡고 벽을 넘어서……." 서울 올림픽 기간 내내 울려 퍼진 올림픽 주제가의 가사야. 1988년 우리나라 역사상 가장 큰 국제 행사가 열렸어. 160개국에서 20만 명이 넘는 사람들이 몰려왔어. 모스크바 올림픽(1980년)과 LA 올림픽(1984년)은 정치적인 이유로 자본주의 진영과 사회주의 진영이 각각 불참하면서 반쪽 올림픽으로 끝났어. 그러나 서울 올림픽에는 서방 세계는 물론이고 중국과 소련을 포함한 동유럽 공산 국가, 북한과 친한 아프리카 나라들까지 모두 참가했어. 냉전 분단국가에 자본주의 진영과 사회주의 진영이 함께 모였으니 주제곡 가사처럼 이념의 '벽'을 뛰어넘은 것이지.

일본 도쿄 올림픽(1964년)에 이어 아시아에서 두 번째로 열린 서울 올림픽은 개발 도상국이 개최한 최초의 올림픽이었어. 그 무렵 한국은 지구본에서 찾기도 힘든 나라였어. 한국을 조금 안다는 사람들이 가장 먼저 떠올리는 이미지는 한국 전쟁, 분단국가, 군사 대치, 시위와 최루탄이었어. 서울 올림픽은 우리나라가 국제 사회에서 처음으로 '좋은 일'로 주목받은 계기였어. 우리 국민들의 자부심도 대단했어. 올림픽을 개최한다고 꼭 선진국 대열에 들어서는 것은 아니지만, 적어도 선진국의 문고리는 잡았다고 느끼게 해 주었지. 또 서울 올림픽은 그동안 적으로 여기던 소련, 중국 등 사회주의 국가에 다가가 외교 관계를 맺는 디딤돌이 되기도 했어.

1988년 미얀마에서는 군부 독재에 반대하는 시위가 벌어져 4천 명이 희생되었어. 이 시위를 계기로 아웅산 수치가 미얀마 민주화 운동의 지도자로 떠올랐어. 미얀마의 독립 영웅 아웅산 장군의 딸로 태어난 아웅산 수치는 아버지가 암살당한 뒤 줄곧 망명 생활을 해 왔어. 하지만 이제 군사 정부의 탄압에 용기 있게 맞서는 지도자가 되었어. 기나긴 군부 독재 아래에서 미얀마 사람들은 기본적인 인권과 자유마저 빼앗겼어. 민주화를 요구하는 목소리는 철저하게 탄압받았어. 또 군부 독재 기간 내내 미얀마는 아시아에서 가장 빈곤한 나라 가운데 하나로 머물렀어. 미얀마 사람들에게 아웅산 수치는 언젠가 되찾게 될 미얀마 민주화와 자유의 상징이었어. 또 바깥 세계에서 아웅산 수치는 폭력과 압제에 맞서 꿋꿋하게 저항하는 아시아 민주화의 상징이기도 했어.

냉전의 해체, 새로운 시대

1989~2000

한국은 ?		세계는 ?
견고한 냉전의 문을 두드리다. 북한 방문	**1989**	**국제 사회** 냉전은 녹고 민주화가 파릇파릇
		루마니아 어느 절대 권력자의 성탄 전야
냉전 종식 바람 타고 동유럽으로. 북방 정책	**1990**	**동독·서독** 45년 만에 다시 하나의 독일로
		미국·소련 아무도 이길 수 없는 싸움에 마침표를
남한·북한 유엔 동시 가입	**1991**	**소련** 제국의 간판을 내리다
50년 만의 고백. 일제 위안부 만행		**이라크** 남의 기름이 더 좋아! 쿠웨이트 침공
		미국 누구 맘대로 쿠웨이트를 건드려? 걸프 전쟁
		국제 사회 세계의 거미줄 망, 월드 와이드 웹
올챙이에서 용으로. 고속 경제 성장의 시대	**1992**	**유럽** 한 지붕 28가족. 유럽 연합 창설
군인 정치는 역사책 속으로. 다시는 나오지 마!	**1993**	**남아프리카공화국** 인종 차별 정책을 박물관으로
북한 강냉이죽보다 핵무기		**이스라엘·팔레스타인** 평화 협상은 계속 도돌이표
전쟁의 먹구름이 밀려오다	**1994**	**르완다** 해 뜨고 해 질 때까지 인종 청소
지구 반대편에 내 경쟁자가? 세계화 시대 선언	**1995**	**국제 사회** 자유 무역은 과연 친절한가?
일찍 터뜨린 샴페인. OECD 가입	**1996**	**아프가니스탄** 탈레반, 국민 행복 퇴치 위원회?
북한 고립된 경제와 식량난으로 고통받다		
두 전직 대통령, 법정에 서다	**1997**	**영국** 홍콩 식민지, 100년 만에 중국으로
텅텅 빈 국고와 IMF 사태		**중국** '세계의 공장'이 되다
민주화를 이끈 정치 지도자 김대중, 대통령 당선		
꽁꽁 얼어붙은 북한을 녹이는 것, 햇볕 정책	**1998**	
"안전하게 피신시켜 준다더니……."	**1998**	**유럽 연합** 하나의 화폐, 하나의 시장
미군의 민간인 학살		**동티모르** 주민 투표로 독립을 이룬 나라
평화와 통일의 첫 단추를 꿰다. 남북 정상 회담	**2000**	**미국** 악수하려던 손으로 어퍼컷. 꼬이는 북미 관계
		투발루 바닷속으로 가라앉는 나라

2차 세계 대전 이후 이어진 기존의 냉전 체제가 무너지고 세계 질서에 해빙기가 찾아왔어. 제국 소련은 해체되었어. 사회주의가 무너지고 소련의 동유럽 위성 국가들이 민주주의 정부를 세웠어. 중국은 시장 경제 체제를 받아들인 뒤 무서운 속도로 성장해 경제 대국이 되었어. 유럽은 유럽 연합이라는 이름으로 하나의 경제 공동체를 꾸렸어. 지난 역사 내내 툭하면 전쟁이던 유럽에서 이제 전쟁이 일어날 가능성은 희미해 보였어.

그러나 냉전이 끝난 뒤에도 아프리카, 아시아, 동유럽 곳곳에서 크고 작은 전쟁이 이어졌어. 호랑이 없는 산골에 여우가 설친다는 속담처럼, 강대국이 떠난 자리에 힘의 공백이 생기자 다른 세력들이 일어났어. 냉전에 쓰이던 철 지난 무기들이 가난한 나라로 흘러들어 인종 분쟁과 학살에 쓰이기도 했어.

독일은 통일을 이룬 반면, 분단 상태의 한반도는 지구상에서 마지막 냉전의 땅으로 남았어. 사회주의 국가들을 차례로 무너뜨린 자유와 민주화 물결은 북한의 압록강에서 멈추었어. 북한은 끝끝내 개혁·개방으로 나오지 않았어. 그렇지만 최초의 남북 정상 회담이 열리고 남북 정상이 손을 잡으면서 한반도에 평화 분위기가 조성되었어.

1989년

소련의 개혁 바람을 타고 1989년 동유럽에도 민주화의 물결이 몰려왔어. 폴란드 공산당 정부의 탄압을 받던 자유 노조는 정치 활동을 합법적으로 할 수 있게 되었어. 이 자유 노조를 이끌던 전기공 출신의 바웬사는 1990년 총선거에서 대통령에 당선되었어. 또 헝가리는 공산당 1당 독재를 폐지하고 복수 정당제를 채택했어.

민주화 물결은 중국에도 상륙했어. 1989년 4월, 베이징의 학생들이 시작한 민주화 시위는 200만 명이나 참여한 대규모 시위로 확대되었어. 하지만 6월 4일, 계엄군은 기관총과 탱크까지 동원해 톈안먼의 시위대를 무력으로 진압했어(톈안먼 사태). 3천 명의 시위대가 죽었어. 동유럽을 잇따라 휩쓴 민주주의의 바람은 베이징에서 막히고 말았지.

세계적인 냉전이 썰물처럼 빠지는 이때 우리나라에서도 냉전을 극복하려는 시도가 있었어. 1989년 3월, 문익환 목사가 평양으로 건너가 북한의 김일성 주석을 만났어. 그는 김일성을 보자마자 덥석 껴안기까지 했어. 문익환 목사는 정부 대표는 아니었지만 김일성과 통일에 대해 이야기를 나누었어. 이어서 6월에는 대학생인 임수경이 평양에서 열린 세계 청년 학생 축전에 참가했어. 이 언니는 씩씩하고 자유분방한 남한 여대생의 모습을 보여 주며 북한에서 슈퍼스타처럼 인기를 끌었어. 북한 군중 앞에서 통일에 대해 연설하기도 했어. 정부의 허락 없이 평양에 다녀온 두 사람은 국가 보안법 위반으로 징역을 선고받았어. 하지만 정부가 독점해 오던 통일 문제를 민간인들이 고민하고 그 문제를 풀기 위해 행동으로 나서기 시작했다는 점에서 큰 의의가 있었어.

1989년 10월, 소련은 동유럽 공산 국가들에게 이제부터 마음대로 제 갈 길을 가라고 선언했어. 그러자 동독 시민들은 여행의 자유, 민주화를 요구하며 시위에 나섰어. 동독 정권은 시민들의 요구를 더는 억누를 수 없었어. 11월 9일, 동독과 서독을 가르던 베를린 장벽이 드디어 무너졌어. 감격의 환호성과 샴페인이 터졌어. 사람들은 망치며 이런저런 연장을 들고 가 장벽을 쪼개고 뜯어냈어. 그 순간 동독에는 몇십만의 소련군이 주둔하고 있었지만, 남의 자유를 훼방 놓고 말보다

베를린 장벽 붕괴 동독과 서독 사람들이 유럽 냉전의 상징이던 베를린 장벽을 뜯어내고 양쪽을 자유로이 오가게 되었다.

주먹이 먼저 나가는 예전의 그 소련이 아니었어. 어느 텔레비전 프로 그램의 제목을 빌리자면 '소련이 달라졌어요.'였어.

　많은 동유럽 국가들이 이처럼 평화롭게 민주화를 향해 나아갔지만 루마니아는 예외였어. 1989년 루마니아의 성탄절에는 루돌프 사슴의 방울 소리 대신 총살을 집행하는 소리가 들렸어. 군인들이 서로 쏘겠 다고 "저요. 저요." 손 들었어. 루마니아의 공산당 지도자 차우셰스쿠와 그의 부인 엘레나가 100여 발의 총알을 맞고 쓰러졌어. 한때는 숭배의 대상이었지만 마지막에 그의 편에 선 사람은 아무도 없었어. 군대도 그의 진압 명령을 무시하고 시위대 편에 섰지.

　차우셰스쿠는 20년 넘게 루마니아를 통치한 독재자였어. 그의 통치 방식은 상식 이하였어. 쓸모없는 국가사업을 벌여 국가 부채가 늘어나 자 수입을 금지하고 국내 생산품을 모두 수출하게 하는 한편, 전기 사 용도 절반으로 줄이라고 명령했어. 그 결과 온 국민이 물자 부족과 추 위, 굶주림을 겪어야 했어. 국가 재정이 빚더미에 오른 상황에서도 사

치스러운 궁전을 짓고 가족들을 국가 요직에 두루 앉혔어. 이런 체제를 가능하게 한 것은 공포 정치였어. 도처에 깔린 비밀경찰의 감시와 도청 때문에 아무도 비판할 수 없었어.

차우셰스쿠의 사례는 우리가 독재를 허용해서는 안 되는 이유를 잘 보여 주고 있어. 견제받지 않는 절대 권력은 반드시 썩는다는 게 역사의 교훈이야. 독재자는 권력을 유지하고 강화하기 위해 법을 무시하고 인권 탄압과 폭정을 서슴지 않아. 정책을 비판하고 걸러 주는 장치가 없으니 권력자 개인의 뒤틀린 취향이며 나쁜 머리, 인격 장애까지 고스란히 나라를 통치하는 데 묻어나게 돼. 결국 온 국민이 독재자 한 사람의 비위에 맞춰 살아가야 하는 어처구니없는 일이 벌어지는 거야.

민주주의라는 제도와 장치로 우리 사회를 운영하는 것이 그래서 중요해. 입법부(법을 만드는 국가 기관, 의회)는 행정부(행정을 맡아 보는 국가 기관, 정부)를 감시하고, 야당(정권을 잡고 있지 않은 정당)은 여당(정권을 잡고 있는 정당)을 견제하고, 사법부(법원)는 정치권력에서 독립성을 유지하고, 언론은 자기 할 말을 하고, 국민들은 지도자를 자유롭게 비판할 수 있어야 돼. 이러한 '안전장치들'을 바탕으로 우리는 민주주의를 계속 지켜 나갈 수가 있어. 민주주의는 우리 삶의 꽃꽂이 장식이 아니라 공기와 물 같은 존재라는 점을 잊으면 안 돼.

1990년

1990년 10월 서독과 동독이 드디어 통일을 이루었어. 베를린 장벽이 무너진 지 1년이 채 안 되어서였지. 경제적으로 훨씬 앞선 서독이 동독을 흡수 통일하는 방식이었어. 그래서 통일 독일은 서독의 체제를 따른 국가가 되었어. 베를린 장벽 앞에서 베토벤의 〈환희의 송가〉가 연주되었어. 독일 통일을 보면서 우리 한민족은 언제 통일되려나 부러운 마음이 들기도 했어.

독일 통일이 우리에게 주는 교훈은 오랫동안 추진해 온 화해와 소통이 결실을 보았다는 점이야. 독일의 통일은 하루아침에 뚝 떨어진 사건이 아니야. 그 첫걸음은 서독 총리 빌리 브란트가 동독과의 적대 관계를 끝내고 동독을 하나의 국가로 인정했을 때 시작되었어. 그럼으로써 동서독 사람들은 서로 전화나 편지도 하고 상대국의 텔레비전 프로그램을 보거나 여행도 할 수 있었어. 그러자 동서독 사람들 사이에 하나의 공동체라는 인식이 싹텄어. 또 서독은 '동방 정책'으로 동유럽 국가들과 화해하고 관계를 회복했어. 이런 노력이 주변 나라들에서 인정받고 통일 독일에 대한 신뢰로 이어졌어.

물론 서로 다른 체제를 하나로 만드는 건 쉬운 일이 아니었어. 세계 3위의 경제 대국 서독이었지만 어마어마한 통일 비용은 나라 경제에 어려움을 안겨 주었어. 재정 부담 외에 정서적인 갈등도 극복해야 했어. 서독 사람들은 자기들이 낸 세금(통일세)으로 통일 비용을 대는 것에 부담을 느꼈고, 동독 사람들은 흡수 통일된 '이등 국민'으로서 차별받는 것이 불만이었어. 그렇지만 민족의 미래를 생각한다면 이런 고된 과정은 극복할 만한 가치가 있다고 생각했지.

한반도의 분단이 길어지면서 '통일을 꼭 해야 하나?' 생각하는 사람도 생겼어. 독일이 그랬듯 통일 비용을 지출하고 경제 통합을 이루는 일은 분명 고된 작업일 거야. 남북한의 격차나 이질감을 극복하는 것도 쉽지 않겠지.

그러나 우리는 오랜 시간 같은 언어와 문화와 역사를 간직해 온 한민족이야. 서울과 평양을 기차로 오가던 시설도 있었지. 시대적인 격변이 우리 민족을 이념 대결로 몰아갔고 우리는 원치 않는 분단을 맞았어. 곧이어 전쟁이 터지면서 우리는 서로를 증오하는 법을 배우고 군사 대치를 이어 갔어. 민족 분단을 끝내는 것은 세계사적인 요청이기도 해. 예전에는 지구상에 분단과 냉전의 상징이 두 개, 즉 한반도의 휴전선과 독일의 베를린 장벽이었어. 그런데 이제는 딱 하나 남았어. 하지만 언젠가 우리도 휴전선 철조망을 걷어 내고 노래 부를 날이 올 거야.

빌리 브란트 총리가 '동방 정책'으로 화해와 통일의 길을 열었다면, 노태우 정부는 '북방 외교'로 동유럽 공산권 국가와 관계를 개선했어. 1989년 우리나라는 헝가리를 시작으로 폴란드, 유고슬라비아, 체코와 잇따라 국교를 맺었어. 1990년 소련에 이어 1992년 중국과 수교함으로써 북방 외교의 마지막 목표가 이루어졌어. 한국 전쟁 때 서로 총을 겨눈 중국과의 수교는 냉전의 끝이 다가오는 것을 실감하게 했어. 특히 중국은 거대한 시장으로서 그 뒤 우리나라 제1의 교역 대상국이 되었지.

1990년 모스크바에 소련 맥도날드 1호점이 문을 열었어. 미국 자본주의의 상징이 사회주의 종주국의 심장부에 자리 잡은 거야. 소련에서는 공산당 독재가 폐지되고 민주 선거로 국회를 구성했어. 소련 내의 공화국들은 민주주의 독립 국가 건설을 준비했어. 폴란드·헝가리 등 소련의 위성 국가들은 민주 정부를 세웠어. 부시 대통령과 고르바초프 서기장은 냉전 종식을 공식 선언했어(몰타 선언, 1989년). 한때 핵전쟁으로 전 세계가 콩가루가 될 뻔한 위기도 있었지만 결국 전 세계적인 냉전 질서는 사라졌어.

고르바초프는 동서 냉전과 무기 경쟁을 끝내고 동유럽의 민주화에 기여한 공로로 노벨 평화상을 받았어(1990년). 소련 공산당 서기장이라 하면 흔히 살벌하고 차가운 인상을 주었어. 그러나 고르바초프는 열린 생각과 개혁적인 정치로 세계인들의 많은 관심과 애정을 받았어. '고르비'라는 애칭을 얻었고, 그의 얼굴을 본뜬 인형까지 나올 정도였지.

1991년

세계는? • 소련 : 제국의 간판을 내리다
• 이라크 : 남의 기름이 더 좋아! 쿠웨이트 침공
• 미국 : 누구 맘대로 쿠웨이트를 건드려? 걸프 전쟁
• 국제 사회 : 세계의 거미줄 망, 월드 와이드 웹

한국은? 남한·북한 유엔 동시 가입
50년 만의 고백, 일제 위안부 만행

1991년 12월 25일 소련이 해체되었어. 1917년 러시아 혁명이 성공하고부터 74년 동안 지속되던 소비에트 연방 공화국의 국기가 내려갔어. 소련의 붕괴는 어떤 면에서 예고된 일이었어. 인종, 언어, 정체성이 다른 15개 공화국을 소련의 테두리에 묶어 둔 것은 무력 통제였어. 그런데 고르바초프가 자유와 민주주의를 허용해 이 통제를 스스로 풀어 버린 거야. 고르바초프도 소련 망하라고 개혁을 한 것은 아니야. 더 강한 소련을 만들기 위해 개혁을 했는데, 이것이 부메랑이 되어 소련을 붕괴시킨 셈이지.

각자 갈 길 갑시다.

소련을 구성하던 15개 국가가 독립했어. 역사 속으로 사라진 소련을 승계한 것은 러시아 공화국이었어. 소련을 대신할 새로운 국명으로 러시아라는 옛 이름을 되찾았지. 그리고 민주

선거를 통해 옐친이 대통령에 당선되었어.

1990년 8월, 유전 지대를 탐낸 이라크의 후세인이 쿠웨이트를 침공했어. 국제 사회가 펄쩍 뛰며 이라크의 철수를 요구했어. 산유국에서 벌어진 충돌은 아주 민감한 문제였어. 석유 공급에 차질이 생기거나 석유 가격이 오르면 세계 경제가 타격을 받기 때문이지. 이라크가 꿈쩍도 않자 1991년 1월 미국을 중심으로 한 다국적군의 공습이 시작되었어(걸프 전쟁). 확 트인 사막에서 이라크군은 어디 숨을 데도 없었어. 이라크군은 미군의 최첨단 전투기와 미사일 공격에 시달리다 겨우 한 달 만에 무너졌어.

걸프 전쟁 때부터 미국과 이라크는 원수 사이가 됐어. 미국은 이라크를 경제적으로 제재했지만 후세인은 끄떡도 하지 않아서 애꿎은 이라크 국민들의 생활만 고달파졌어. 2003년, 벼르고 벼르던 미국은 이라크가 대량 학살 무기를 숨겼다고 주장하며 이라크를 침공했어. 그러나 이라크에서 대량 학살 무기는 나오지 않았어. 애초에 그런 무기 따위는 없었던 거지. 그런데도 미국은 이라크의 석유가 탐나서 그랬다고 솔직하게 말하지는 않았어.

노태우 정부는 공산권 수교에 이어 남북 관계 개선에 나섰어. 1991년 9월 남한과 북한이 각각 유엔에 가입했어. 우리 헌법상 대한민국 영토는 한반도 전체이고, 국가 보안법은 북한을 반국가 단체로 규정하고 있어. 그런데 유엔 동시 가입으로 남북한이 적대적인 관계를 끝내고 서로를 승인하기로 한 거야. 그해 12월에는 남북한이 '남북 간 화해와 불가침 및 교류 협력에 관한 합의서'를 맺었어. 남북이 서로 상대방 체제를 인정하고, 무력 침략과 핵무기 개발을 포기하고, 화해 협력한다는 내용이었어.

1991년 김학순 할머니(67세)는 기자 회견에서 '위안부' 피해 사실을 처음으로 증언했어. 일제 강점기에 공장 일자리를 준다는 말을 믿고 17세의 나이에 만주로 건너갔어. 그런데 도착한 곳은 일본 군인들이 성적인 욕구를 해소하는 곳이었어. 김학순 할머니에 이어 다른 피해자 할머니들도 줄줄이 증언에 나섰어. 대부분 일자리를 주겠다는 말에 속아서 갔어. 나물을 뜯거나 목화를 따다가 일본 헌병의 손에 강제로 끌려가기도 했어. 솜병아리처럼 가냘픈 14~15세 소녀들도 많았어.

당시 중국·동남아 등 일제가 점령한 대부분 지역에는 '위안소'가 있었어. 일본군이 직접 관리하고 요금도 정했어. 그러나 일본 정부는 위안부를 강제한 적이 없고 제 발로 돈 벌러 간 거라고 주장하고 있어. 그런 뻔뻔한 거짓말이 통하기에는 위안부 피해자 수가 새까맣게 많아. 한국인뿐 아니라 중국인, 동남아인, 네덜란드인까지 몇만 명이나 된다고. 유엔 인권 위원회는 강제로 끌려간 위안부의 존재를 공식 인정하고 피해자들을 '일본군 성 노예'라고 부르고 있어.

위안부 피해자 할머니들은 지금도 매주 수요일마다 일본 대사관 앞에 모여 일본의 사죄를 요구하고 있어. 꽃다운 나이에 끌려가서 겪은 모진 고통은 너무 분하고 억울해서 말로 다 할 수 없어. 억만금을

© 나눔의 집

〈끌려감〉 꽃이 꺾이듯 일본군 위안부로 끌려갔던 김순덕 할머니의 그림이다. 일본은 자기들이 저지른 과거의 만행에 대해 사실 인정조차 하지 않고 있다.

준다 한들 배상이 될 수 없지. 다만 세상을 떠나기 전에 그때의 일을 사과받고 싶은 거야. 하지만 위안부의 존재는 물론 침략 전쟁 자체를 부인하는 일본 정부는 마지막 피해자 할머니가 세상을 떠날 때까지 사과하지 않을 작정인 것 같아. 그렇더라도 그때 일들을 역사의 진실로 남겨 두고 기억하는 건 우리 몫이야.

오늘날 사람들은 인터넷이 없는 세상을 형광등이나 냉장고가 없는 세상쯤으로 여길지 몰라. 하지만 인터넷이 우리 생활에 깊숙이 들어온 지는 얼마 되지 않았어. 1991년 월드 와이드 웹(WWW)이 서비스를 시작했어. 이미 1960년대에 미국은 군사용 컴퓨터 통신망을 개발해 놓았지만, 관련 과학자들이나 쓸 수 있었어. 월드 와이드 웹이 나오면서 누구나 쉽게 인터넷으로 정보를 주고받을 수 있게 되었지. '세계의 거미줄 망'이란 뜻 그대로 전 세계가 하나의 정보망으로 연결되었어. 그리고 그 옛날 나침반, 종이, 인쇄술의 발명이 그랬던 것처럼 인간의 사고와 행동 방식을 바꾸어 놓았어.

무엇보다 사람들의 손가락 끝에서 세계의 방대한 지식이 열렸어. 웹사이트가 속속 생기면서 지구 반대편의 사정도 쉽게 알 수 있게 되었고, 온라인에 있는 학교·시장·사원에서 사람들과 교류할 수 있게 되었어. 또 빠른 정보 교환과 소통의 민주성 덕에 민주화 시위나 혁명의 순간에 사람들을 뭉치고 행동하게 하면서 역사의 갈림길을 만들기도 했어. 2014년 기준으로 전 세계 인구의 40퍼센트 이상이 인터넷을 사용하고 있어. 웹의 세계는 램프의 요정 지니처럼 사람들의 온갖 필요에 응답하는 편리한 도구야. 그렇지만 때로 바람과 햇살 아래 있어야 할 것들까지 그 안에 가두어 두기도 하지.

1992년 ✨

세계는? 유럽 : 한 지붕 28가족, 유럽 연합 창설

한국은? 올챙이에서 용으로, 고속 경제 성장의 시대.

신흥 경제 개발국인 한국·타이완·홍콩·싱가포르가 세계의 주목을 받았어. 이 나라들은 급속한 경제 성장과 공업화를 이룬 '아시아의 네 마리 용'이라 일컬어졌어. 30여 년 전만 해도 아직 뒷다리도 안 나온 '네 마리 올챙이'에 불과했지. 그런데 겨우 한 세대 만에 식민 지배와 전쟁의 폐허를 극복하고 역동적인 경제 성장을 이룬 거야. 2차 세계 대전 후의 신생 독립국들 가운데 산업화에 성공한 나라는 거의 없었어. 그런 점을 생각하면 이 네 나라의 사례는 아주 예외적이어서 많은 경제학자들의 연구 대상이 되었지.

1992년, 유럽 공동체(EC) 12개국은 유럽 연합(EU)을 설립했어. 유럽 연합의 역사는 프랑스·독일 등 유럽 6개 나라가 '유럽 석탄·철강 공동체'를 만든 1952년으로 거슬러 올라가. 그때부터 유럽 국가들은 조금씩 더 높은 단계의 통합을 이루어 유럽 연합에 이르렀어.

유럽 연합 회원국들은 무역 장벽을 없애 하나의 시장을 만들고 단일 통화인 유로를 사용하면서 경제 통합을 이루었어. 정치적으로도

오늘은 벨기에를 달려볼까?

룩셈부르크로 가야지.

281

조금씩 통합을 추구해 갔어. 20개가 넘는 언어 차이는 통역사를 써서 해결하면 되지만, 나라마다 다른 이해관계와 갈등을 푸는 과정은 쉽지 않았어. 그래도 민주주의 국가들의 연합인 만큼 토론과 투표로 문제를 풀어 갔어. 처음에는 서유럽 중심이던 유럽 연합은 동유럽까지 받아들임으로써 28개 나라를 회원국으로 거느리게 되었어(2014년 기준).

1993년

세계는? • 남아프리카공화국 : 인종 차별 정책을 박물관으로
• 이스라엘·팔레스타인 : 평화 협상은 계속 도돌이표

한국은? • 군인 정치는 역사책 속으로, 다시는 나오지 마!
• 북한 : 강냉이죽보다 핵무기

지난 3세기 동안 남아프리카공화국에서는 인구의 겨우 16퍼센트를 차지하는 백인들이 나머지 흑인들을 지배해 왔어. 백인들은 흑인들을 함께 섞일 수 없는 천한 존재로 여겼어. 그리고 1948년부터 실시한 인종 격리 정책(아파르트헤이트)으로 인종 차별은 법과 제도가 되었어. 모든 건물과 공공시설마다 '유럽인 전용'과 '비유럽인 전용'을 구분하는 푯말이 세워졌어. 인종별로 거주 지역도 나뉘었고 다른 인종과 결혼하는 것도 금지당했어. 흑인 아이들은 그저 백인 밑에서 불만 없이 살아가는 사회 하층민으로 길러졌어. 더 나은 삶과 번듯한 직업을 꿈꾸는 것은 허락되지 않았어.

흑인들은 인종 분리 정책에 반대하며 투쟁을 벌였어. 남아공 백인 정부는 시위대를 폭력으로 진압하고, 시위하는 어린 학생들에게 총을 쏘기도 했어. 정부의 탄압이 거세지자 대표적인 흑인 저항 단체인 '아프리카 민족 회의'는 무장 투쟁에 나섰어. 이 단체의 의장인 넬슨 만델라는 1964년 종신형을 선고받고 감옥에 갇혔어. 그렇지만 만델라는 전 세계에서 저항과 자유의 상징이 되었어. 세계의 각 도시에서 만델라를 석방하라고 요구하는 시위가 벌어졌어. "해도 너무한다. 지금 시대가 어느 때인데 저렇게 대놓고 인종 차별을 할까?" 국제 사회가 남아공을 '왕따'시키기 시작했어. 미국이 주도하는 경제 제재에 묶인 남아공은 외국에서 석유를 사들이거나 돈을 꾸는 것조차 어려워졌어.

남아공 정부는 대화와 협상을 시작했어. 감옥에서 삼시 세 끼 옥수수죽만 먹던 만델라가 협상 테이블로 불려 나왔어. 1991년, 밀고 밀리는 줄다리기 끝에 남아공은 만델라를 27년 만에 석방하고 인종 분리 정책을 공식적으로 폐기했어.

1993년 만델라는 인종 차별을 종식시킨 공로로 노벨 평화상을 받았어. 그리고 이듬해에 남아공 최초로 모든 인종이 투표권을 행사한 선거에서 남아공 최초의 흑인 대통령이 되었어. 만델라 대통령은 증오의 고리를 끊기 위해 인종을 차별한 사람들을 용서하고 화해했어.

넬슨 만델라 동상과 백인 전용 간판 위 사진은 넬슨 만델라가 갇혀 있던 교도소 앞에 세운 그의 동상이다. 아래는 인종 분리 정책이 시행되고 있을 때 '백인 전용'을 알리던 간판.

1993년 우리나라에서는 김영삼 대통령의 문민정부(군인이 아닌 민간인이 이끄는 정부)가 탄생했어. 그리고 그 이름에 걸맞은 개혁을 시작했어. 먼저 쿠데타와 군인 정치의 싹을 자르기 위해 군인 사조직을 뿌리 뽑았어. 정치권력을 손에 넣기 위해 선거 유세용 트럭 대신 탱크에 올라타는 습관이 있는 이 군인들은 민주주의에 중대한 위협이 되어 왔어. 또 다른 개혁은 금융 실명제였어. '검은 돈'의 뿌리를 막기 위해 다른 사람 이름으로 금융 계좌를 사용하지 못하게 하는 정책이었어. 이러한 개혁 정책에 힘입어 김영삼 대통령의 인기는 높아졌어.

인공위성으로 북한을 감시하던 미국은 영변에 건설 중인 핵 시설을 찾아냈어. 미국은 북한의 핵 개발을 좌절시키기 위해 대화로 살살 달래기도 하고 미사일을 들이대며 압박하기도 했어. 세계 최고의 군사력을 자랑하는 나라와 원수가 되어 살아가는 건 쉬운 일이 아니야. 한국 전쟁 때 북한의 도시들은 미군에 의해 잿더미가 되었어. 얼마 전에는 미국이 이라크를 작살내는 장면을 텔레비전 생중계로 봤어. 소련은 공중 분해되고 동유럽 공산당 정권들은 도미노처럼 줄줄이 무너졌어. 이런 상황에서 북한은 강냉이죽도 못 먹고 굶어 죽는 인민들의 생존이 아니라 정권의 생존을 보장받기 위해 핵무기를 만들었어. 핵무기를 보유한 나라는 아무도 함부로 건드릴 수 없기 때문이지.

이 무렵, 한반도와 막상막하의 세계적 분쟁 지역인 이스라엘과 팔레스타인에 반짝 평화가 오나 싶었어. 1993년 클린턴 미국 대통령의 중재로 라빈 이스라엘 총리와 '팔레스타인 해방 기구' 아라파트 의장이 평화 협정을 맺은 거야(오슬로 협정). '땅과 평화의 교환'으로 불리는 이 협정에 따라 양측은 서로의 존재를 인정하고, 이스라엘은 팔레스타인에 자치를 허용하기로 했어.

하지만 말뿐인 자치였어. 이스라엘은 여전히 팔레스타인 자치 지역을 통제했고, 이스라엘 군대도 철수하지 않았어. 팔레스타인 사람들이 볼멘소리를 했어. "이게 '지배 협정'이지 무슨 '평화 협정'이냐?" 이스라엘 과격파는 또 그들대로 씩씩거렸어. "이스라엘이 팔레스타인에게 쓸데없이 양보하고 그들과 타협했다." 1995년 어느 유대인 청년은 이스라엘 땅을 팔레스타인 사람들에게 넘겨준 반역자라며(실제로는 넘겨주는 척만 했을 뿐인데도) 라빈 총리를 암살했어.

팔레스타인은 반세기 넘게 이스라엘의 압박과 차별을 받으며 살아가고 있어. 그러나 오늘날 국제 사회의 많은 나라들은 팔레스타인이 국가가 될 만한 자격이 충분하다고 생각하고 있어. 2012년 유엔 총회에서는 압도적인 찬성으로 팔레스타인의 지위를 국가로 높였어. 그런데 미국과 이스라엘은 여전히 팔레스타인 국가 건설에 결사반대야. 나라를 세우려면 땅부터 마련해야 하는데, 이스라엘은 자신이 점령한 땅을 1센티미터도 떼어 줄 생각이 없어.

1994년

세계는? 르완다 : 해 뜨고 해 질 때까지 인종 청소

한국은? 전쟁의 먹구름이 밀려오다

1994년 봄, 한반도에는 다시 전쟁의 기운이 모락모락 피어났어. 남북 사이에 날카로운 신경전이 벌어졌어. 북한은 전쟁이 나면 서울은 불바다가 된다고 경고했어. 그러자 남한은 우리가 가만있을 것 같으냐고 맞받아쳤어. 불안해하는 일부 시민들은 전쟁 대비 비상식량으로 라면을 쟁여 놓았어. 미국은 우리나라 기지 곳곳에 패트리어트 미사일을 배치했어. 북한은 핵 확산 금지 조약(NPT)을 탈퇴해 버렸어. '핵무기를 만들건 말건 내 맘'이라는 뜻이었어. 미국은 북한 영변의 핵 시설을 폭격하기로 했어. 이는 곧 북한과 전쟁을 각오한다는 의미였어. 6월, 미국은 한반도 전면전 계획을 세웠고 미국의 CNN 방송은 '한반도 전쟁 생중계'를 준비했어. 그제야 미국의 전쟁 계획을 알게 된 김영삼 대통령은 "미국이 우리 땅을 빌려서 전쟁을 할 수는 없다."며 반발했어.

미군이 예상한 전면전의 결과는 참혹했어. 미군 5~10만 명 사망, 한국군 50만 명 사망, 서울의 민간인 100만 명 사망, 재산 피해 1조 달러……. 겨우 석 달 예상 치가 이 정도였어. 위기의 순간에 카터 전 미국 대통령이 북한으로 날아가 김일성과 뚝딱 합의를 보았어. 북한이 핵 개발을 멈추는 대신 미국은 북한을 무력으로 위협하지 않고 경제 제재도 풀어 주기로 한 거야. 카터는 남북 정상 회담도 주선했어. 분단 역사상 최초의 남북 정상 회담 소식에 전쟁 위기는 평화 분위기로 급

핵 확산 금지 조약
핵무기가 없는 나라에서 핵무기를 개발하거나, 핵무기가 없는 나라에 핵무기를 넘겨주는 일을 금지하는 조약. 핵무기 확산을 막기 위해 1970년 유엔 총회에서 발효되었다.

반전했지.

남북 정상 회담을 앞둔 7월, 김일성이 심장병으로 갑자기 사망했어. 북한 주민들은 김일성 동상 앞에서 "장군님", "아버지"를 외치며 펑펑 울었어. 남한에서는 김일성에게 조문할지 말지를 놓고 전국이 들썩거렸어. 한편에서는 "김일성은 전쟁을 일으켜 동족을 살해한 전쟁 범죄자다. 그런 사람에게 어떻게 조문을 하는가?" 이러고, 다른 한편에서는 "누가 꼭 슬퍼서 조문하나. 정상 회담을 할 뻔했던 대화 상대였고, 북한 동포들의 지도자가 아니냐. 어차피 속 다르고 겉 다른 게 외교다." 이랬어. 하지만 정부는 조문은커녕 애도를 표시하는 사람들을 반국가 행위로 체포했어. 북한이 보기에 남한의 이런 반응은 초상집에 재 뿌리는 행동 같았어. 한껏 달아올랐던 평화 분위기는 싸늘해졌지.

아프리카에 위치한 인구 700만의 작은 나라 르완다에는 후투와 투치 두 종족이 살고 있었어. 20세기 초 벨기에는 투치족을 지배 계급으로 내세워 식민 통치를 했어. 반면 인구의 85퍼센트를 차지하는 후투족은 교육과 직업에서 차별받고 하층민으로 살았어. 1962년 벨기에가 떠나자 그동안 차별과 억압을 받아 온 후투족은 반란을 일으켰어. 정권을 장악한 후투족은 자기들이 당했던 대로 투치족에게 앙갚음했어. 후투족 정부는 투치족을 향한 증오심을 조장했어. 투치족에 대한 범죄는 살인마저 눈감아 주었어. 라디오와 신문은 투치족을 바퀴벌레라고 부르며 투치족과는 결혼도 하지 말고 친구도 되지 말라고 했어.

투치족을 향한 증오가 높아 가던 1994년, 후투족 출신 대통령이 암살당했어. 후투족은 이 사건을 빌미로 투치족에게 보복했어. 투치족은 교회와 학교, 산과 들로 피신했지만 안전한 곳은 어디에도 없었어. 군인과 경찰이 길을 막고 마을을 뒤지며 투치족을 학살했어. 곧 동네 사람들도 닭 잡고 장작 패는 커다란 칼을 들고 학살에 나섰어. 일터에 가는 사람처럼 아침부터 나와 해 질 때까지 부지런히 죽이고 노략질했어. 농사짓는 사람들은 농기구를 가지고 나와 익은 곡식 수확이라도 하듯 투치족을 베었어. 바로 어제까지 맥주도 같이 마시고 농담도 주고받던 이웃이 하루아침에 살인자로 돌변했어. 정부와 언론이 투치족을 죽이라고 선동하자 스스럼없이 복종했지. 라디오 방송은 광기에 차 떠들어 댔어. "무덤이 아직 다 차지 않았다."

르완다 전역에서 학살이 벌어졌지만 유엔군은 수수방관하다가 철수해 버렸어. 미국·영국·프랑스 모두 군사 개입 요청을 거부했어. 그러는 동안 투치족은 계속 죽어 나갔어. 인종 학살은 결국 투치족 반군이 후투족 정부군을 무너뜨리고 나서야 끝났어. 100일 동안 학살당한 희생자 수는 80만 명이었어. 하루에 8천 명, 1분마다 5명이 넘게 죽어 간 거야. 학살 속도만 놓고 보면 나치스의 유대인 학살을 앞지르는 신기

르완다 난민들 왼쪽은 학살을 피해 외딴 곳으로 대피한 르완다 난민들에게 유엔군 차량이 물을 제공하는 모습이다. 오른쪽은 난민들이 들에 천막을 치고 생활하는 모습이다.

록이었어. 오늘날 후투와 투치는 화해하고 평화롭게 살고 있어. 대학
살 현장은 고릴라 투어와 함께 르완다의 관광 상품이 되었어. 하지만
그때의 상처는 아직 다 아물지 않았어.

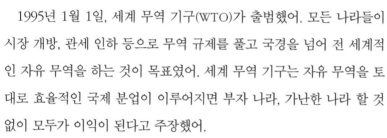

1995년

세계는? 국제 사회 : 자유 무역은 과연 친절한가?

한국은? 지구 반대편에 내 경쟁자가? 세계화 시대 선언

1995년 1월 1일, 세계 무역 기구(WTO)가 출범했어. 모든 나라들이
시장 개방, 관세 인하 등으로 무역 규제를 풀고 국경을 넘어 전 세계적
인 자유 무역을 하는 것이 목표였어. 세계 무역 기구는 자유 무역을 토
대로 효율적인 국제 분업이 이루어지면 부자 나라, 가난한 나라 할 것
없이 모두가 이익이 된다고 주장했어.

그러나 곧 세계 무역 기구는 강대국의 이익을 위한 기구에 불과하
다는 비판을 받았어. 세계 무역 기구가 추구하는 자유 무역은 선진국
에 유리한 무역 환경을 만들어 잘사는 나라는 더 잘살게, 가난한 나라
는 더 가난하게 만들 뿐이라는 거야. 산업 강국과 가난한 국가 사이의
자본, 기술, 상품 가치의 격차는 하늘과 땅 차이야. 아무리 공정한 자유
무역 환경을 만들어 봐야 한 대당 1억짜리 아우디 승용차를 만드는 독
일과 바나나를 생산하는 과테말라 사이에는 경쟁 자체가 성립되지 않
는다는 거야. 그 결과, 자본과 기술을 제대로 갖춘 나라들은 자유 무역

의 승자가 되지만 가난한 나라에서는 빈곤과 불평등이 더 커진다는 것이지.

세계 무역 기구 출범과 때를 같이하여 김영삼 정부는 세계화를 통해 선진국으로 나아가자고 선언했어. 그 시절 텔레비전 공익 광고를 보면 여러 직업군의 사람들이 각자의 경쟁 상대를 지목하는 장면이 나와. 농부는 덴마크 농부를, 경찰은 영국 경찰을, 가정주부는 '알뜰한 독일 주부'를 경쟁 상대로 꼽지. 지금까지 줄곧 나라 안에서만 경쟁했다면 이제는 전혀 알지 못했던 국경 밖의 세계와 경쟁해야 했어. 하지만 국경 없는 자유 시장을 모두가 반기지는 않았어. 우리 농민들은 값싼 외국 농산물과의 경쟁에 속수무책이었지. 농산물 수입 개방에 반대하는 시위가 끊임없이 벌어졌어.

1996년

세계는? 아프가니스탄 : 탈레반, 국민 행복 퇴치 위원회?

한국은? 일찍 터뜨린 샴페인. OECD 가입
북한 : 고립된 경제와 식량난으로 고통 받다

1996년 우리나라는 경제 협력 개발 기구(OECD) 회원국이 되었어. OECD는 흔히 '선진국 모임'이라고 불려. 미국의 원조 밀가루를 먹던 시절부터 우리도 언젠가는 선진국이 될 거라고 입버릇처럼 말해 왔는데, 이제 그 문턱에 온 듯했어. 끼니 걱정하던 작고 가난한 나라가 겨우 50여 년 만에 세계 13위권의 산업 강국으로 성장한 것은 세계 경제 사에 유례가 없는 일이었어. 그러나 선진국 진입이라는 환상에 빠져 무리하게 OECD에 가입했다는 우려도 나왔어. 가입 조건에 무역과 자본 시장 개방 등 100개도 넘는 의무 조항이 있었거든. 이러한 우려는 이듬해 1997년 외환 위기가 터지면서 현실이 되었어.

같은 해인 1996년, 북한은 최악의 식량난을 겪었어. 북한은 몇십 년째 외국에 의존하지 않는 자립 경제를 추구했어. 1960년대 북한의 경제는 남한을 압도했고 공업화도 성과를 보이는 듯했어. 하지만 북한식 계획 경제는 세계 경제의 발 빠른 흐름을 따라가지 못했어. 또 경제 규모가 커질수록 활발한 교역과 수출이 필요했지만 북한은 끝까지 빗장을 걸어 잠갔어. 북한의 경제는 자립이라기보다 고립 상태가 되어 갔지. 특히 1991년 소련이 해체된 후 경제와 식량 원조가 끊기면서 북한은 더 어려운 상황에 빠졌어. 1995년에는 홍수가 일어나 식량 생산이 더 줄자 하루 두 끼 먹기 캠페인이 벌어졌어. 그렇지만 한 끼도 못 먹고 굶어 죽는 사람이 속출했어. 이러한 식량 부족과 기아 사태가 2000년까지 이어지면서 30만 명 이상이 굶어 죽었어. 북한 당국은 이 시기를 '고난의 행군'이라고 불렀어.

한때 아프가니스탄은 자유롭고 열려 있는 사회였어. 1950~60년대에는 근대적인 생활 방식이 확산되었고 여성들을 억압하는 제도도 폐지되었어. 여성들은 투표권이 있었고 정부 공직에서 일했어. 부르카(온몸을 휘감는 검은 천)는 여성 각자의 선택에 따라 입거나 말거나 했고, 여자아이들도 남자아이들과 똑같이 학교에 다녔어. 극장에서 남녀가 함께 영화를 볼 수도 있었어.

1970년대에 불안정한 시기를 겪던 아프가니스탄은 1979년 소련의 침공을 받았어. 소련은 산속을 뛰어다니며 신출귀몰하는 이슬람 게릴라 앞에 쩔쩔매다가 10년 만에 본전도 못 찾고 철수했어. 그때부터 아프가니스탄에서는 여러 군벌들의 내전이 이어졌어. 그리고 1996년 탈레반이라는 무장 세력이 수도 카불을 점령하고 이슬람 정부를 세웠어.

탈레반은 기본적으로 인권에 대한 개념이 없고 민주주의와는 담을 쌓은 세력이야. 국민들이 춤추고, 노래하고, 오락을 즐기는 것을 엄격하게 금지해. 심지어 아이들이 연날리기나 인형놀이를 하는 것도 금지야. 다른 사람의 행복을 방해하기 위해 태어난 듯한 탈레반은 형벌 분야에서만큼은 세계 최고였어. 성폭행죄에 투석형, 절도죄에 손목 절단, 음주죄에 태형이지. 무엇보다 탈레반은 여성 인권 탄압으로 악명이 높아. 부르카 착용은 당연한 의무이고, 남의 눈에 띄지 않도록 창문도 차단해야 돼. 여성들의 교육과 취업도 금지야. 몰래 학교에 다니는 여학생들은 탈레반에게 총격을 받거나 황산 테러를 당하기도 해.

국제 사회는 탈레반을 합법 정부로 인정하지 않았어. 2001년에는 미국이 아프간을 침공했어. 알카에다(국제 테러 조직)와 알카에다를 보호하는 탈레반을 몰아낸다는 이유를 내세우면서. 그리고 아프간에 새로운 정부를 세웠어. 하지만 탈레반을 완전히 몰아내는 데는 성공하지 못했지. 수도 카불 밖에는 여전히 탈레반 세력이 남아 있어.

1997년

1997년, 두 전직 대통령 전두환과 노태우는 둘이 손을 꼬옥 잡고 나란히 법정에 섰어. 대법원은 신군부가 저지른 반란과 내란의 죄를 물어 전두환에게는 사형을, 노태우에게는 징역 17년을 선고했어. 이로써 1979년 이들의 반란(12·12 쿠데타)에 대한 법적인 단죄가 이루어졌어. 국민들의 저항을 탱크로 밀어 버리고 권력을 탈취하는 일이 우리나라에서 더는 용납될 수 없다고 못 박는 판결이었지.

대법원은 또한 두 전직 대통령이 뇌물을 받은 잘못도 밝혀냈어. 대통령 시절 전두환은 기업들에서 9,500억 원의 뇌물을 받았어. 평범한 월급쟁이가 단군 왕검 시절, 즉 4,300여 년 전부터 지금까지 월급을 한 푼도 쓰지 않고 저축해야 모을 수 있는 돈이었어. 노태우 역시 대통령 재임 기간에 기업들에서 5,000억 원의 뇌물을 받았어.

영국 식민지였던 홍콩이 1997년 100년 만에 중국에 반환되었어. 그 한 세기 동안 중국과 영국의 위치는 달라져 있었어. 전 세계에 걸쳐 식민지를 경영하던 대영 제국은 이제 세계의 중심에서 다소 밀려났어. 반면 덩치만 큰 '종이호랑이'였던 중국은 이제 미국과 실력을 겨루는 강대국이 되었어.

1980년대까지만 해도 낙후함과 빈곤의 상징이던 중국은 21세기로 접어들면서 거대 산업국이 되었어. '세계의 공장'이라는 별명 그대로 세계 구석구석을 중국 공산품으로 채우고 있지. 2010년에는 일본을 제치고 미국을 추격하며 세계 2위의 경제 대국이 되었어.

중국의 경제적 성공에는 그림자도 짙게 깔려 있어. 자본주의의 핵심은 시장과 사유 재산 보장이야. 시장 경제를 채택해 사유 재산을 보장하게 된 이상 중국도 빈부 격차와 사회 불공평이라는 자본주의의 모순을 피해 갈 수 없었어. 2011년 기준으로 중국 하위 10퍼센트 계층과 상위 10퍼센트 계층의 소득 차이는 40배나 돼. 중국 전 국민 자산의 70퍼센트가 0.4퍼센트밖에 안 되는 최상위 계층에 집중되어 있어.

파산은 사업에 망한 아버지와 카드 빚을 갚지 못한 외삼촌 같은 개인에게만 찾아오는 게 아니야. 1997년, 바로 우리나라가 파산 위기에 빠졌어. 그전까지 우리 기업들은 경제 호황을 누리며 세계화 분위기를 타고 활발한 해외 투자에 나섰어. 부실 기업들도 빚을 늘려 가며 무리한 투자를 이어 갔지. 또 외국의 투기 자본(기회를 틈타 이익만 챙기고 떠나는 자본)이 우리나라 자본 시장을 자유롭게 들락거렸어. 그러다가 어느 순간, 외환 금고가 텅텅 비어 버렸어. 외국 정부와 은행이 채무를 갚으라고 독촉하는데 갚을 돈이 없었어.

우리 정부는 국제 통화 기금(IMF)에 구제 금융을 요청했어. IMF는 돈을 빌려 주면서 요구 사항이 많았어. 정부는 은행, 증권 시장을 외국에 개방해야 했지. 부실한 회사는 문을 닫고, 살아남은 회사는 직원을 대량으로 해고했어. 실업자는 100만 명 이상까지 늘어났어. 기업들

의 대량 해고가 일상화되고 불안정한 일자리가 넘쳐나면서 사회적 불안이 깊어졌어. 집을 잃은 노숙자, 버려진 아이, 자살 건수도 늘어났어. 줄어든 것도 한 가지 있긴 했어. 한때 94퍼센트를 찍었던 김영삼 대통령 지지율이 이제 3퍼센트도 안 되었지.

1997년 12월, 대한민국 15대 대통령으로 김대중 후보가 당선되었어. 김대중은 1970~80년대 독재에 맞서 민주화 투쟁을 이끈 정치 지도자였어. 정치 활동 감시, 옥살이, 사형 선고, 암살 시도 등 온갖 험한 일을 겪은 그는 그 후유증으로 지팡이에 의지해 걸어야 했어. 군사 정권은 온갖 공작과 속임수를 써서 그를 빨갱이라고 몰아붙였어. 숱한 역경을 넘어 대통령이 되었지만 그는 자기를 탄압하고 죽이려 했던 사람들에게 보복하지 않았어. 이처럼 민주주의와 인권을 위해 공헌한 점을 인정받아 김대중 대통령은 2000년 노벨 평화상을 받았어.

1998년

세계는 두 차례의 세계 대전과 냉전을 거치면서 힘의 대결로는 역사가 진보할 수 없다는 사실을 깨달았어. 그리하여 미국과 소련은 무기 경쟁을 긴장 완화 정책으로 해소시켰어. 미국과 중국도 봉쇄 정책을 버리고 화해와 개방으로 나아갔어. 동독과 서독은 서로를 인정하고 대화와 교류로써 통일의 길을 열었지. 김대중 정부도 '햇볕 정책'으로 비슷한 길을 추구했어. 폐쇄된 북한을 무력으로 압박하기보다 인도적인 지원, 민간 교류, 화해를 통해 서서히 빗장을 열고 개혁과 개방으로 나오게 한다는 것이지.

햇볕 정책은 북한에 대한 일방적인 양보라는 비판을 받기도 했어. 그러나 이 정책은 우리에게 평화보다 더 소중한 가치는 없다는 데서 출발하고 있어. 남과 북에는 아직도 전쟁 위기를 조장하고 남북이 대치하는 상황을 정치적으로 이용하는 무리들이 있어. 그런 사람들만 골라다가 외딴 섬에서 싸우게 한다면 모를까, 민족 전체의 생명을 담보로 하는 전쟁에는 찬성할 수 없지. 전쟁 가능성을 없애고 북한을 대화 상대로 인정해서 평화를 하나의 제도로 정착시킨 다음에야 통일을 말하고 역사를 진전시킬 수 있어.

1998년, 햇볕 정책의 첫걸음으로 현대 그룹 정주영 회장이 1,001마리의 소 떼를 몰고 판문점을 넘어 자신의 고향 땅 북한을 방문했어. 몇 달 뒤에는 금강산 관광객을 태운 첫 배가 북한을 향해 출항했어. 금강산 관광을 통해 북한은 외화를 벌고 우리는 북한을 고립된 땅에서 조금씩 나오게 할 수 있기를 기대했어.

1999년

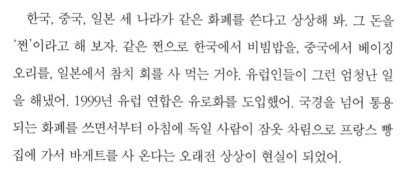

세계는? • 유럽 연합 : 하나의 화폐, 하나의 시장
• 동티모르 : 주민 투표로 독립을 이룬 나라

한국은? "안전하게 피신시켜 준다더니……." 미군의 민간인 학살

한국, 중국, 일본 세 나라가 같은 화폐를 쓴다고 상상해 봐. 그 돈을 '쩐'이라고 해 보자. 같은 쩐으로 한국에서 비빔밥을, 중국에서 베이징 오리를, 일본에서 참치 회를 사 먹는 거야. 유럽인들이 그런 엄청난 일을 해냈어. 1999년 유럽 연합은 유로화를 도입했어. 국경을 넘어 통용되는 화폐를 쓰면서부터 아침에 독일 사람이 잠옷 차림으로 프랑스 빵집에 가서 바게트를 사 온다는 오래전 상상이 현실이 되었어.

유로는 유럽 연합 회원국 중 18개 국가에서 사용하는데(2014년 기준), 이 단일 화폐를 쓰는 나라들을 한데 묶어 '유로 존'이라고 해. 이 국가들의 경제 규모와 영향력 덕분에 유로는 미국 달러 다음으로 강력한 화폐로 정착했어.

한국 전쟁이 끝난 지 반세기가 지났지만 여전히 치유되지 않은 상처가 있었어. 바로 민간인 학살 사건이야. '노근리 학살 사건'은 1999년 우리 언론과 영국의 BBC, 미국의 뉴욕 타임스 등이 보도하면서 전 세계에 알려졌어. 한국 전쟁이 막 시작된 1950년 7월, 미군은 500명이 넘는 노근리 마을 사람들을 안전한 곳으로 피신시켜 준다며 굴 앞으로 데려갔어. 그리고 갑자기 미군 전투기가 공중 폭격을 시작했어. 약 100명이 그 자리에서 희생되었어. 도망친 사람들이 굴속으로 도망치자 미군은 기관총을 쏘아 댔어. 이 학살은 사흘 동안 이어졌어.

그때 현장에 있던 미군들은 다음과 같이 증언했어. "피란민이라도 공산군이나 공산당 협력자로 의심되면 모두 죽이라는 상부의 명령을 받았다." 그러나 희생자들은 모두 순진한 시골 마을 주민들이었어. 전쟁의 광기가 이성을 마비시키고 여자와 아이들까지도 '제거해야 할 목표물'로 보게 한 거야. 미국 정부는 진상을 조사했고, 클린턴 대통령은 2001년 깊은 유감을 표시했어.

동티모르는 인도네시아 동쪽 끝에 있는 나라야. 강원도 크기의 이 작은 나라는 1975년 포르투갈에서 독립했어. 그런데 독립한 지 열흘이 채 못 되어 인도네시아의 침공을 받고 강제로 합병되었어. 어렵사리 얻은 독립을 잃어버린 동티모르인들은 분리 독립 운동에 나섰어. 인도네시아(이슬람)와 동티모르(가톨릭)의 종교적인 차이가 갈등에 기름을 부었어. 20만 명이 넘는 동티모르인들이 독립 투쟁 기간에 목숨을 잃었어.

"주민 투표로 동티모르의 미래를 결정하자." 1999년 유엔의 제안에 따라 동티모르 주민들에게 인도네시아로부터의 독립에 찬성하는지 묻는 투표를 실시했어. 투표 결과, 78퍼센트의 찬성으로 독립을 결정했어. 그런데 인도네시아가 이 결과를 순순히 받아들이지 않은 탓에 다시금 유혈 사태가 벌어졌어. 사태가 악화되자 유엔은 평화 유지군을 파병해 내전을 진압했어. 이때 우리나라의 상록수 부대도 난민 지원과 재건 사업 등에 참여했어. 드디어 2002년 동티모르 민주 공화국은 21세기 최초의 독립 국가가 됐어. 2004년 아테네 올림픽 때는 당당히 국기를 들고 참가국으로 입장할 수 있었지.

2000년

세계는? • 미국 : 악수하려던 손으로 어퍼컷. 꼬이는 북미 관계
• 투발루 : 바닷속으로 가라앉는 나라

한국은? 평화와 통일의 첫 단추를 꿰다. 남북 정상 회담

서울을 떠난 김대중 대통령이 평양 순안 공항에 도착해 마중 나온 김정일 국방위원장을 만났어. 비행기로 한 시간이면 가는 거리를 돌고 돌아 55년 만에 간 셈이었어. 남북 두 지도자가 활짝 웃으며 손을 맞잡았어. 분단 역사상 최초로 열린 남북 정상 회담에서 두 정상은 '6·15 남북 공동 선언'을 발표했어. 남북이 서로 대치하지 말고 화해하자, 서로를 침략하거나 무력으로 통일하지 말고 남북 교류를 거쳐 점진적으로 통일을 추진하자는 것이 그 내용이었어. 남북의 대표단은 〈우리의 소원은 통일〉을 노래했어. 그 뒤 남북 교류 내용들이 약속대로 하나씩 이루어졌어. 남북의 이산가족이 만났고 관광 사업과 산업 공단도 추진되었어.

미국의 클린턴 행정부도 대화와 협상으로 북한을 설득해 핵무기 개발을 포기하게 하고 개방을 유도하고자 했어. 2000년 역사상 최초로 미국의 국무부 장관 올브라이트가 북한을 방문해 김정일과 회담을 했어. 그 뒤로 클린턴 대통령의 북한 방문 계획까지 추진되었지.

그러나 클린턴의 임기는 곧 끝났고, 이듬해 2001년 집권한 공화당의 부시 대통령은 클린턴의 정책을 180도 뒤집었어. 부시 행정부는 북한을 이란·이라크와 함께 악당 국가로 지목했어. 또한 부시는 김정일을 자기 백성들을 굶주리게 하고 인권을 유린하는 나쁜 독재자로, 북한 정권을 압박과 봉쇄로 망하게 해야 할 체제로 보았어. 북한과 미국의 관계는 최악으로 치달았고, 2006년 북한은 핵 실험에 성공함으로써 온 세계를 경악하게 했어.

20세기 중반에 시작해 반세기 만에 끝난 냉전은 이제 역사책이나 박물관에서나 볼 수 있어. 하지만 우리 민족에게는 아직도 현재 진행형이야. 한반도의 냉전을 끝내고 평화 통일을 이루는 일은 21세기의

이랬던 이들이….

이렇게.

숙제로 남았어. 다음 세대에서는 남북 분단과 군사 대치를 '텔레비전 생중계'가 아니라 역사책에서만 보게 되기를 바라는 마음이 간절해.

2000년 투발루가 189번째 국제 연합 회원국이 되었어. 인구 1만 명 남짓의 작은 나라인 투발루는 서태평양의 9개 섬으로 이루어져 있어. 그런데 기후 변화로 해수면이 상승하면서 국토가 점점 가라앉고 있어. 과학자들은 50여 년 뒤면 투발루가 완전히 바닷속으로 사라진다며 전 국민을 외국으로 이주시켜야 한다고 말하고 있어.

산업화로 인한 온실가스 때문에 지구의 온도는 지난 100년 동안 섭씨 1도 상승했어. 그 결과 극지방의 얼음이 녹으면서 해수면은 20센티미터나 높아졌어. 기후 변화는 그저 날이 더워져서 선풍기를 더 틀어야 하는 문제가 아니야. 정치·경제·사회에 두루 영향을 끼치지. 예를 들면, 기후 변화는 홍수와 가뭄을 일으켜 곡물 수확량을 줄어들게 해. 그러면 식량 가격이 올라 사람들이 굶주리면서 사회가 불안해지고 폭동이 일어나. 또 개울이 바짝 마르고 멀쩡했던 땅이 사막으로 변하면서 물 자원을 둘러싼 전쟁이나 무력 분쟁이 일어나기도 해. 나아가 투발루 같은 섬나라에 기후 변화는 나라가 통째로 사라지느냐 마느냐 하는 중대한 문제이기도 하지. 이처럼 심각한 기후 변화에 어떻게 대처하느냐에 인류의 미래가 달렸어.

20세기 역사를 마치며

20세기는 폭풍과 같은 변화가 몰아친 시대였어. 인류의 삶을 20세기 이전과 이후로 나누어도 될 만큼 엄청난 변화였지. 세계 곳곳에서 왕조 무너지는 소리가 우르르 들렸어. 인류는 새로운 정치와 경제 제도를 경험했어. 자본주의의 휘황찬란함과 그 이면의 그림자를 보았고, 활자로만 존재하던 공산주의를 현실에서 실험했어. 인류 역사에 늘 있던 신분 제도가 폐지되었어. 역시 몇천 년 동안 꿈쩍도 않던 식민 제국이 사라지고 민족주의가 자리 잡았어.

20세기는 또 전에 없던 성취를 이룬 시대이기도 했어. 인간 평등과 인간 존엄성에 관한 생각이 널리 퍼져 나갔고 인권을 법제화하고 인종·신분·성을 뛰어넘는 시민의 권리가 정착됐어. 세계적인 차원의 생산 능력을 갖추었고 물질적인 상황도 나아졌어. 기술 발전과 빈곤을 퇴치하려는 노력 덕택에 기아나 하찮은 질병으로 죽는 사람의 수도 크게 줄었어.

그런 한편 인류 역사상 가장 큰 전쟁이 연달아 일어나면서 잔혹한 파괴와 살상이 벌어지기도 했어. 민족과 인종 간의 대학살이 스포츠 신기록을 경신하듯 더 악랄해지면서 꼬리에 꼬리를 물었어. 마침내 인류 전체를 멸절시킬 수 있는 무기까지 생산되었지.

우리 민족은 20세기 내내 세계적인 혼돈의 한복판에 끼어 있었어. 식민 지배, 동족 간의 전쟁, 찢어지는 가난, 군사 독재를 차례로 겪었지만 지혜와 끈기로 헤쳐 나갔어. 그렇지만 아직도 한반도에 평화를 정착시켜야 하는 과제가 남아 있어.

인류 사회 역시 상처를 극복하며 성숙해졌어. 또다시 세계 전쟁을 벌였다가는 너도나도 '콩가루'가 된다는 사실을 깨달았어. 그래서 지구촌의 관점에서 문제를 바라보고 합의를 이끌어 내는 제도를 마련했어.

한계는 여전히 남아 있어. 20세기와 마찬가지로 강대국들은 무력 수단을 손에서 놓지 못하고 있어. 또 냉전이 끝난 후에도 곳곳에서 전쟁이 벌어지고 있어. 20세기 인류가 노예제, 식민 제국주의, 파시즘을 극복했듯이 21세기 인류는 무력이 지배하는 질서를 끝내야 하는 과제를 안고 있어.

21세기의 또 다른 도전은 부와 자원의 지나친 집중을 해소하는 일이야. 소수의 대기업들이 전 세계의 부를 진공청소기처럼 빨아들이는 사이 불평등과 양극화 문제가 심각해졌기 때문이지. 소수의 부자가 전체 인류가 쌓아 올린 부의 절반을 소유했다고 할 수 있을 정도야. 공정하지 못한 분배는 평화와 민주주의마저 위협할 수 있기 때문에 더욱 심각한 문제란다.

지난 세기 인류는 남을 착취해서라도 물질적인 이익과 성장을 추구하고 경쟁에서 이기는 것을 지상 목표로 삼았어. 그 결과를 우리는 지난 역사를 통해 확인했어. 이제 21세기는 모든 민족과 나라, 이웃이 어우러져 두루 잘 사는 법을 배우고 함께 행복해지는 방향을 찾아 나아가는 여정이 되어야 할 거야.